U0031859

作者的話

　　這裡講的故事，特別是在後面標題為「AlphaBay」、「歡迎看片」和「下一回合」的部分中，提到了自殺和自殘。標題為「歡迎看片」的部分也提到虐待兒童，不過只是稍微帶過，並未具體描述虐待。

　　如果您或您認識的人需要協助，請造訪 988lifeline.org、missingkids.org 和 stopitnow.org 等網站。

前言

概念驗證

　　2017年的一個秋日清晨，克里斯・揚切夫斯基（Chris Janczewski）來到亞特蘭大（Atlanta）郊區的中產階級社區，這個不速之客獨自站在一間房子門口。

　　就在剛才，幾名國土安全調查處（Homeland Security Investigations）探員身穿防彈背心，全副武裝，圍在這棟乾淨舒適的兩層樓磚房四周，砰砰地敲著前門，等到住在屋裡的一位家庭成員開門後，一擁而入。國稅局（Internal Revenue Service, IRS）刑事調查員揚切夫斯基悄悄地跟在後面，他發現自己此刻站在玄關，位於這次行動的颱風眼，風平浪靜，看著國土安全調查處探員搜查屋內四處，扣押電子設備。

　　他們把這家人分開，讓爸爸在其中一個房間裡，他是當地一所高中副校長，也是這次調查的主要目標；媽媽在另一間；兩個孩子則到第三個房間，一名探員打開電視，播放卡通節目《米奇妙妙屋》（*Mickey Mouse Clubhouse*），想轉移孩子的注意力，才不會去關注進到家中的外人，以及對父母的審問。

　　揚切夫斯基在這次突襲行動中，僅以觀察員身分出現，這位從華盛頓特區（Washington, D.C.）搭機前來的國稅局探員，是為了視察當地國土安全調查小組執行搜索令，而且提供建議。在美國各地，像這類看似平凡無奇的房子、打理整齊的院子隨處可見，但正是由於揚切夫斯基的調查結果，才促使一群探員到此搜索這間不起眼的普通房子。他之所以將他們帶到那裡，是

依據一種奇怪的新型態證據：揚切夫斯基追蹤了比特幣（Bitcoin）區塊鏈的軌跡，循著這條線索，最後將這個平凡的家庭連到網路上一個非常黑暗的地方，再將這個黑暗的地方連到全球幾百個人。在這個大型的關係網裡面，所有人都是共犯，參與了言語無法形容的虐待行為，目前全是揚切夫斯基一長串名單上要追捕的對象。

　　過去這幾年，像是揚切夫斯基、他的搭檔蒂格蘭‧甘巴里安（Tigran Gambaryan），以及越來越多縮寫為三個字母的美國政府機構裡一小群執法調查人員，都使用這種新發現的調查技術，追蹤以往似乎無法追蹤的加密貨幣，逐一破獲刑事案件，一開始是小案件，但後來快速發展成前所未見的史詩級行動。他們從追蹤比特幣交易，揪出巴爾的摩（Baltimore）、莫斯科（Moscow），甚至是曼谷（Bangkok）的罪犯，揭發了偷竊幾百萬美元的不肖警察，而且追查被盜的5億美元資金，這些錢是多年來跨國搶劫和洗錢的不法所得。此外，他們摧毀了史上最大的線上毒品市場，將創辦人繩之以法，讓這個昔日交易熱絡、違禁品銷售額超過6.5億美元的數位市場關門大吉。

　　但自從他們踏上打擊這些地下網路犯罪的旅程以來，在追蹤加密貨幣時從來不曾遇過這樣的案件。揚切夫斯基後來說，那天早上在亞特蘭大附近郊區的搜查是「一種概念驗證」（a proof of concept，**譯注：為觀點提供證據**）。

　　揚切夫斯基當時站的位置在房子前方，可以聽到探員對爸爸說話，爸爸的回答斷斷續續，語氣無可奈何。他同時可以聽到另一個房間裡，國土安全調查處探員審問這個人的太太；她回答說是的，在先生的電腦上發現不尋常的圖片，不過先生說，那是下載盜版音樂時不小心一起下載的。在第三個房間裡，他可以聽到兩個念小學的孩子在看電視，年紀跟揚切夫斯基的孩子差不多，他們說想要吃點心，對這個家即將面對的悲劇似乎一無所知。

　　揚切夫斯基一想到現實的那一刻，心頭不禁為之一震：這個人是一位高中行政人員、丈夫和兩個孩子的父親，無論是有罪還是無辜，這一組執法探員對他的不利指控，勢必會毀了他的生活，而他們光是出現在他家中，後果

也令人堪憂。

　　他再次想起將他們帶到那裡的異次元（extradimensional）證據，這個有如數位魔杖般的工具，揭露了大家眼中所見的世界底下，暗藏著那些不可見的非法勾當。他不只一次希望這個工具沒有誤導他走錯方向。

第一部 │ **無名客**

第1章

艾拉迪奧‧古茲曼‧富恩特斯

2013年9月27日，也就是揚切夫斯基進入亞特蘭大郊區那棟房子的四年以前，有人移動了525枚比特幣，這些硬幣在寄出時價值約7萬美元，而在本書撰寫時已超過1,500萬美元。*這是從一長串三十四個無意義的字元所標示的比特幣地址，傳送到另一個一樣長的無意義地址。具體而言，是從15T7SagsD2JqWUpBsiifcVuvyrQwX3Lq1e發送到1AJGTi3i2tPUg3ojwoHndDN1DYhJTWKSAA。**1**

這筆交易就像所有比特幣交易一樣，在無聲無息中發生，但絕不是祕密進行。發送方的電腦已向周遭在比特幣全球網路中的電腦送出一則訊息，「公告」這筆付款，幾分鐘之內，這則公告就會傳送到全球幾千台機器，這些機器都會確認已見證這筆交易，然後加到自己的比特幣區塊鏈帳本中，這個帳本不可偽造、不可更改，完全公開透明，記錄了誰擁有哪些全球加密貨幣經濟中的比特幣。事實上，就是因為有這些見證人在所有比特幣集體帳本中記錄交易，而且全部的加密貨幣使用者都認同這個帳本，所以才能為這些抽象的硬幣是否「移動」，或甚至一開始是否存在賦予了意義。

但它們確實存在，而且真的移動了：你現在可以在搜尋引擎中，輸入上述其中一個冗長的地址，然後在blockchain.com或btc.com等網站上親自查看

---

* 比特幣的匯率向來以波動劇烈著稱，但在2022年春天本書定稿時，1枚比特幣的價格約3萬美元，因此書中關於價值的一些敘述大致反映這個數字。

交易。這筆某個人價值五位數的付款紀錄完全公開，永久保存，不會撤銷或刪除。

　　然而，對於查看這筆交易紀錄的任何人來說，當下都無法得知這筆交易相關人士是**誰**，不管是發送方還是接收方。在那個公開網路上完全看得見的紀錄中，無法顯示這筆錢其實是來自於全球首位暗網毒梟擁有的帳戶，轉移到一名聯邦探員的錢包裡，因為全球有一組調查人員正準備摧毀這個大型毒品市場，而這筆款項就是毒梟支付給潛伏在小組裡假扮間諜的探員。

　　暗網毒梟支付那筆款項的一個月後，被捕入獄。但是，國稅局刑事調查員甘巴里安還要再過將近一年的時間，才會注意到這筆交易紀錄。甘巴里安後來描述，自己坐在位於加州（California）海沃德（Hayward）家中，年幼的女兒坐在腿上，他吃力地點擊比特幣區塊鏈上的許多地址，「徒手追蹤」那筆髒錢的流向。就在他認出目的地的那一刻，這種領悟即將開啟一個執法調查的新時代，在其中像甘巴里安這樣的辦案人員，可以透過數位方式抽絲剝繭，追蹤這些非法所得錯綜複雜的流向，然後直接上門逮捕不法之徒。

＊　＊　＊

　　對於甘巴里安來說，這個案件始於一張假證件。

　　喬治・佛洛斯特（George Frost）是位滿頭白髮的律師，年紀稍長，他將印出來的文件遞給會議桌另一頭的甘巴里安，上面是一張馬里蘭州（Maryland）駕照的掃描資料，名字是「艾拉迪奧・古茲曼・富恩特斯」（Eladio Guzman Fuentes）。駕照上的照片是個中年男子，留著平頭和山羊鬍，一臉難以捉摸的神情，佛洛斯特還拿出了富恩特斯的水電費帳單以及社會安全卡影本。佛洛斯特說，這些都是富恩特斯為了在Bitstamp上開戶所提供的身分識別文件，Bitstamp是一家設立於斯洛維尼亞（Slovenia）的加密貨幣交易所，由佛洛斯特擔任交易所的總法律顧問。Bitstamp與全球各地其他交易所一樣，允許客戶使用美元、歐元和日圓等傳統形式的法定貨幣，來

購買比特幣和其他名不見經傳的加密貨幣，也可以反過來將加密貨幣兌換為傳統貨幣。

佛洛斯特解釋，在他們面前的身分證件是偽造的，富恩特斯的本名是卡爾‧馬克‧福斯（Carl Mark Force IV），他是美國緝毒署（Drug Enforcement Administration）探員。佛洛斯特繼續說，這個人在過去六個月中透過Bitstamp兌換了價值超過20萬美元的比特幣，本來正準備再另外提領20萬美元的加密貨幣，而就在這次會議的前幾天，佛洛斯特察覺到可疑活動，所以凍結了他的帳戶。

司法部（Department of Justice）大樓位於辦公大樓林立的舊金山（San Francisco）金融區最裡面，2014年5月初，佛洛斯特坐在九樓會議室，對面坐的是甘巴里安，這名二十八歲的亞美尼亞裔（Armenian）美國籍國稅局探員，留著整齊的鬍鬚和平頭，身材結實，左臂和右肩上的東正教圖案刺青藏在西裝下。有位同事形容甘巴里安的外型像「個子小一號、膚色深一點的網球選手安德烈‧阿格西（Andre Agassi）」。

坐在甘巴里安旁邊的是加州北區檢察官凱瑟琳‧豪恩（Kathryn Haun），當天邀請佛洛斯特出席的就是她。到此刻為止，甘巴里安和豪恩在這次會議上一直針對另一件完全不同的事情詢問佛洛斯特，他們正準備對另一家新創公司瑞波（Ripple）的創辦人提起訴訟，該公司發行的加密貨幣稱為瑞波幣。甘巴里安和豪恩認為，瑞波公司可能是未經許可的貨幣兌換商，讓人們買賣加密貨幣卻規避美國金融監理法規。佛洛斯特曾經擔任瑞波公司的總法律顧問，現在Bitstamp也可以用來交易瑞波公司自己的加密貨幣。

佛洛斯特之前是一名資深報社記者，目前從事法律工作，將辦公室設在柏克萊（Berkeley）的家中，自認為是支持美國公民自由聯盟（American Civil Liberties Union, ACLU）的自由意志主義者，不喜歡國稅局和司法部，但是此刻他身穿正式的西裝，從海灣的另一邊遠道而來，接受大樓安全檢查，回應了豪恩和甘巴里安一個多小時的審訊。

佛洛斯特回答這些問題後，才開口提出自己到這裡的原因：難道他們不

想談談這名奇怪的緝毒署探員、他的假身分，還有他價值六位數的比特幣究竟是從哪裡冒出來的呢？

豪恩和甘巴里安請他繼續說下去。

因此，佛洛斯特拿出福斯偽造的「富恩特斯」身分證件給他們看，解釋Bitstamp的員工當時不願意受理：他們在檢查使用者身分的個人資料庫中，完全找不到他的社會安全號碼。後來Bitstamp的員工發現，福斯在同一台電腦上註冊了另一個帳戶，但這次是用他自己的名字，顯然他第一次提供的身分證件是偽造的，佛洛斯特不得不承認，偽造得非常好。Bitstamp曾經拿這個假證件跟福斯對質，還威脅要關閉他的第二個帳戶，因為他們基於法律要求，必須遵守「認識你的客戶」（know-your-customer）這項規定。

福斯隨後透露自己是一名聯邦探員，讓佛洛斯特大吃一驚。福斯說，「富恩特斯」只是他在緝毒署調查時使用的臥底身分。

不過Bitstamp注意到，福斯利用Tor（The Onion Router）連接到他們的網站，Tor是一種匿名軟體，可以為使用者的網路連線加密，透過全球各地的伺服器形成連線，讓網路活動盡可能難以追蹤。對於聯邦探員來說，在工作上選擇使用加密貨幣交易所似乎不太尋常。

福斯在寫給Bitstamp員工的電子郵件中解釋：「我利用Tor保護隱私，不想讓美國國家安全局（National Security Agency, NSA）在背後盯著我。:)」[2]

這一切都讓佛洛斯特深感不安，這個緝毒署探員是不是用Bitstamp加密貨幣交易所，當作臥底工作的一部分，以存放毒品的髒錢？若是如此，他為什麼要向另一個美國政府機構隱藏蹤跡？佛洛斯特回憶道：「我們越看越覺得奇怪。」

在後來的電子郵件中，福斯又換了一套說詞：他現在說，他是早期的比特幣投資者，他兌現的錢都是自己的，不是緝毒署的。還補充說，在緝毒署工作的過程中了解比特幣，特別是「我調查了**恐怖海盜羅伯茲**（Dread Pirate Roberts）和**絲路**（Silk Road）之後」。[3]

　　佛洛斯特一提到那兩個黑體字的名字，甘巴里安的眼睛突然為之一亮。絲路已經成為傳奇：這個規模龐大的線上暗網黑市販賣毒品，以比特幣交易，創辦人為自己取了恐怖海盜羅伯茲這個化名。就在幾個月前，聯邦調查局（Federal Bureau of Investigation, FBI）、國稅局和國土安全部（Department of Homeland Security, DHS）經過兩年半的追捕，終於確定該網站的創辦人是一個二十九歲的德州人（Texan），沒有犯罪紀錄，名叫羅斯·烏布利希（Ross Ulbricht）。他當時坐在舊金山圖書館的科幻小說區，經營著龐大的毒品帝國，一群探員湧入後將他逮捕，奪走他的筆電，永久關閉了絲路。[4]

　　關於這個具有里程碑意義的暗網案件背後的故事，仍然在執法界引起極大的迴響。甘巴里安的國稅局辦公室位於奧克蘭（Oakland），後來發現距離烏布利希的家只有幾英里，在烏布利希被捕後，甘巴里安只奉命訊問了幾名證人，這位國稅局探員渴望在調查中發揮更大的作用。

　　但是，雖然甘巴里安現在很興奮，卻沒有露出任何跡象。佛洛斯特回憶，這位年輕人就跟一般的聯邦探員一樣，看起來沒有明顯的反應，只是安安靜靜地在黃色筆記本上振筆疾書。佛洛斯特之前因為其他案件而認識了豪恩，但這是他第一次見到甘巴里安，儘管他對於聯邦執法部門抱持謹慎的態度，不過他很喜歡這位探員開放的心胸和尖銳的問題，以及低調的辦案方式，讓佛洛斯特想起自己職業生涯早期擔任調查記者的日子。

　　佛洛斯特繼續說故事：這個緝毒署探員對於Bitstamp相關問題的回答，讓人感覺有些不對勁。他告訴豪恩和甘巴里安說：「這個傢伙有問題，實在是靠不住。」

　　因此，佛洛斯特向美國財政部（U.S. Treasury）的金融犯罪執法局（Financial Crimes Enforcement Network, FinCEN）提交了一份可疑活動報告，之後接到一通回電，對方是一位駐巴爾的摩的特勤局（Secret Service）探員尚恩·布里奇斯（Shaun Bridges）。

　　佛洛斯特解釋，他跟布里奇斯合作過，當時駭客與巴勒斯坦的伊斯蘭抵抗運動（Hamas，簡稱為哈馬斯）聯手，鎖定Bitstamp的使用者為目標，透

過精心設計的釣魚郵件，想要劫持這些帳戶，這位特勤局探員曾經助他一臂之力。儘管佛洛斯特傾向於反對現行社會體制，但他發現這位特勤局探員盡忠職守，人脈很廣，技術純熟，於是當佛洛斯特說明最近發生的福斯事件令人擔憂，布里奇斯立刻保證會親自妥善處理。

可是從那時起，幾個月過去了，都沒有下文，佛洛斯特開始懷疑布里奇斯是不是碰到阻礙。而在這段時間裡，福斯仍持續透過Bitstamp將價值數十萬美元的比特幣兌現。

接著，另一位跟福斯一樣來自巴爾的摩執法小組的探員，開始寄電子郵件給Bitstamp，要求提供其他使用者的帳戶資料，詢問他們是否遵守洗錢防制法。佛洛斯特甚至還打電話給福斯，討論他奇怪的行為以及巴爾的摩探員的要求。佛洛斯特回憶起，在這通內容讓人緊張的電話中，福斯似乎「語帶挑釁」，而且還大言不慚，建議Bitstamp聘請他擔任法遵長（chief compliance officer）。

對佛洛斯特來說，原本上門的只是一個可疑的客戶帶來不受歡迎的生意，現在看起來卻像是勒索，沒有人能保護佛洛斯特，讓他免於受到這個異於平常的緝毒署探員的傷害。

佛洛斯特告訴甘巴里安和豪恩：「這傢伙有徽章，又有槍，他可以暢行無阻，可以竊聽任何人的電話，包括我的。」他需要他們協助。

＊　＊　＊

會議結束時，豪恩提醒佛洛斯特，目前仍無證據顯示福斯涉及任何不法情事，要對聯邦探員展開調查非同小可，但在佛洛斯特離開之前，她承諾自己和甘巴里安會調查此事。

豪恩對這個案件語帶保留，而儘管甘巴里安在整場會議期間都面無表情，但他的想法與豪恩有天壤之別，他多年來就在等待這樣的案件。

甘巴里安自2011年起成為國稅局刑事調查員以來，一直對新興的比特

幣經濟著迷不已。在他眼中，這種新的數位貨幣不僅代表了複雜的技術創新，而且更是一個狂野、不受管束、無法無天的金融新天地，對於像他這樣的國稅局特別探員來說，這裡有如一片廣闊的綠地，潛藏著讓他大展身手的案件。他很積極，只要灣區（Bay Area）裡任何一家比特幣新創公司同意，他就主動登門拜訪員工，不恥下問，想進一步了解這個奇怪的數位貨幣新世界。

　　絲路的比特幣黑市於2011年成立後不久，他就得知這個消息，於是向主管提議接手此案，但是主管含糊其辭，只回答執法部門裡已經有人處理。事實上，從芝加哥（Chicago）到巴爾的摩，再到紐約（New York）的多個執法部門，都對絲路展開調查，當時似乎沒有一個單位需要這位奧克蘭的菜鳥國稅局探員幫忙。

　　兩年後，終於找到絲路的創辦人，將他逮捕入獄，此時甘巴里安的主管才得知這個暗網的經營地點是在自家地盤舊金山，感到驚訝不已，也許還有點尷尬。到了2013年10月，這個線上黑市絲路突然遭到搜捕時，已發展成為史上前所未見的超大型毒品和洗錢市場。而且在設立後的大部分時間裡，創辦人就在海灣對面，幾乎近在咫尺。

　　現在，絲路遭突襲的六個月後，佛洛斯特的故事似乎暗示著該網站有某部分的謎團尚未解開。甘巴里安非常樂於得到這個線索，因為能將他帶向多年來夢寐以求的案件，或者說，無論這個線索多麼薄弱，似乎都已從絲路錯綜複雜的犯罪活動中逐漸消失，進入了未知的領域。

第 2 章

挪伯

　　甘巴里安第一通電話就打給朋友蓋瑞・奧爾福德（Gary Alford），這名探員是他國稅局的同事，也是絲路調查案背後的無名英雄。最先認定烏布利希涉嫌創辦全球最大暗網毒品市場的探員就是奧爾福德，但他在那次案件中所扮演的角色，當時除了執法界以外鮮為人知。從 2011 年到 2013 年，一群探員在絲路網站上搜尋線索，希望有助於揭露該網站的創辦人和主謀，也就是恐怖海盜羅伯茲。隨後絲路吸引了幾千名客戶，從比特幣的毒品利潤中賺取幾千萬美元，但是恐怖海盜羅伯茲卻從未在員工或使用者的通訊中透露任何身分細節，當然也不會跟試圖探聽這些訊息的臥底探員分享。而且由於絲路是透過 Tor 的匿名網路運作，沒有人可以追蹤恐怖海盜羅伯茲連到哪個 IP 位址，也就是可能會暴露他位置的網際網路協定（internet protocol, IP）識別碼。

　　2013 年 10 月，一群探員終於在舊金山公共圖書館突襲烏布利希，將他戴上手銬，此時大部分的功勞都歸給聯邦調查局，但事實上，是因為國稅局的奧爾福德四個月前坐在紐澤西（New Jersey）家中，一絲不苟地投入枯燥乏味的工作，才為這個案件帶來第一個真正的重大突破。[1]

　　奧爾福德一直使用 Google 在各個毒品論壇裡，尋找最早關於絲路的線上貼文，當時他發現了一篇奇怪的內容：2011 年 1 月，一個名為「奧托伊德」（altoid）的使用者在「迷幻蘑菇」（Shroomery）網站上發表訊息，推薦大家可以到剛成立的暗網市場絲路購買毒品。大約在同一時間，有個名稱相同的使用者也在一個寫程式論壇中尋求程式設計協助。在那個頁面上，奧托

伊德列出了電子郵件地址：rossulbricht@gmail.com。

　　儘管烏布利希後來從寫程式論壇的貼文中刪除了電子郵件地址，但已經有個回覆該訊息的人將地址複製到自己的貼文裡，永久保存在網路上，多年來一直藏在人們看得到的地方。

　　當奧爾福德向同事指出這一點，他們都覺得光靠Google就能將全球最神祕的數位毒梟公諸於世，實在是不可置信。等了一個多月之後，負責調查此案的聯邦調查局、緝毒署和司法部人員，才終於認真看待這位國稅局探員提供的線索。最後，由於他的發現破獲了這個案子。

　　甘巴里安和奧爾福德都是國稅局刑事調查（IRS Criminal Investigation, IRS-CI）部門的特別探員，對於像他們這樣的刑事調查員來說，這種惱人的情況屢見不鮮。在無數的好萊塢電影、電視節目和新聞記者會上，幾乎都將聯邦調查局塑造成超級英雄，但似乎沒有人聽說過像他們這樣的國稅局刑事調查探員。（有位法官告訴我：「國稅局像是執法部門裡不受疼愛的紅頭髮繼子，得不到任何人的尊重。」）

　　國稅局的刑事部門探員就像聯邦調查局和緝毒署探員一樣，也要實地探訪，從事偵查工作，攜帶槍枝，執行搜索令，逮捕不法之徒。然而，由於國稅局人員向來以坐在辦公室裡工作聞名，而且國稅局刑事調查的核心重點是追蹤資金流向，因此他們經常發現自己被其他探員視為會計師，開會時如果把他們介紹給其他執法機構的同事，對方會開玩笑說：「不要查我的帳。」這句話大多數國稅局刑事調查探員都聽膩了，所以一聽到就會當場翻白眼。

＊　＊　＊

　　甘巴里安與奧爾福德在工作上交情友好，比如說，之前烏布利希被捕後，就是由常駐紐約的奧爾福德打電話給甘巴里安，請他訪談一些低風險的證人。現在，甘巴里安從佛洛斯特那裡聽到緝毒署探員福斯的行徑宛如流氓之後，在電話中將這個訊息傳達給奧爾福德，光是提到福斯的名字，奧爾福

德的腦中似乎響起了警報。

　　奧爾福德解釋，福斯隸屬於負責調查絲路的巴爾的摩專案小組，奧爾福德則是在紐約的聯邦調查局、國土安全部和國稅局探員組成的團隊裡。兩組人馬早已產生嫌隙：在幾次「消除衝突」的會議上，雙方爭奪案件的控制權，結果不歡而散，最後分道揚鑣，基本上在暗自較勁，看誰先逮到自稱恐怖海盜羅伯茲的神祕暗網主謀。

　　紐約隊取得了勝利：他們在舊金山找到烏布利希，主要是歸功於奧爾福德找到了一種繞過絲路匿名軟體的方法，得知伺服器的位址是在冰島和法國的資料中心；因此順利指控烏布利希犯下的一系列重罪，從毒品、洗錢陰謀，一直到專門針對黑幫老大和販毒集團首腦制訂的「首腦特殊法令」（kingpin statute）。

　　在此同時，巴爾的摩的調查人員走的是一條截然不同的道路，他們把核心焦點放在滲透絲路的臥底行動：創造了一個波多黎各販毒集團的間諜角色，名字是「挪伯」（Nob），在絲路上花很多時間跟恐怖海盜羅伯茲交換訊息，以獲得對方的友誼和信任。

　　扮演挪伯的臥底緝毒署探員是誰？當然非福斯莫屬，他的假身分是名叫富恩特斯的波多黎各人──這個名字後來出現在他給Bitstamp的偽造文件上。

　　過了一陣子，恐怖海盜羅伯茲懷疑一名絲路員工從他那裡偷走了價值數十萬美元的比特幣，此時求助於挪伯（福斯）幫忙處理這件事。絲路的老闆請這位同伴，也就是挪伯，運用販毒集團的人脈追查偷竊的員工，百般折磨到他還錢為止。後來恐怖海盜羅伯茲心生歹念，改變了命令，要求挪伯殺死這個一意孤行的員工。

　　挪伯同意了。福斯和巴爾的摩專案小組的其他探員製作假照片，照片中看起來是以水刑對付絲路的惡棍員工，不斷在他頭上倒水，然後附上像是這位員工的屍體畫面。福斯把這些照片寄給恐怖海盜羅伯茲，作為完成這項工作的證據。

　　幾個月後，紐約團隊逮捕了烏布利希，公開他們指控他經營絲路的起訴書，[2]這時巴爾的摩團隊在另一份單獨的起訴書中，附上一條他們自己加進去的雇用殺手謀殺罪名，這是他們自己幫烏布利希執行的假謀殺案。[3]

　　據奧爾福德所說，巴爾的摩小組的工作聽起來非常混亂，還有其他關於福斯的傳聞：幾年前，他在一次毒品調查臥底後，到勒戒所待了一段時間。那個傳聞還提到，他扮演毒販的角色太投入了，渾然忘我，或許忘記自己是站在哪一邊。[4]

　　現在，一位 Bitstamp 的律師警告，同一位緝毒署探員正偷偷摸摸將藏匿的價值六位數比特幣兌現？甘巴里安認為，福斯值得他全神貫注。

＊　＊　＊

　　甘巴里安知道，若要對聯邦執法人員展開正式調查的門檻很高。福斯身旁圍繞著一股不正當的氣息，讓人無法視若無睹，但足以說服豪恩這樣的檢察官提起刑事訴訟嗎？豪恩曾跟上司討論過這件事，這位名叫威爾・弗倫岑（Will Frentzen）的資深美國聯邦檢察官，職業生涯一直都在打擊中國城裡有組織的犯罪首腦，以及貪汙的加州政客。弗倫岑抱持開放的心胸，但仍不太相信，他告訴豪恩：「我們需要解決這個問題，不過很可能是誤會一場。」

　　豪恩和佛洛斯特見面後的隔天，就收到了佛洛斯特的電子郵件，這位 Bitstamp 的律師轉寄了福斯剛剛寫給加密貨幣交易所客服中心的請求，這名探員寫道：「請刪除我迄今為止的交易紀錄好嗎？我的會計師要查看從 2013 年 11 月以來的所有紀錄會很麻煩。」[5]

　　豪恩和弗倫岑將這封電子郵件視為令人震驚的危險信號，福斯在做了其他可疑的舉動之後，現在似乎想銷毀證據。因此兩人原先沒意願辦案的想法全都煙消雲散，決定在這一天對福斯展開調查，由甘巴里安主辦本案件。

　　這位二十八歲的國稅局調查員，終於等到了引頸期盼的重量級加密貨幣案件，他將依循線索追查一名聯邦探員。

第3章

查帳員

　　甘巴里安可能注定要成為會計師，他的父母都是會計師，在這一生中，大部分的時間都認為自己會克紹箕裘，也成為會計師。他剛好也有適合的腦袋，關注細節，可以欣然接受棘手的數字系統。

　　但是甘巴里安骨子裡的另一個自己，絕不只滿足於記帳和做報表，他有一種更堅強、更好鬥的性格，是一種明顯的正義感，對於是非對錯的執著，凌駕於報稅資料是否正確無誤。這種更強硬的特質來自於他的童年，他說原本童年過得很快樂，可是後來出現了一個轉捩點。

　　甘巴里安於1984年出生於前蘇聯亞美尼亞的首都葉里溫（Yerevan），父母都擔任亞美尼亞共產政府的高階財政官員。父親之前是拳擊手和水球運動員，非常傑出，還加入了蘇聯國家代表隊。儘管他是蘇聯的菁英，但是對貓王艾維斯（Elvis）和披頭四（the Beatles）等西方音樂產生濃厚的興趣，每當水球隊巡迴比賽時，甚至還設法買到披頭四的整套黑膠唱片，然後偷偷帶回家。家裡的電視天線可以接收到跨越西部邊境來自土耳其的信號，年輕的甘巴里安喜歡看洛基（Rocky）和藍波（Rambo）的電影，雖然電影是以土耳其語配音，他一個字也聽不懂，但是裡面帶有另一個世界驚心動魄的味道。

　　甘巴里安記得跟親朋好友在葉里溫街頭玩耍的下午時光，非常快樂，四周圍繞著這座城市具有指標性的淡粉色和橙色建築，由火山凝灰岩建造而成。他祖父的別墅是在城外連綿起伏的山丘上，緊鄰著果園和河流，每到週

末，整個家族都會在那裡齊聚一堂。

甘巴里安說：「那是一段美好的歲月，接著蘇聯解體，彷彿陷入了地獄。」

1990年代初期，十五個國家幾乎在一夜之間從支離破碎的蘇聯獨立出來，在沒有莫斯科的支持下努力求生存，而亞美尼亞也許是其中處境最艱困的國家。[1]與鄰國亞塞拜然（Azerbaijan）的戰爭幾乎一觸即發，這場衝突的導火線是具有爭議的納戈爾諾－卡拉巴赫（Nagorno-Karabakh）地區，近百年來亞美尼亞一直主張擁有這個地方的管轄權。亞塞拜然和亞美尼亞一樣，也曾經是蘇聯共和國的成員，現在卻對亞美尼亞實施禁運，封鎖邊境，切斷了大量的石油供應，而這是亞美尼亞的主要能源來源。

過了不久，甘巴里安的家裡基本上就跟葉里溫所有家庭一樣，沒有電，也沒有暖氣，等到冰凍的水管在冬天裂開時，也沒有了自來水。甘巴里安還記得當時拿著一張麵包票，排隊等好幾個小時。街坊鄰居被徵召到東部參戰，無計可施的城市居民為了生火而砍伐木柴，結果葉里溫周圍的森林全都夷為平地，有些人則是把木頭地板拉起來燒，許多亞美尼亞人在室內安裝臨時的柴爐，結果吸入一氧化碳致死。學校在冬天一開始請學生帶木柴到教室取暖，最後還是放棄，讓孩子回家。

1993年，甘巴里安的家人逃往莫斯科，父親在當地的亞美尼亞政府任職。他們搬進了首都郊區一棟赫魯雪夫（Khrushchev）時代的五層樓公寓。對於當時九歲的甘巴里安來說，這代表生活方式大幅提升：經歷了兩年的亞美尼亞能源危機之後，他很高興在輕觸電燈開關時，燈泡真的可以發亮。

但他也記得自己意識到，儘管幾年前他和每個俄羅斯人一樣都是蘇聯人，但是在別人眼中，現在的他跟鄰居俄羅斯人非常不一樣。他們家在找房子時，發現許多屋主都公開說不歡迎「高加索人」（Caucasian），警察也會追捕來自該地區的移民，拘留他們，要求查看文件，威脅說如果不提供賄賂就將他們驅逐出境。

俄羅斯正在跟高加索地區的車臣（Chechen）分離分子交戰，學校裡的

孩子會嘲笑甘巴里安，稱他為車臣人。甘巴里安不會因為害怕衝突而退縮，被羞辱時也會反擊，過了不久，他就經常在學校打架，甚至跟同學發生激烈爭吵，他說俄羅斯老師認為，俄羅斯男孩子出現這樣的行為很正常。

　　然而，甘巴里安最後終於融入了莫斯科人的生活，許多跟他打過架的俄羅斯孩子後來都成為摯友，他會和他們一起在莫斯科街道上狂歡，就像他以前在葉里溫的街上一樣。他在學校表現出色，成績相當優異，甚至還跳級一年，有這種成果是因為嚴格的移民父母非常要求他的學業。

　　但是對甘巴里安來說，1990年代初期的莫斯科生活總感覺像是如履薄冰，他開始認識到圍繞在四周的犯罪和貪汙，黑手黨和政府的不肖官員似乎在管理這座城市，每個街區都屬於某一個幫派的地盤，每家企業都向敲詐者支付保護費。他親眼目睹為了爭奪地盤而導致的槍擊和汽車爆炸現場，有一次，有組織的犯罪分子綁架了甘巴里安父親的一位朋友，要求高額的贖金才願意放人，甘巴里安的家人還幫忙支付這筆錢。

　　這種無法無天的行為讓甘巴里安留下了深刻的印象，也讓他在面對犯罪時，抱持著一種近乎狂熱、非黑即白的嚴厲態度。即使在今天，他仍然認為每個社會都存在真正的貪汙和混亂，只要人們覺得犯罪不必受罰，則他在莫斯科親眼目睹的那種「在地法律」，就會在底下蠢蠢欲動，無處不在，隨時準備浮出檯面。

　　甘巴里安說：「美國人都不知道自己有多幸福，你稍微一放任，就會變成我看到的混亂。」

＊　＊　＊

　　1997年，甘巴里安十三歲，他們再次搬家，這次是到加州的佛雷斯諾（Fresno）。土耳其於1915年對亞美尼亞人展開種族大屠殺，在那之後，大批難民逃往佛雷斯諾定居，因此長期以來這裡的亞美尼亞人非常多。但是搬家代表甘巴里安基本上是以局外人的身分重新開始，在只會幾個英文字的情

況下，進入了美國社會。

　　他們住在位於南佛雷斯諾不盡完善的社區裡，這是一棟由粉刷灰泥蓋好的兩層樓建築，共有三個房間。甘巴里安的父親則因美國的移民官僚制度，被迫先留在莫斯科，等了七年的時間才能到加州與家人團聚，然後取得綠卡。母親原本是傑出的金融家和前政府官員，此時只能放下身段，開一家修鞋店。

　　不過，與俄羅斯和亞美尼亞相比，美國的生活輕鬆而平靜，甘巴里安相當適應美國的新環境，很快就學會英文。父母給了他第一台電腦作為禮物，他很高興：在百思買（Best Buy）買的帕卡德貝爾（Packard Bell）桌上型電腦，配備166兆赫處理器。他把電腦外殼打開，才更能欣賞裡面的運作而且研究零件。那台機器以及它所開啟的早期網路世界，代表了此時的他比在莫斯科又跨出更大一步，之前在莫斯科他只接觸過一台舊的遊戲機Sega Genesis，再加上到父親辦公室的電腦上亂試一通，想知道如何在盜版的DOS上玩波斯王子（*Prince of Persia*）遊戲。

　　甘巴里安就讀於加州大學佛雷斯諾分校（Fresno State），追隨著父母的腳步取得會計學位，然後在加州政府機構從事金融相關工作，後來到加州稅務局（California Franchise Tax Board）服務，這個機構相當於加州的國稅局，他擔任查帳員，仔細審查潛在的稅務詐欺紀錄。甘巴里安發現自己非常適任，部分的動力是來自於如果看到公司，甚至是個人，累積了幾億美元的收入，但是繳的稅款比他自己還少，就會很憤怒。不久之後，他加入了美國國稅局，搬到奧克蘭，在那裡的聯邦辦公室工作，審查國家級的重大稅務詐欺案件。

　　儘管如此，甘巴里安仍然不太滿意：他所在的國稅局部門只對逃稅者提起民事訴訟，或是將他們提交給刑事部門，每次把案件送到另一個部門後，常常都沒有下文。

　　2008年，甘巴里安第一天到國稅局報到時，一位公共資訊主任向新進員工介紹了國稅局刑事調查部門，他以前從沒聽說過，但感覺像是他在職業

生涯中想做的事情，不過那時他還不知道這個部門的人，必須到國外出差、執行搜索令、親自逮捕罪犯、看著他們被起訴。甘巴里安記得當時心想：「我可以運用會計技能，也可以把壞人抓起來。」於是立刻提出申請。

甘巴里安做了三年的文書工作、背景調查和接受訓練後，終於成為國稅局刑事調查探員。他全心全意投入這份工作，很快就查辦了許多抵押貸款詐欺、公職人員貪汙、與毒品相關的洗錢調查案件。但他經常覺得因為自己是新手，只能處理其他探員不想接手的低層級案件，因此他大部分時間都花在打擊奧克蘭東區的幫派上，這些幫派原本是販毒，現在學會用偷來的身分提交偽造的納稅申報表，這種犯罪手法更有利可圖，被捕之後的刑期卻少很多。

甘巴里安追捕詐欺犯，執行搜索令，實地逮捕他們。但是他開始發現，如果不另謀出路，想辦法改變自己的路線，那麼剩餘的職業生涯只會在國稅局處理類似街頭犯罪的案件，這不是他渴望擊潰的白領首腦和國際黑手黨人物。

所以幾年後，他對自己承諾：不再滿足於任何落在他身上的調查案，他要主動出擊，找尋屬於自己的案子。

* * *

自從甘巴里安在1997年得到第一台帕卡德貝爾桌上型電腦以來，一直對數位的主題相當熱中，只要在「Reddit」或「Slashdot」等網站論壇上讀到新技術的資訊，他都會動手嘗試，用來改造和修理電腦。2010年，他仍在等待加入國稅局刑事調查部門的申請結果，這時他在一個網站上看到了一篇描述比特幣的貼文。

比特幣是一種新的數位貨幣，使用一套聰明的系統來記錄誰擁有哪些比特幣：比特幣網路在全球各地的電腦上儲存了數以千計的分散式會計帳本，而這種帳本稱為區塊鏈。許多比特幣的擁護者似乎認為，由於比特幣的運作

不需要銀行或政府介入，因此任何機構都無法控制付款或辨識使用者的身分。交易從一個地址流向另一個地址，沒有像銀行或 PayPal 等提供支付服務的中介者，會蒐集用戶姓名或其他詳細的個資。比特幣的神祕發明者中本聰（Satoshi Nakamoto），在寄給一份加密郵件名單的電子郵件裡提到一句話：「參與者可以匿名。」**²**

比特幣深植在甘巴里安的心中，他對電腦和鑑識會計（forensic accounting）的痴迷正好在這裡能合而為一，這位負責追蹤資金流向的國稅局調查員，對於匿名數位現金的概念隱約有種不祥的預感，誰會為這些「匿名」的交易繳稅？難道比特幣不會成為完美的洗錢工具嗎？

但是甘巴里安對於這種新型態的貨幣，在本質上立刻抱持著一種懷疑的態度。他讀到「參與者可以匿名」這句話，可是如果這個區塊鏈真的記錄了整個比特幣經濟中的每筆交易，那麼聽起來就與匿名完全相反：**每一筆付款**都會留下麵包屑的痕跡，這簡直是鑑識會計師的夢想。

無論如何，當時似乎沒有人真的在使用比特幣，所以甘巴里安只把它視為一種「愚蠢的網路貨幣」，技術層面比實際運用更有趣，然後就將這件事拋諸腦後。

等他再度聽到比特幣時，比特幣已成為暗網新興黑市的交易貨幣首選。這位年輕的國稅局刑事調查員，正在尋找符合自己個性又可以深入挖掘的案件，對他而言，這種貨幣代表隱藏的資金流向關鍵，必須破解和追查來源。

第4章

加密無政府狀態

　　2011年4月，就在甘巴里安開始接受國稅局刑事調查探員培訓之前，有天晚上，我造訪了MtGox.com網站，聽說這裡可以購買這些所謂的比特幣。我正在為《富比士》（Forbes）寫一篇報導，這份雜誌的網路安全和加密技術專欄由我負責，文章內容是關於一種奇怪的新型態虛擬貨幣，不知道為什麼光是去年一年價值突然飆升，大約從0.005美元漲到將近1美元。我認為，若要了解我所寫的這種奇怪的新貨幣，自己應該試著擁有一些。

　　因此，我嘗試在MtGox.com（有人說發音為「Mount Gox」）上面購買價值40美元的比特幣，我的交易沒有得到驗證。這是我唯一聽過的比特幣交易所，不清楚該網站是否接受了我的錢，或是因為程式碼出錯而延遲，會不會像自動販賣機一樣吐出一張完整的美元鈔票還我。我又試著重新整理了網頁幾次後，就放棄了。

　　從那時起，這些年來我偶爾會懊惱自己當年沒有堅持到底，因為40美元的比特幣十年後價值高達260萬美元。

＊　＊　＊

　　我是在2011年春天的前幾週，開始對比特幣產生濃厚的興趣，當時我偶然發現一段在推特（Twitter）上的YouTube影片，裡面是一位軟體工程師加文・安德森（Gavin Andresen），在類似Ted的Ignite大會上演講，舉辦地

點在麻薩諸塞州（Massachusetts）的阿默斯特（Amherst）。[1]安德森有著一張娃娃臉，是典型的程式設計師，身穿藍色上衣，出場時介紹他是「比特幣專案」負責人。

安德森解釋說，比特幣是一種「新型貨幣」，允許任何人從自己的電腦上用類似現金的貨幣消費，同時使用加密技術確保沒有人可以偽造假幣，或以詐欺的方式花別人的錢。他說，這是幾年前由一個名叫中本聰的人所發明，當時2008年金融危機剛過不久，設計的目的是讓任何人都可以生產這些比特幣，只需要在自己的電腦上執行所謂的挖礦程式，經過運算後，將結果輸入一種類似自動化的樂透系統，每十分鐘會將比特幣發給獲勝的電腦。

這種運算工作是任何人「開採」新比特幣唯一的方式，而且開採的速度事先預定好，遵守全球限量的規則。有的人認為政府會濫印鈔票、資助戰爭或將錢交給企業界好友，對於這些懷疑政府如何控制貨幣的人來說，這種稀少性使比特幣成為完美的貨幣。安德森在Ignite大會演講中解釋：「由於全球金融危機和世界各地的銀行紓困，我們很多人開始思考：真的可以信任控制我們金錢的人嗎？中本聰的答案是否定的，所以他創造了比特幣。」

安德森承認，比特幣仍然是一種「萌芽階段的全新貨幣」。當時所有比特幣的總價值約為300萬美元，每天約有3萬美元的比特幣在換手，用來購買的物品從羊駝毛襪、情趣用品到狗毛衣不等。

「我不知道以後會怎麼發展，但是五十年後說不定能取代美元成為國際儲備貨幣。」安德森以輕快的語調說，也許會讓觀眾以為他是在開玩笑，可是他沒有。「真的可能會發生！」他補充說，似乎為了打消其他人對這個論點的疑慮，觀眾席中確實有一個人以熱情的吶喊回應他。

儘管安德森對比特幣未來價值的夢想可能激進了些，但引起我關注的是他說的另一件事：他很簡短地描述這位使用化名的比特幣創造者中本聰，幾乎是草草帶過一句：「這個神祕的傢伙絕對受到了密碼龐克（cypherpunks）所啟發。」

我當時像著魔般地研究密碼龐克，這是1990年代由一群激進的自由意

志主義者所組成，讓他們團結在一起的偉大使命，就是運用牢不可破的加密軟體，把權力從政府和企業手中奪回來，然後交給個人。我發現安德森的YouTube演講影片時，正好在寫一本敘述密碼龐克運動發展過程的書，[2]花了無數個小時在密碼龐克郵件名單（Cypherpunks Mailing List）的檔案裡挖掘資料，[3]名單裡的成員包括幾百位程式設計師、密碼學家、無政府主義者和網路酸民，那一大串電子郵件是他們在近十年的時間裡所分享的創新、宣言和內部爭吵的紀錄。

朱利安・阿桑奇（Julian Assange）是密碼龐克郵件名單裡的活躍分子，像是維基解密（WikiLeaks）對資料來源匿名保護的許多想法，都在此誕生。第一批所謂代理伺服器（proxy servers）的開發人員，也是促成密碼龐克的關鍵人物，這種伺服器提供加密和匿名的網際網路連線，後來演變成今天常用的虛擬私人網路（virtual private network, VPN）。匿名軟體Tor的創辦人也是在讀了名單檔案裡的討論內容後而深受影響。

在密碼龐克想像的世界中，可確保網路使用者每天使用的免費加密程式完全保密，不必擔心駭客、有心人士窺探，也不受執法部門，甚至情報機構監控。崇尚自由主義意識型態的人，夢想著有一天政府不再控制他們的言論、財產或放入身體的東西，對他們而言，加密工具代表了一種無法觸及的新隱私：在這個未來裡，通訊不僅不會受到竊聽，還可以藏在完全無法識別和無法追蹤的假名後面。

密碼龐克相信，如果能做到匿名和無法追蹤的數位通訊，那麼匿名和無法追蹤的線上**支付**也一定可行，這項創新絕對會開啟金融隱私的新時代，以及規模龐大、欣欣向榮的網路黑市。

提摩西・梅（Timothy May）是創辦密碼龐克組織的元老級人物，他以最清楚，也最黑暗的方式表達了這個願景。這位才華洋溢、冷漠的現實主義者之前是英特爾（Intel）的工程師，很年輕就退休，住在聖克魯茲（Santa Cruz）山區，他想像的未來是有了加密工具後，就可以向全球黑市裡想得到資訊的客戶，收取高額的費用。他在密碼龐克郵件名單發表一篇半諷刺

的文章，提出所謂的黑網（BlackNet），這是一種貨幣版的維基解密，在其中機密資料和商業機密可以匿名出售，以換取無法追蹤的貨幣「加密信用」（CryptoCredits）。[4]

1988年，梅在最著名的文章〈加密無政府主義宣言〉（The Crypto Anarchist Manifesto）中，概述他預見了一個無法無天的未來，而且像他這種高度熱愛自由主義者，絕對會舉雙手迎接。[5]梅帶著不祥的預感寫著：「一個幽靈正在現代世界出沒，這個加密無政府狀態（crypto anarchy）的幽靈。」他想像有一個「加密網路」（CryptoNet），在其中通訊和支付完全私密。

　　國家當然會想減緩或阻止〔加密〕技術傳播，理由是危及國家安全、怕毒販和逃稅者使用這項技術，以及擔心社會崩解。其中許多擔憂的確合情合理；加密無政府狀態將容許人們自由交易國家機密，也允許交易非法和被盜的資料。一個匿名的電腦化市場，甚至會讓暗殺和敲詐勒索等可恨的市場得以存在，各式各樣的犯罪分子和外國人將成為加密網路的活躍使用者，但這無法阻止加密無政府狀態擴張版圖。

＊　＊　＊

我在二十多年後讀到梅的文字時，他的願景多半已成真：事實上，加密已為幾十億普通人提供了不可破解的祕密通訊。像Tor這樣的工具也讓人可以用匿名的方式通訊，不僅隱藏了線上訊息的內容本身，還隱藏了訊息發送者和接收者的身分。

然而，梅的「加密信用」概念仍未實現，但這是真正的加密無政府狀態的關鍵金融要素。密碼學家，包括一些密碼龐克郵件名單上的常客，已經發明了數位現金（DigiCash）、比特黃金（Bit Gold）和B-Money等數位貨幣系統，但是這些系統都面臨技術或後勤的障礙，沒有一個能蔚為流行或在真實

世界中獲得實際的價值。

現在，我看著安德森在台上演講，聽到他指名中本聰繼承了密碼龐克的衣缽。更引人注目的是，他似乎在說，中本聰發明的比特幣最後將成為加密無政府主義的聖杯：真正匿名、無法追蹤、實際可用的數位貨幣。

「密碼龐克做了許多很酷的事情，他們想創造出可以匿名的私人貨幣，但是功敗垂成。一直到中本聰大約三年前將其付諸實行，他就像其他優秀的駭客一樣，寫了軟體後發表到全世界。」安德森在Ignite演講中以愉快的口吻說道，與梅以不祥的語氣描述加密無政府狀態的願景相去甚遠。

第5章

絲路

我找到安德森，透過電話採訪他，雖然我嘗試購買比特幣的經驗不太幸運，但還是說服了幾位編輯讓我在2011年4月的《富比士》雜誌上，發表一頁關於比特幣的文章。[1]對於仍處萌芽階段的加密貨幣而言，當時的《富比士》雜誌或許是最樂於高調介紹的媒體。

在報導這個故事的過程中，我曾要求安德森向化名為中本聰的比特幣創造者轉達一項請求，我也想採訪他。幾天後，安德森回覆說：中本聰婉拒了。

我儘量不要太介意他拒絕的這件事，事實上，中本聰從未跟任何一位記者交談過。結果安德森所收到的那封拒絕採訪邀請的電子郵件，是中本聰到目前為止與其他人最後的通信內容之一。我的文章刊登後不到兩週，比特幣的創造者就從網路上消失了，再也沒有回來，身分仍然未知，這是科技史上其中一個最大的謎團。

無論中本聰是何許人物，身在何處，都可能極為富有。據估計，他在早期開採了至少100萬枚比特幣，而且從那時起就沒有動用過，在撰寫本文時，比特幣創造者的淨資產理論上是300億美元左右，使他躋身全球大富豪之列。[2]

但我在2011年春天時，對比特幣的投資潛力或指認中本聰的身分興趣缺缺。我是個醉心於密碼龐克的記者，關注的是網路上所有惡意或造成顛覆性的東西，讓我深受吸引的概念是安德森所說「匿名的私人貨幣」，我想知

道這些錢要如何使用。

*　*　*

我請安德森舉例，究竟是哪些人實際在使用比特幣買賣東西，這張短短的名單裡包括了一個叫做絲路的網站，上面販售違法的毒品。安德森是一位保守拘謹的軟體工程師，比較喜歡談論比特幣在集中式金融系統下具備的經濟優勢，而不是成為黑市貨幣的潛力，他並不樂於見到這種事。他承認：「對從事非法交易的人來說，比特幣是很適合的媒介，這讓我感到很困擾，可是它就跟其他貨幣一樣，你也不能阻止美元鈔票用於毒品交易，任何類似現金的系統都免不了這個不幸的特點。」

我了解到絲路是暗網上的電子商務市場，換句話說，它跟另外幾千個受到特別保護的網站一樣，依靠Tor隱藏伺服器的位置，只讓那些也在電腦上使用Tor的人造訪。Tor是暗網的關鍵要素，提供了一種雙邊匿名設計，只要任何人知道某個暗網的網址，都可以造訪，而網址就是一長串看似隨機的字元。但是那個網站的訪客無法看到主機確實的位置，網站也無法辨認訪客的位置，若有第三方想窺探這兩方的連線，會找不到兩邊電腦的位置。

於是我啟用了Tor，開始在暗網目錄中尋找這個傳說中的比特幣毒品市場。這個過程在2011年很吃力：當時沒有真正的暗網搜尋引擎，而且瀏覽的速度通常非常慢，因為Tor要透過全球三台隨機的電腦，為你的連線資料提供三次加密處理。[3]

當我找到絲路時，並沒有留下深刻的印象。乍看之下，網站上似乎確實列出幾十種毒品，像是搖頭丸、大麻、迷幻蘑菇，甚至還包括古柯鹼和海洛因，但是看到簡陋的設計和下載速度過慢的頁面，實在很難相信真的會有客戶上門。絲路給我的感覺是，在最好的情況下，這是個吸毒者糟糕的實驗，最壞的情況是一個騙局，目的是騙取潛在客戶的比特幣。畢竟，就算比特幣和Tor沒有向執法部門揭發網站使用者，但是他們怎麼可能在不提供郵寄地

址的情況下運送或收到毒品呢？即使是在梅想像中的黑網，也只是想像人們販售**數位**違禁品，例如機密文件和商業機密，而不是把實體的非法毒品放在信封裡丟進郵筒，就希望能得到最好的結果。

接著大約六週後，我發現我的推特簡訊裡，全都是紐約參議員查克・舒默（Chuck Schumer）那天早上舉行的記者會新聞連結，主題就是：絲路。

講台上的參議員對絲路的描述與我之前的看法截然不同：這種前所未見的新威脅將蓄勢待發，使得為了控制非法毒品所做的一切努力毀於一旦。舒默告訴記者：「這確定是個非法毒品的一站式商店，代表著我們從沒有看過的大膽線上販毒行徑，明目張膽的程度實在是無以復加。」[4]

舒默是一位反對密碼龐克自由意志主義的政客，指出 Tor 和比特幣都是這種匿名交易的新工具，相當危險。舒默說：「根本就是允許買家和使用者在網路上買賣非法毒品，包括海洛因、古柯鹼和甲基安非他命（meth），而使用者販售時確實可以透過一個幾乎追蹤不到的程式來隱藏身分。」他指的是 Tor。至於比特幣，他的描述是：「一種線上洗錢的方式，讓人看不出資金來源，也不知道買賣毒品的人是誰。」

舒默的演講內容是受到新聞網站「高客」（Gawker）上面的文章所啟發，這篇文章是記者亞德里安・陳（Adrian Chen）寫的。陳跟我一樣，無意間發現絲路，但是他並沒有置之不理，而是找到了曾經造訪該網站購買商品的客戶，例如有位滿意的客戶支付 50 枚比特幣，買了一百微克的搖腳丸（LSD），裝在從加拿大寄來的信封裡。這名消息人士告訴陳：「我感覺就像是到了未來。」[5]絲路確實存在，而且真的在營運。

我似乎錯過了代表著所有密碼龐克夢想成真的故事，無法追蹤的數位貨幣可用於一個加密的匿名電子商務網站，以購買實際、高度非法的違禁品。比特幣和 Tor 聯手開啟了梅和他在 1990 年代加密無政府主義者夢寐以求的新局面：一個貨真價實的暗網市場。

＊　＊　＊

陳的文章引起軒然大波，讓我差點錯過文章發表後不久出現的一則「更新」。原先他在文章中，將比特幣描述為「無法追蹤的數位貨幣」，但在一份附錄中指出，傑夫・加齊克（Jeff Garzik）是比特幣開放原始碼軟體的核心開發人員，這位程式設計師曾與安德森共事，寄送了電子郵件給陳，糾正一個錯誤的想法。加齊克指出，雖然比特幣的發送方和接收方只能透過地址來辨識，但所有這些匿名交易仍然以公開的方式記錄在區塊鏈上，大型交易可能會引起調查人員的注意，可能會讓使用者**去匿名化**（de-anonymize），例如那些在網路上發表自己地址的人，或是向比特幣交易所提供身分識別訊息的人。「若是考量到目前執法部門在這個領域運用的統計分析技術，那些想利用比特幣從事重大非法交易的人簡直是愚蠢至極。」加齊克寫道。[6]

但是，舒默公開譴責比特幣和絲路所帶來的聲浪，蓋過了加齊克的警告，因此聽到這個警告的人寥寥無幾。舒默和參議員喬・曼欽（Joe Manchin）寫了一封信給緝毒署和司法部長艾瑞克・霍德（Eric Holder），舒默在信中要求他們「立刻採取行動，關閉絲路的網路。」[7]信中的描述是：「這些非法購買的唯一支付方式，是一種無法追蹤的點對點貨幣，稱為比特幣。」與加齊克提出的警告南轅北轍。

潛在的比特幣買家似乎很喜歡自己聽到的內容。在舒默的信件和記者會舉行之後的幾天裡，Mt. Gox上面的加密貨幣匯率，從當年6月初的不到10美元推升至將近32美元的高點，因為比特幣買家爭先恐後購買這種號稱暗網「無法追蹤的」（而且最近惡名昭彰的）貨幣。舒默在企圖關閉比特幣黑市的同時，卻無意間為它提供有史以來最棒的宣傳。

第6章

恐怖海盜

2011年夏天，正當全世界首次注意到絲路的存在，此時甘巴里安仍在喬治亞州（Georgia）布倫瑞克（Brunswick）的聯邦執法人員訓練中心（Federal Law Enforcement Training Center）受訓。他最初得知加密貨幣後的第一個反應是擔憂，而這時看到比特幣在絲路的使用上完全證實了這一點：由於比特幣承諾的匿名特性，絲路似乎證明了比特幣即將成為各種犯罪分子和洗錢者的工具。

他記得自己當時想：「這一定會出大事，我一看到絲路，就知道潘朵拉的盒子打開了，禍害無窮，再也回不去了。」

果然，就在高客網站的文章和舒默的記者會之後，絲路使用量爆增。好奇的毒品買家想更了解舒默強烈譴責的匿名黑市，於是下載了Tor，湧入暗網，因此根據估計，使用者數量立即從幾百人增加到一萬多人。[1]

大量的新訪客導致這個新市場有時候會出狀況，速度變慢，甚至長達一週的時間連網站都上不了，因為這個神祕的管理員努力管理的暗網流量，遠高於史上其他暗網。可是使用者依舊持續上門，而且數量攀升，畢竟，絲路提供了網路上其他地方都沒有的東西，我第一次造訪時在那裡看到的基本選項，很快就擴展成一系列的產品，包括稀有的迷幻藥、可量身訂做的大麻菌株、甲烯二氧甲苯丙胺（MDMA，**譯注：是搖頭丸的主要成分**），以及越來越多效果更強的毒品，例如甲基安非他命、海洛因和古柯鹼，還有其他像假證件和盜版軟體等違禁品。由於絲路的運作方式類似eBay，是由第三方賣

家在網站上銷售商品,而不像亞馬遜是集中管理的市場,因此,絲路上非法庫存的種類也跟客戶數量一樣快速成長。

絲路面對的挑戰是要做到真正的匿名線上銷售,於是開始想出令人印象深刻的創新以應對:因為客戶是向網路上不知名的賣家購買潛在的危險毒品,所以為了讓客戶能信任毒品的純度,絲路的方式是利用評分制度和客戶寫的評論。[2]越來越多專業的板主巡視網站、解決爭議、幫助使用者處理技術問題。買家付款給賣家後,有個聰明的託管系統會將比特幣鎖在特定的地方,等買家收到郵寄的毒品才會釋出這筆款項,以防止詐騙。而且由於比特幣的價格波動劇烈,絲路甚至為賣家提供避險服務,如果這筆款項在託管期間貶值,保證會彌補差額。絲路的所有服務都會抽佣金,費用與交易金額成反比,從小額訂單的10%到1,000美元以上訂單的1.5%不等。

尼可拉斯・克里斯汀(Nicolas Christin)是卡內基美隆大學(Carnegie Mellon)的資訊工程教授,對於絲路能以一個全新的匿名媒介,有效管理線上交易感到驚訝無比,他當時曾說:「絲路不是真的在販售毒品,而是賣保險和金融商品。你賣的是上衣還是古柯鹼並不重要,商業模式就是把安全變成了一項商品。」[3]

*　*　*

幾個月後,到了2012年2月,絲路這個交易市場不再只是無名小卒,開始發展出自己的特色,或更精確地說,是一個角色。網站的匿名管理員寫道:「絲路已經成熟了,我需要一個不同於網站的身分。我是絲路,是市場,是人,是企業,我就是一切,但我需要一個名字。」他對外公布的選擇結果是:「恐怖海盜羅伯茲」。[4]

這個奇怪的名字是來自《公主新娘》(*The Princess Bride*)一書,後來翻拍成電影,他所精挑細選的名字是為了特定的目的,後來才知道原因:在原本的故事中,恐怖海盜羅伯茲其實是個令人心生畏懼的頭銜,由一個海盜

頭目傳給下一代，接著一代傳一代。這個暗網海盜希望如法炮製，讓後人也繼承同樣的化名，如此一來可以混淆視聽，要是執法部門追蹤到他，就不清楚絲路的創辦人究竟是誰，或者某段特定的時間是誰在經營。

但是取這個新名字不只是為了魚目混珠。這位絲路的領導者，也就是客戶和賣家口中的恐怖海盜羅伯茲，很快就成為該網站上直言不諱的大人物。他在自己為使用者創立的絲路論壇上，發表越來越多貼文，並使用戴著黑面具的海盜作為他的頭像。他對於網站具備的自由主義潛力，似乎跟大幅增加的利潤一樣感興趣。

在早期的貼文中，恐怖海盜羅伯茲開始將絲路稱為一個「社群」，稱呼網站上的賣家為「英雄」，而不是一個鬆散的犯罪網路裡面的毒販。他在論壇上早期的一次長篇大論中寫道，絲路是個「夢想」，如果沒有他們的協助，「在噩夢般的現實中，不斷擴大、無所不能的全球寡頭政治，就會把絲路完全吞噬。」⁵

他解釋絲路真正的目標是讓這個以「國家」為名的「盜竊殺人手套」，遠離世界各地人民的私生活，人民應該有自由決定是否要買賣和吸食自己選擇的毒品。一個月後，他發表了另一份長篇宣言，透露更多宏偉的願景：一種激進的、自由派的加密無政府狀態，類似梅的密碼龐克哲學，但是充滿了理想主義和可能性。恐怖海盜羅伯茲似乎認為，加密無政府狀態其實並不一定會發生，而唯有透過絲路及其使用者偉大的奮鬥才能實現，這一點與梅的想法不同，恐怖海盜羅伯茲像是一個超級自由意志主義的列寧（Lenin），梅則像馬克思（Marx）。

恐怖海盜羅伯茲寫道：「有一天，對於全球那些被壓迫的人民來說，我們可能成為發光的燈塔，就像許多被壓迫和被侵犯的靈魂已經在這裡找到了避難所。現在，擺脫一個人身上的鏈條可以帶來利潤，因為驚人的加密技術大幅降低了這麼做的風險。在匿名線上市場的世界裡，還有多少利基市場有待開發？飛黃騰達和參與史詩級革命的機會就在我們眼前！」

恐怖海盜羅伯茲很快就定期向忠實的買家和賣家發表反政府的政治理

念，寫一些文情並茂的信給他們，甚至還成立了一個恐怖海盜羅伯茲讀書俱樂部，由他來主持，討論關於奧地利自由市場經濟學派作者的書籍。恐怖海盜羅伯茲在絲路上面，顯然不只是一個數位毒販或黑市網站的管理員，正如許多使用者在論壇貼文中所寫，他是「我們的切‧格瓦拉（Che Guevara，**譯注：古巴革命的核心人物**）」、「創造就業機會的人」，而且正如一位粉絲所說，大家會記得「他是史上最偉大的正義和自由戰士」。**6**

*　*　*

2012年底，我迷上了恐怖海盜羅伯茲，這個人在高度非法的毒品販售中賺取數百萬美元，卡內基美隆大學的克里斯汀教授在那一年稍早時做了一項研究，估計絲路每年運送1,500萬美元的毒品，同時又能避開全球各個執法機構的緝捕。**7**所有這一切發生的時間點，卻是在兩位美國參議員明確下令緝毒署和司法部追捕他和關閉他的市場之後。舒默的記者會過了一年多之後，恐怖海盜仍是自由之身，這個事實似乎證明了Tor和比特幣等加密工具，確實威力無窮，讓犯罪者可以逍遙法外。而恐怖海盜羅伯茲在面對地球上最強大的政府時，還公開炫耀自己這種犯罪不會受罰的行徑。

那年秋天，我開始每隔幾週就在絲路的論壇上傳私訊給恐怖海盜羅伯茲，想辦法說服他接受第一次公開的深度採訪，回答我的問題。他一開始反對，說他還沒有準備好，我提議到另一個國家跟他見面，而且替他的身分保密。他的回應是：「面對面不可能，我連關係最密切的顧問也不會去見。」

後來我主動寄給他一張問題清單，裡面有些問題過於唐突，包括詢問他的所在之處、性別和年齡，他回答，絕不會談到如此私密的事情。此後他顯然有如驚弓之鳥，沉默了好幾個月。

但隨著恐怖海盜羅伯茲以明星之姿崛起，登上《富比士》雜誌封面對他的吸引力似乎與日俱增。（最後他建議封面可以顯示一個不具名的海盜輪廓，加上標題「海盜如何打贏毒品戰爭」。）八個月後，他終於同意透過絲

路的Tor訊息保護系統與我詳談，把我的帳戶狀態升級為網站上的毒販，讓
我們交換訊息更容易。2013年7月4日，我們兩人在電腦前坐了五小時，我
在布魯克林（Brooklyn）工作室的辦公室裡，完全不理會為了慶祝獨立紀念
日而在屋頂上烤肉的朋友，他則在某個不明地點，在暗網的某個地方。我採
訪恐怖海盜羅伯茲後，寫了一篇文章將他介紹給全世界。

＊　　＊　　＊

　　十年之後回頭來看，恐怖海盜羅伯茲在回答我的第一個問題時就說謊
了。

　　「你是受到什麼啟發而創辦絲路？」我問，給他一個開放式的題目。**8**

　　「創辦絲路的並不是我，是我的前輩。」恐怖海盜羅伯茲的回答讓我嚇
了一跳，他描述他在絲路的早期如何在網站中發現一個漏洞，導致駭客能對
網站的比特幣錢包去匿名化。他提出這一點，引起了絲路創辦人的注意，結
果他們的關係變得友好，最後網站的原始管理員建議以高價收購的形式「讓
火把傳承下去」。〔我後來才知道，所有這一切（有部分是從烏布利希自己
的私密日記中讀到的）似乎是「恐怖海盜羅伯茲」神話的一部分，烏布利希
擔心萬一被發現，就可以用此理由掩蓋蹤跡。〕

　　在一開始那個刻意誤導我的答案之後，恐怖海盜羅伯茲開始稍微誠實地
回答問題。他暗示絲路未來真正的理想，包括把領土拓展到加密通訊工具，
還有一間以絲路為品牌的比特幣交易所，將與Mt. Gox一較高下，這個獨占
鰲頭的比特幣交易所Mt. Gox，現在開始要求使用者提供身分識別資料才能
開戶。

　　就這一點而言，我問他絲路如何處理使用比特幣交易被追蹤的問題，畢
竟我在兩年前，就讀到加齊克回應高客網站上關於絲路的文章而提出的警
告。即使絲路上的交易雙方都只用匿名地址，難道在比特幣的區塊鏈看不見
這些交易嗎？

　　恐怖海盜羅伯茲語帶含糊地回答，絲路有一個內建的「轉向器」（tumbler）系統，可以讓使用者的付款交易混在一起，也就是說，如果使用者把比特幣放入絲路錢包購買商品，錢會由賣家領取，這時連結雙方交易的鏈條會遭到故意破壞，這筆交易紀錄的蹤跡會與絲路為數眾多的其他付款纏繞成一團。「這就讓人無法將你的存款和取款連起來，甚至很難分辨你取得的款項是來自絲路。」恐怖海盜羅伯茲寫道。

　　我沒有再逼問他這個系統的細節，而是轉移到其他話題，例如他信奉極端自由意志主義到什麼程度（他問：「把人們從束縛中解放出來這件事，你怎麼會有做得太多的時候？」），他對於絲路高到近乎荒謬的財務目標（「在這個時間點，我不會以低於十位數的價格出售，也許是十一位數」），以及略微窺探他的私生活〔「在漫長的一天結束時，我喜歡來一碗印度大麻（indica bud）」〕。他描述了一種有節制的生活水準，即使獲利高達數百萬美元，他的開銷依然很少，以免引人注目，事後證明這個說法完全是真的。

　　當我質疑他蓬勃發展的業務是否符合道德，恐怖海盜羅伯茲說，他制定了嚴格但有點過於簡化的道德準則：「我們不允許出售任何以傷及無辜為主要目的的產品，也不允許為了出售而必須在過程中傷及無辜的產品。」意思是沒有像職業殺手或敲詐勒索這樣的暴力服務、沒有兒童色情圖片，甚至沒有偽造的優惠券。絲路曾一度允許出售槍枝，因為恐怖海盜羅伯茲認為槍枝可用於自衛，但是他的行為準則禁止「用於一群人或全體人口」的武器。

　　雖然他自己加上了這些規則，但是目前以追捕恐怖海盜羅伯茲為目標的執法機構，當然不會因此而放棄絲路這個獵物。他真的百分之百相信加密工具能讓他繼續逍遙法外嗎？「是的，除非他們破解了現代加密演算法，不過我很懷疑他們能否辦得到。我們採取了許多安全措施，以保護為絲路提供動力的基礎設施。」恐怖海盜羅伯茲寫道。

　　在本次採訪之前，我以為恐怖海盜羅伯茲可能會說，讓網站安全無虞的最大功臣是採用了 Tor 這項技術，但他很快就明確表示，比特幣才是開啟暗網匿名金融潛力的鑰匙。「我們之所以能打敗國家，贏得毒品戰爭，必須歸

功於比特幣，這只是剛開始而已。一個產業接著一個產業，都會將國家排除在外，權力正回到個人手上。我認為沒有人能理解我們這場革命的規模有多大，我覺得後人在回顧這段歷史時，會視為是人類進化的一個劃時代階段。」恐怖海盜羅伯茲寫道。

第7章

謎題

　　2013年初，在加州大學（University of California）一棟大樓裡，有一間沒有窗戶的儲藏室架子上，開始堆滿看似毫不相關的奇怪物品。[1]一台卡西歐（Casio）計算機、一雙羊駝毛襪、一小疊《魔法風雲會》（Magic: The Gathering）卡牌、一個原裝的任天堂（Nintendo）超級瑪利歐兄弟3（*Super Mario Bros. 3*）卡帶、駭客組織「匿名者」（Anonymous）很流行戴的蓋・福克斯（Guy Fawkes）塑膠面具、一張波士頓樂團（Boston）的經典搖滾樂專輯CD。

　　每隔一段時間，門會打開，燈會亮起，一位身材嬌小的黑髮研究生莎拉・梅克雷約翰（Sarah Meiklejohn）會走進房間，再把物品放到這個不斷增加的雜物堆中。接著她會走出門，穿過大廳後上樓，到她與加州大學聖地牙哥分校（UC San Diego）資訊科學系其他研究生共用的辦公室，裡頭有一面牆幾乎全是玻璃，望出去一片美景，陽光灑在索倫托山谷（Sorrento Valley）和遠處連綿起伏的山丘上。但是梅克雷約翰的桌子背對著那片廣闊的景色，她全神貫注在筆電的螢幕，很快就在裡面成為全球最奇怪、最活躍的比特幣使用者之一。

　　加州大學聖地牙哥分校的儲藏室裡，這幾十件奇特且數量不斷增加的收藏品，都是梅克雷約翰本人用比特幣從不同的賣家隨機買來的，只要對方願意接受加密貨幣就行。她除了在網路下訂單和往返儲藏室的小旅程之外，其餘時間都在執行每一項可使用比特幣的服務，而且全部同時進行，像是一個

躁症發作的加密貨幣狂熱者一樣。

　　她把資金從十種不同的比特幣錢包服務商轉入和轉出，而且在Bitstamp、Mt. Gox和比特幣基地（Coinbase）等二十多家交易所，將美元兌換成比特幣。她把這些硬幣投注在十三種不同的線上賭博遊戲，包括中本聰骰子（Satoshi Dice）和比特幣神風特攻隊（Bitcoin Kamikaze）網站。她把電腦的挖礦算力（mining power）貢獻給十一個不同的「礦池」（mining pool），這些礦池會蒐集使用者的算力來挖掘比特幣，然後支付使用者一部分的利潤。而且她會一次又一次將比特幣轉入絲路的帳戶，再轉出來，卻從未實際購買過任何毒品。

　　梅克雷約翰在幾週內，總共執行了三百四十四次加密貨幣交易，她在電子表格上仔細記錄每筆交易的金額、用於支付的比特幣地址，接著，在挖掘比特幣區塊鏈上的交易後，檢視付款紀錄、接收方或發送方的地址等公開資料。

　　梅克雷約翰幾百次的購買、下注和看似毫無意義的資金流動，其實並不是精神病發作的症狀，她的每個舉動都是一次小實驗，加起來是在做一種以前從未嘗試的研究。比特幣的使用者、開發人員，甚至創始人，多年來一直聲稱比特幣具有匿名性（或缺乏匿名性），此時梅克雷約翰終於要測試它的隱私屬性。

　　這些交易全都要靠人工手動完成，必須一絲不苟，相當耗時又枯燥，不過梅克雷約翰剛好可以藉此打發時間：因為在執行這些操作和記錄結果的同時，她的電腦在一個龐大的資料庫裡查詢，有時候需要長達十二小時才能算出結果。這個資料庫是儲存在她和加州大學聖地牙哥分校的研究人員共同建立的伺服器上，足以代表整個比特幣區塊鏈，也就是包含了自從四年前比特幣創立以來，在整個比特幣經濟裡所產生的大約一千六百萬筆交易。連續幾週下來，梅克雷約翰一邊仔細搜查這些交易，一邊在她數百個測試交易裡標記賣家、服務商、市場和其他接收人。

　　她在開始探索比特幣生態系統的過程中，幾乎將這項工作視為人類學：

人們用比特幣做些什麼？其中有多少人是把加密貨幣存起來？有多少人是花掉？但最初的調查研究慢慢成型之後，她開始設定一個更具體的目標，這個目標與恐怖海盜羅伯茲的加密無政府主義、理想化的比特幣概念完全背道而馳：她想證明比特幣交易確實經常可以被追蹤，甚至（或者事實上，尤其是）參與其中的人自認為是匿名的時候也不例外。

　　　＊　　＊　　＊

　　就在梅克雷約翰費盡心思執行比特幣交易，觀察這些紀錄所創造出來的數位軌跡，此時突然想起二十年前的某一天，曾到母親位於曼哈頓（Manhattan）市中心的辦公室。他們住在美國自然歷史博物館（American Museum of Natural History）附近的上西城公寓，那天早上，梅克雷約翰和母親一起搭地鐵到富利廣場（Foley Square）的聯邦大樓，對面是這座城市裡令人心生畏懼的法院大樓，門口有巨型的石柱。

　　梅克雷約翰當時還在念小學，但那天是帶小孩上班日（take-your-daughter-to-work day），她的母親是聯邦檢察官，在接下來的幾年裡，這位檢察官的職業生涯，主要是打擊那些在稅收方面欺騙市政府的廠商（賄賂政府員工選擇價格較昂貴的學校餐點或鋪馬路服務），或是相互勾結的銀行，將業績不佳的投資商品推銷給這個城市裡的資本家。這些貪汙調查案中的許多主角，最後都被判處多年徒刑。

　　那天在司法部的紐約辦公室裡，十歲不到的梅克雷約翰開始工作，指派給她的任務是整理一疊支票，幫母親在一項調查中找尋收受貪汙回扣的線索。

　　動手將一點一點的資料拼湊成一張更大的圖片，就是這種感覺讓梅克雷約翰在二十年後研究比特幣區塊鏈時，覺得似曾相識，而此時的她在意識上甚至都還不知道自己在做些什麼。

　　梅克雷約翰說：「我腦海中的某個地方就是有這個想法，追蹤資金流向

的想法。」

　　梅克雷約翰從小就喜歡謎題,而且越複雜越好。不管是長途旅行的車上、機場,或其他場合,只要能讓這個身材略微嬌小、好奇心強的女孩分散注意力,母親就會拿一本謎題書給她。梅克雷約翰還記得全球資訊網(World Wide Web)剛推出時,她最先造訪的其中一個網站是地球村(GeoCities)的頁面,專門致力於破解中央情報局(Central Intelligence Agency, CIA)總部廣場的雕塑品克里普托斯(*Kryptos*),這個銅製的緞帶狀表面包含四段加密訊息,即使是蘭利(Langley,**譯注:位於維吉尼亞州的城市,美國中情局總部所在之處**)的密碼分析專家也無法破解。到了十四歲時,她每天都會完成《紐約時報》(*New York Times*)的填字遊戲。

　　梅克雷約翰全家去倫敦(London)度假時,參觀了大英博物館(British Museum),她對於羅塞塔石碑(Rosetta stone)以及古代語言所涵蓋的廣泛概念著迷不已,畢竟這些語言是整個文化殘存下來的遺跡,只要猜謎者找到正確的鑰匙,就可以破解這些概念。她很快開始閱讀線形文字A(Linear A)和線形文字B(Linear B),這是克里特島(Crete)上的邁諾斯文明(Minoan civilization)在大約西元前1500年所使用的兩種書寫文字。線形文字B到了1950年代才破解,主要得歸功於布魯克林學院(Brooklyn College)的古典主義學家愛麗絲・科伯(Alice Kober),她花了二十年的時間,暗自研究青銅時代(Bronze Age)的語言樣本,在十八萬張索引卡上寫筆記。[2]

　　由於梅克雷約翰十分醉心於線形文字A和線形文字B,因此說服了她的一位中學老師,在晚間籌組研討會來討論這個主題(只有她和一個朋友參加)。對梅克雷約翰而言,雖然科伯在線形文字B上的成就振奮人心,但是比這個故事更誘人的事實是,即使經過了一世紀的研究,也**沒有人**能破解線形文字A。最好的謎題就是那些沒有答案的謎題,甚至是那些根本沒有人知道解答是否存在的謎題。

　　2004年,梅克雷約翰就讀布朗大學(Brown University),這時她發現了密碼學,這個資訊科學的分支直接吸引了喜愛謎題成痴的她,究竟什麼是加

密系統？是不是另一種需要破解的神祕語言？

　　密碼學中有一個基本原理，通常是指以密碼學家布魯斯・施奈爾（Bruce Schneier）命名的施奈爾定律（Schneier's law），宣稱任何人都可以開發出一套夠聰明的加密系統，連本人都想不出破解的方法。然而，就像那些從小讓梅克雷約翰著迷的最佳難題和謎題一樣，另一個人用不同的方式處理密碼，就可以檢視那個「牢不可破」的系統，然後立刻找到破解之道，完全揭露出整個原本不為人知的世界。

　　梅克雷約翰研究了密碼學之後，開始認識到隱私的重要性，而且防監控的通訊也不可或缺。她不全然是個密碼龐克：吸引她的是建立和破解密碼所帶來的智力挑戰，因此驅使她往前的是這股動力，而不是什麼想打敗監控的意識型態。但她跟許多密碼學家一樣，仍然相信真正牢不可破的加密技術有其必要，因為這些技術可以為敏感的通訊內容開闢私密空間，不管是反對專制政府的異議分子，或是跟記者分享祕密的告密者，都不會遭到窺探。她憑直覺就能接受這樣的原則，主要是因為她與身為聯邦檢察官的母親同住在一個屋簷下，而青少年時期的她渴望保有一些祕密，想在曼哈頓的公寓裡維護自己的隱私。

＊　＊　＊

　　梅克雷約翰的密碼學天賦展露無遺，很快就成為系上電腦科學家安娜・利斯揚斯卡亞（Anna Lysyanskaya）的助教。利斯揚斯卡亞才華橫溢，成就非凡，曾是傳奇人物羅納德・李維斯特（Ron Rivest）的學生，RSA加密演算法中的「R」就是來自他名字的第一個字母，RSA演算法形成了大多數現代加密的基礎，用途廣泛，不論是網路瀏覽器、加密電子郵件，還是即時訊息協定（instant messaging protocol），無所不在。三十多年來，違反施奈爾定律的基本加密協定少之又少，而RSA加密演算法就是其中一個。

　　利斯揚斯卡亞當時正在研究一種加密貨幣eCash，最初由密碼學家大

衛‧喬姆（David Chaum）於1990年代所開發，由於喬姆在匿名系統方面的開創性成就，才能讓虛擬私人網路和Tor這樣的技術得以存在。梅克雷約翰大學畢業後，在利斯揚斯卡亞的指導下，開始在布朗大學攻讀碩士學位，研究如何使喬姆真正的匿名支付系統eCash提高效率，而且更上一層樓。

　　梅克雷約翰後來承認，很難想像他們正在努力最佳化的加密貨幣計畫可以拿來實際運用，因為與比特幣不同的是，eCash有個嚴重的問題：eCash的匿名消費者基本上可以偽造硬幣，然後傳送給毫無防備之心的接收方，等接收方將硬幣存入某種eCash銀行，銀行會檢查，才發現硬幣是偽造的，此時偽造者可能會因詐欺而失去匿名保護，因此這個不當行為者的身分會被公開，但等到這個時候，偽造者或許早已帶著非法取得的貨物逃之夭夭。

　　儘管如此，eCash有個獨特的優勢，讓這個系統非常吸引人：它提供的匿名性確實無法破解。事實上，eCash是基於一種稱為零知識證明（zero-knowledge proof）的數學技術，可以確定付款的有效性，而銀行或接收方不會得知有關付款人或這筆錢的其他資訊。這種數學上巧妙的手法**證明**了eCash的安全性，施奈爾定律在此不適用：再多的聰明才智或計算能力，也無法破壞它的匿名性。

　　梅克雷約翰在2011年第一次聽說比特幣時，正在加州大學聖地牙哥分校開始博士研究，不過她那個夏天到微軟（Microsoft）擔任研究員。有個華盛頓大學（University of Washington）的朋友跟她說，人們正在使用一種新的數位支付系統在絲路這類網站上購買毒品。那時梅克雷約翰放棄了eCash研究，忙著投入其他研究，例如允許人們在不透露個人行蹤的情況下支付過路費的系統，[3]以及一種熱像儀技術，可以透過感應殘留在鍵盤上的溫度，來顯示輸入自動櫃員機的密碼。[4]因此她全力以赴，專注在這些研究，把比特幣放在腦海中某個角落，接下來的一年壓根兒沒再想起。

　　接著，到了2012年底，有一天在加州大學聖地牙哥分校資訊科學系辦的健行活動中，一位年輕的研究員基里爾‧列夫琴科（Kirill Levchenko）向梅克雷約翰建議，也許應該開始研究這種新興的比特幣現象。他們一起走在

安扎博雷戈沙漠州立公園（Anza-Borrego Desert State Park）裡的鋸齒狀景觀中，列夫琴科解釋自己深受比特幣獨特的工作量證明（proof-of-work）系統所吸引，這個系統要求任何想挖掘貨幣的人，必須花費大量運算資源來執行計算，本質上是一場大型的自動化解謎比賽，然後把後續的結果複製到區塊鏈的交易中。此時，野心勃勃的比特幣人（bitcoiner）已開發出挖礦專用的微處理器，以生產這種奇怪的新型態貨幣，而比特幣系統設計得十分巧妙，意思是如果有不肖分子想將假交易寫入區塊鏈，就必須比幾千名礦工所使用的電腦數量更多、運算能力更強。這種方法相當高明，創造出一種去除中央集權的安全貨幣。

　　這是梅克雷約翰第一次仔細思考比特幣的機制，她很感興趣，但是等到健行後回到家，開始細讀中本聰的比特幣白皮書，這時立刻明白比特幣跟她非常熟悉的eCash系統有著截然不同的取捨之處。比特幣預防詐欺的方式，不是由銀行單位事後分析是否偽造，而是透過區塊鏈的即時檢查，每一枚比特幣持有人的紀錄都是公開的，無法偽造。

　　但這種區塊鏈帳本系統付出極大的隱私成本：在比特幣中，無論如何，每個人都是每筆付款的見證人。

　　沒錯，這些付款背後的身分會由匿名地址所掩蓋，這些地址是由二十六到三十五個字元組成的長字串。但是對梅克雷約翰來說，躲在這種遮羞布後面，本質上似乎很危險。eCash的不同之處在於隱私保護，就算窺探者看到訊息，也不會透露出任何關聯，而比特幣則是提供大量可供分析的資料。誰也不知道哪些種類的模式可能會洩露出使用者的身分，而這些使用者還自以為比觀察他們的人更聰明。

　　梅克雷約翰記得當時心想：「你永遠無法證明這個系統的隱私屬性，因此身為密碼學家，當然會想問，如果你不能證明隱私的存在，那麼可能會遭到什麼攻擊？如果你沒有隱私，那你有什麼？」

　　這種誘惑讓梅克雷約翰難以抗拒，區塊鏈就像一個古老語言裡未破解的大型語料庫，在眾目睽睽之下藏著大量的祕密。

第8章

無名客

　　梅克雷約翰於2012年底開始研究區塊鏈，她從一個非常簡單的問題著手：到底有多少人在使用比特幣？

　　若想得知確切的數字，這件事比表面上看起來困難許多，首先要將整個區塊鏈下載到加州大學聖地牙哥分校的伺服器上，然後整理成一個可供查詢的資料庫，類似一張可搜尋的大型電子表格，裡面可以看到超過一千兩百萬個不同的比特幣地址，以及將近一千六百萬筆交易。[1]而在其中，有許多是比特幣歷史上一眼就可以認出來的事件，雖然發送方和接收方或許可以藏在匿名地址後面，但有些交易很清楚，就像是某個人的閣樓裡藏在薄床單下面獨特的家具。

　　例如，她可以看到在加密貨幣早期階段，其他人尚未開始使用之前，中本聰開採了將近100萬枚比特幣，以及中本聰於2009年1月發送10枚比特幣給早期開發人員哈爾‧芬尼（Hal Finney），作為第一筆測試交易。[2]她也發現了第一筆真正有價值的付款，那是在2010年5月，有位程式設計師拉斯洛‧漢耶茲（Laszlo Hanyecz）以1萬枚比特幣，換得兩個披薩而聲名大噪（截至本文撰寫時，價值達數億美元）。[3]

　　其他許多地址和交易也被認出，而且在Bitcointalk等論壇上廣泛討論，梅克雷約翰還花了幾小時將很長的字串剪貼到Google，查看是否有人承認那是他的地址，或是其他比特幣使用者是否在聊某些鉅額交易的八卦。其實在梅克雷約翰開始搜尋資料的這個時間點，只要有興趣和耐心投入海量亂碼地

址的人，都可以在區塊鏈混亂的表面之下，看到資金在神祕人士之間轉移，即使在當時，這些資金也往往價值不菲。

　　然而，從這種混亂中理出頭緒，才是真正的挑戰所在。梅克雷約翰確實可以看到地址之間的交易，但問題是要再進一步深入研究，劃出界限，才能確定哪些比特幣是屬於哪個人或組織。一個使用者可以自行決定要用多少個地址，在錢包程式裡申請多少個錢包來管理比特幣，就像你想把存款放到多少個帳戶，銀行都會同意，只要點一下滑鼠就可以開個新戶頭。這類程式當中，有很多甚至會在使用者每次收到比特幣付款時，自動生成新地址，因此又更加混亂了。

　　儘管如此，梅克雷約翰確信，在混亂的交易中找出一些模式，至少能讓其中一些資料變得更清楚。梅克雷約翰想起在中本聰自己的原始白皮書中，曾經簡明扼要提到一種折疊身分的技術，可用來將幾個地址變成單一的身分。通常，一筆比特幣交易可從許多個不同的地址「輸入」，如果有人想支付10枚比特幣給朋友，可是這些硬幣存放在兩個不同的地址，每個地址各5枚，這時付款人的錢包軟體會建立一個交易，將兩個5枚硬幣的地址列為輸入，而接收10枚硬幣的地址列為輸出。為了要完成這筆付款，付款人需要擁有兩個所謂的密鑰，才能從這兩個地址分別支付5枚硬幣。意思是說，任何在區塊鏈上查看交易的人，都可以合理推斷出這兩個輸入地址是屬於同一個人或組織。

　　中本聰暗示過這種方式所帶來的隱私危險，他寫道：「使用多個輸入地址的交易，仍然會產生某種連結，一定會顯示出這些輸入地址都屬於同一個人。風險在於如果一個密鑰的擁有者曝光了，這種連結可能會連帶讓同一個擁有者的其他交易也跟著曝光。」[4]

　　因此，梅克雷約翰採取的第一步，就只是嘗試中本聰無意間提到的技術，以此檢視所有的比特幣付款。她掃描了區塊鏈資料庫中每筆輸入多個地址的交易，那些交易可能是將兩個、三個，甚至幾百個輸入地址連結到單一的身分。結果立刻將潛在的比特幣使用者數量從目前的一千兩百萬減少到五

百萬左右，解決了一半以上的問題。

　　梅克雷約翰在完成了那個最初的步驟（其實根本像是免費贈品，對她而言毫不費力）之後，才將大腦切換到真正的解謎模式。她就像一個20世紀的考古學家，仔細審視象形文字，想從中尋找可以辨識的字詞或片語，希望能有助於解讀一段文本。於是她開始在比特幣交易中，尋找其他可能顯示身分識別資料的線索，先是拿比特幣錢包做了一番看似混亂的測試，支付給自己，也給同事，慢慢了解加密貨幣一個奇怪的特性。許多比特幣錢包只允許付款人支付一個特定地址裡全部的硬幣，每個地址就像一個存錢筒，必須打破才能花掉裡面的硬幣，如果只花掉存錢筒裡一部分的金額，剩餘的必須存在新設立的存錢筒。

　　在比特幣系統中，第二個存錢筒稱為「找零」地址（change address）：如果你從一個10枚硬幣的地址向某人支付6枚比特幣，這時6枚硬幣會進入他的地址，你的零錢（4枚硬幣）會存在錢包軟體幫你設立的新地址中。[5]以一個偵查員的角色審視那個區塊鏈上的交易時，碰到的挑戰是接收方的地址和找零地址都會列為輸出，沒有標籤可以區分兩者。

　　但是有時候梅克雷約翰發現，要看出找零地址和接收方地址之間的區別很容易：如果一個地址以前用過，而另一個沒有，那麼第二個全新的地址應該就是找零地址，這個存錢筒會在當下突然出現，把剛才打破的存錢筒裡剩餘的硬幣存入。代表這兩個存錢筒，也就是付款人地址和找零地址，必定屬於同一個人。

　　梅克雷約翰開始運用這種找零錢（change-making）的觀點，搜尋可以將付款人與剩餘款項連結起來的例子，她開始看到光是追蹤比特幣零錢這種簡單的行為，成效非常顯著：在一些情況下，她無法區分接收方地址和找零地址，就像是困在沒有路標的分岔路口。但是，如果她可以將零錢地址與由此分離出來的地址連結在一起，就可以製作自己的路標，儘管路徑分岔出去，還是可以追蹤資金的流向。

　　結果是梅克雷約翰現在可以將之前無關的整個交易**鏈**連結在一起：如果

付款人在一筆又一筆的小額支付中,每次只支付全部硬幣中的一小部分,此時原本單一的硬幣總數,會從一個找零地址轉到另一個找零地址。剩餘的部分可能會隨著每次支付而移到一個新地址,但這些地址必定全部代表同一個付款人的交易。

她將這些交易鏈稱為「剝離鏈」(peeling chains,有時候簡稱peel chains)。想像有人把一捲鈔票一張一張剝下來:雖然剝下一張鈔票花掉之後,這捲鈔票可能會放到另一個口袋,但基本上這捆現金仍然是同一個人所擁有。沿著這些剝離鏈,為追蹤數位貨幣移動開啟了前所未見的途徑。*

梅克雷約翰現在有兩種聰明的技術,都能將多個比特幣地址連結到一個人或一個組織,她稱之為「分群」(clustering)。一開始看起來完全不相關的地址,現在可以結合成群集(cluster),內含數百個地址,有時候甚至還高達數千個。

到此時,她所用來追蹤比特幣的方式,許多加密貨幣使用者之前絕對無法置信。但是追蹤硬幣不見得代表能知道擁有者是誰,這些硬幣背後的身分仍然是個謎,她的每個群集就像一開始那些單一、沒有關聯的地址一樣,還是匿名。她開始意識到,如果要知道這些群集背後的名字,必須親自實踐:不只是像考古學家那樣,事後觀察比特幣經濟的文物,而是自己參與其中,在某些情況下,她要去臥底。

＊　＊　＊

---

* 梅克雷約翰在研究過程中發現,之前已有其他幾個研究團隊,就像她和加州大學聖地牙哥分校同事一樣,也試著檢視比特幣的匿名性和隱私性,包括一群瑞士和德國研究人員、以色列的魏茲曼科學研究所(Weizmann Institute of Science)團隊,以及愛爾蘭的都柏林大學(University College Dublin)團隊。雖然他們都使用中本聰原始比特幣白皮書中建議的第一種分群方法,但是只有愛爾蘭團隊在2012年的研究中,稍微提到找零錢的方法,不過他們不像加州大學聖地牙哥分校的團隊一樣,將這個技術付諸實行。梅克雷約翰說,她在研究這項技術時,其實並不知道愛爾蘭團隊提過以零錢為基礎的分群方式。

由於梅克雷約翰是比特幣研究領域的新手，為了尋求指導，她向加州大學聖地牙哥分校斯特凡‧薩維奇（Stefan Savage）教授求助。梅克雷約翰多年來深入研究數學密碼學，薩維奇則截然相反，他是實務經驗豐富的研究人員，比較感興趣的是在真實世界裡做實驗，得出真實世界的結果，沒那麼喜歡抽象事物。他曾在一個目前相當知名的研究團隊裡擔任首席顧問，這個團隊率先證明可以透過網際網路駭入汽車，他們在 2011 年向通用汽車公司（General Motors）展示，如何用安吉星（OnStar）系統中的蜂巢式無線電，來遠端遙控雪佛蘭（Chevy）羚羊（Impala）轎車的方向盤和剎車，堪稱是駭客手法相當驚人的一大壯舉。[6]

最近，薩維奇幫忙帶領了一個團隊，負責一項野心勃勃的計畫，專門追蹤垃圾電子郵件生態系統，列夫琴科也是其中一員，他就是當初在沙漠健行時將比特幣介紹給梅克雷約翰的科學家。[7]在那項研究中，薩維奇的團隊跟之前的汽車駭客計畫一樣，不怕親自動手，全力投入取得了重大進展：他們在垃圾行銷郵件中，蒐集了幾億個網站連結，其中多半是在販售真藥和假藥。接下來，如薩維奇所描述，他的團隊扮演的角色是「全世界最容易上當的人」，使用傀儡程式（bot）點擊每一個連結，看看會連到哪裡，而且至少花了 5 萬美元，購買垃圾郵件寄件者出售的產品，這時他們跟一家信用卡發卡機構合作，追蹤資金，檢視最後流向哪些銀行。

由於研究人員的追蹤成果，讓其中幾家非法銀行關門大吉。另一位加州大學聖地牙哥分校教授傑佛瑞‧伏爾克（Geoffrey Voelker）也參與了這項計畫，他當時描述：「我們的祕密武器就是購物。」

因此，梅克雷約翰開始跟薩維奇討論比特幣追蹤計畫時，兩人都同意應該如法炮製：她將親自以手動的方式做交易，以辨識出每一個比特幣地址，就像緝毒警察會偽裝身分買毒品，然後直接逮捕毒販。為了破解區塊鏈，他們再次以購物作為祕密武器。

於是在 2013 年初的幾週裡，梅克雷約翰從願意接受比特幣的線上商家，訂購了咖啡、杯子蛋糕、卡牌、馬克杯、棒球帽、銀幣、襪子，以及一

整個儲藏室裡其他隨機購買的物品;還加入了十幾個挖礦平台;在每一個她找得到的線上加密賭場,用比特幣瘋狂賭博;在現有的每一家比特幣交易所和絲路上,一次又一次將帳戶中的比特幣轉入和轉出。

梅克雷約翰從這三百四十四筆交易中,辨識出幾百個地址後,注記標籤,雖然這跟整個比特幣版圖相比,可說是微不足道,但是等她把標注的地址結合了鏈和分群技術,此時,其中許多標籤突然不只可以指認出一個地址,還可以指出屬於同一個擁有者的龐大群集。她光靠幾百個標籤,就至少為一百萬個原本匿名的比特幣地址加上了身分。[8]

舉例來說,她光是在 Mt. Gox 將硬幣轉入和轉出後,就辨識出三十個地址,現在就可以將超過五十萬個地址連結到這個交易所。只要靠絲路上錢包裡的四筆存款和七筆提款,就能辨識出將近三十萬個黑市地址。這項突破不代表梅克雷約翰可以指認出絲路實際使用者的名字,當然也無法揭開掌控這一切的恐怖海盜羅伯茲神祕的面紗。但是就這一點而言,已經直接與恐怖海盜羅伯茲的說法矛盾,他向我宣稱說他的比特幣「轉向器」系統,甚至可以阻止觀察者看到使用者將加密貨幣轉入和轉出絲路帳戶。

梅克雷約翰將成果拿給指導教授薩維奇看,結果讓他印象深刻。但是等到他們開始計畫發表一篇關於這項研究發現的論文時,薩維奇想為讀者提供具體的展示資料,而不是一堆晦澀難懂的統計數據。梅克雷約翰記得他說:「我們需要向人們展示這些技術有什麼實際的用途。」

所以梅克雷約翰再向前跨出一步:開始尋找她可以追蹤的特定比特幣交易,特別是犯罪交易。

*　*　*

梅克雷約翰在加密貨幣論壇上,搜尋是否有人討論值得仔細研究的有趣地址,她發現一座神祕的金錢山特別引人注目:2012 年期間,這個單一地址累積了 613,326 枚比特幣,占所有流通硬幣的 5%,當時的價值大約 750 萬

美元，雖然這個數字與今天的幾十億美元相比，算是小巫見大巫，但仍是一筆可觀的數目。[9]從比特幣使用者之間謠傳的內容看來，這可能是絲路錢包，又或者是由另一個不相干的使用者pirate@40，以惡名昭彰的比特幣龐氏騙局（Ponzi scheme）騙來的成果。

　　梅克雷約翰說不出這兩個謠言哪一個可能是對的，但她憑藉著分群技術，現在可以追蹤這筆鉅額加密貨幣。她看到這筆錢顯然先集中在一個地址，然後在2012年底拆開來，繞著區塊鏈分兩條路徑發送。由於梅克雷約翰了解剝離鏈的概念，代表著這筆幾十萬枚比特幣的總數分開後，她現在有能力追蹤，可以區分出最初那位擁有者目前控制的數量，以及後續因為支付而剝離出去比較少的數量。最後，在這些剝離鏈當中，有幾條連到了像Mt. Gox和Bitstamp這樣的交易所，看起來是在那裡兌換為傳統貨幣。這對學術研究人員而言是死胡同，但是梅克雷約翰很清楚，只要是任何擁有傳票權的執法人員，都可以迫使這些交易所交出關於這些交易背後的帳戶資訊，解開這筆750萬美元的謎團。

　　為了尋找更多可以追蹤的硬幣，梅克雷約翰於是將注意力轉到另一種髒錢：2013年初，大規模的加密貨幣搶劫極為猖獗，日益嚴重。畢竟，比特幣就像現金或黃金，任何竊取比特幣地址密鑰的人，都可以像清空一個數位保險箱一樣，取走該地址所有的比特幣。而比特幣與信用卡或其他數位支付系統的不同之處，在於沒有人監督，因此無法制止這件事，或是把資金轉回來。正因如此，每家比特幣企業和他們存放加密貨幣收入的地方，都成為駭客首選的目標，尤其是如果這些資金的擁有者，誤將密鑰儲存在可以連上網際網路的電腦上，就相當於口袋裡放著六位數或七位數的美元紙鈔，在危險的社區散步。

　　梅克雷約翰在Bitcointalk上發現了一則貼文，列出近期內許多最大型、最引人注目的加密貨幣盜竊地址，接著開始追蹤這些錢。她看到有個早期的比特幣賭博網站，被搶走3,171枚硬幣，立刻發現她可以循線逐一追蹤至少十個地址，以找到被偷的資金，這就是資金在幾間交易所兌現之前不同的路

徑。另一起竊盜案是從Bitcoinica交易所偷走18,500枚比特幣,她一樣去追蹤許多錯綜複雜的剝離鏈,最後來到了三家交易所,搶匪絕對是在這些地方將非法所得兌現。[10]在梅克雷約翰面前的螢幕上,有著一大堆線索,每條線索都等著貨真價實的刑事調查員帶幾張傳票來追蹤。

現在,梅克雷約翰向薩維奇展示成果,這時他同意了:他們準備要發表。

在梅克雷約翰和合著者共同完成的論文最後草稿中,明確指出以下的結論,這個結論是第一次基於可靠的實證證據,與當時許多比特幣使用者的認知背道而馳:他們寫道,區塊鏈絕對不是無法追蹤,而是一本公開的帳本,可以指認出人與人之間大量的交易,這當中有許多人還認為自己的交易是匿名的。

論文裡寫道:「即使我們的實驗規模相對較小,也能顯示出這種方式為比特幣經濟的結構、使用方法,以及參與其中的那些組織帶來相當大的啟發。此外,我們說明了擁有傳票權的機構,可以清楚指認出是誰付款給誰。事實上我們認為,少數比特幣機構(尤其是提供貨幣兌換的服務商)的主導地位日益增加,再加上交易的公開性質,以及我們標注貨幣流向主要機構的能力,最終將使比特幣不再吸引人用於鉅額的非法交易,例如洗錢。」[11]

梅克雷約翰、薩維奇和另一位指導教授伏爾克寫下這些句子,等於在比特幣原本不可追蹤的神話中戳了一個大洞,接著他們開始腦力激盪,要想出一個響亮的標題。為了向他們提到的西部拓荒時代下的經濟致敬,再加上她的兩位指導教授一致熱愛義大利人拍的西部片,於是命名為「比特幣大鏢客」(A Fistful of Bitcoins),這個典故是來自於1960年代克林·伊斯威特(Clint Eastwood)的經典之作《荒野大鏢客》(*A Fistful of Dollars*)。他們想出了一個副標題,既能聯想到克林·伊斯威特扮演的知名牛仔義警,又能呼應他們的新技術可以揭開神祕人物的世界。加州大學聖地牙哥分校的論文於2013年8月在網路上發表時,對於參與的相關人士來說,論文的篇名似乎自然就是:〈比特幣大鏢客:一窺無名客之間的付款特徵〉〔Characterizing

Payments Among Men with No Names，譯注：此處 Men with No Names 引用
《荒野大鏢客》同一系列電影片名《無名客》（The Man with No Name），
這也是克林‧伊斯威特在此系列扮演的角色〕。

第9章

網路緝毒刑警

　　布萊恩‧克雷布斯（Brian Krebs）是位撰寫網路安全的獨立記者，他於2013年7月底在郵件中發現了一份不受歡迎的禮物，完全出乎他的意料之外。

　　這個薄薄的信封上蓋著芝加哥郵戳，裡面有一份寄給《芝加哥論壇報》（*Chicago Tribune*）訂戶的周刊《芝加哥機密》（*Chicago Confidential*）。雜誌背面的珠寶廣告上貼著十二個小塑膠袋，上面是黑色和金色的骷髏頭圖案，每個袋子裡都裝了一茶匙左右的細白粉末：海洛因。[1]

　　克雷布斯在指認匿名網路犯罪分子和阻止他們的行動方面極富盛名，他被陷害了，但這個手法效果不彰。幾週前，他在一個罪犯專屬的論壇上發現了一則貼文，發文者是一名俄羅斯駭客，克雷布斯是他的眼中釘。這個化名為弗萊客（Flycracker）的駭客正在蒐集比特幣，要在絲路上購買海洛因寄給克雷布斯，然後會打電話到克雷布斯當地的警察局，檢舉他是毒販。

　　克雷布斯翻譯了俄語貼文後，立刻打電話給當地警察局，提醒他們有人想陷害他，一名親切的警察記下這件事。後來，克雷布斯在家門口看到這包絲路海洛因後，就向一位他認識的加州大學聖地牙哥分校資訊科學博士後研究員求助，這位研究員在調查垃圾郵件時跟克雷布斯合作過，曾提過學校有個小組目前在追蹤比特幣。他把克雷布斯介紹給一名研究生，這是梅克雷約翰在真實世界裡，第一次受邀追蹤加密貨幣犯罪交易。

　　弗萊客讓事情變得很簡單，因為他在網路罪犯論壇上發表一個比特幣地

址，所以為梅克雷約翰提供了一個切入點，她只要將這三十四個字元複製到區塊鏈軟體中，再查看那個地址的交易紀錄。他所發表的地址蒐集到2枚比特幣捐款，當時約價值200美元，其中至少有四分之三的錢發送到另一個地址，而第三個地址蒐集零錢。

梅克雷約翰一眼就認出找零地址，對照資料庫檢查資金的流向。她先前標注了將近三十萬個屬於絲路的地址，而這個地址果然是其中之一，梅克雷約翰已經將弗萊客的地址，直接連到他試圖用來陷害克雷布斯的海洛因來源。

雖然她無法指認出弗萊客或是海洛因賣家，但是在追蹤弗萊客募集捐款之後，購買毒品的資金流向，為她提供了另一個可靠的證據，足以證明一名調查記者的清白。梅克雷約翰回憶：「這種感覺真的很酷，只是把地址輸入資料庫，看到絲路跳出來，就會知道其中有多大的關聯。」

* * *

大約在同一時間，我收到一些從絲路寄給我的毒品，當然，這是我自願買的。我為了要做恐怖海盜羅伯茲採訪的補充報導，向《富比士》的編輯提議，我們要實際去暗網買幾克大麻來做實驗。雖然主編最後認定，購買非法毒品的行為對於《富比士》雜誌的內容而言過於前衛（或許 Vice 雜誌比較適合），但此時三克大麻已經放進了寄往我們第五大道總部的郵件中。

在2013年夏天快結束時，恐怖海盜羅伯茲有了競爭對手，出現另外兩個暗網市場，黑市重裝上陣（Black Market Reloaded）和亞特蘭提斯（Atlantis），以絲路為原型，各自吸引規模較小的毒販和客戶群。（恐怖海盜羅伯茲在我們的採訪中，語帶嘲諷地告訴我：「我喜歡他們緊跟在後，讓我能保持動力。」）[2]

我從三個市場分別訂購一克大麻作為測試。[3] 兩天後，我打開了一個三重密封真空包裝的袋子，裡面裝著一個完美的白庫什（White Kush）大麻

芽，由亞特蘭提斯市場上的賣家探險時光（Adventure Time）寄送過來。幾天後，拿到了一些小小的葡萄神（Grape God）品種大麻芽，這是來自絲路賣家大麻人（DOPE Man），至於我從黑市重裝上陣訂購預先捲好的大麻煙則從未到貨，因為賣家在荷蘭，也許是被海關扣留。（對了，《富比士》裡沒有人能驗證那兩個品種的品質優劣，因為雜誌的內部律師堅持，我們在線上發表的那段實驗影片最後，要放上把暗網商品拿到馬桶沖掉的畫面。）

只過了幾週後，加州大學聖地牙哥分校發表了〈無名客〉論文，這項研究隨後在那年秋季會議得到更正式的期刊認可。梅克雷約翰的發現立刻刊登在《連線》（Wired）、Vice 的「Motherboard」科技新聞網站、《經濟學人》（The Economist）和《彭博商業周刊》（Bloomberg Businessweek）等出版品。[4]梅克雷約翰小心翼翼，不去誇大研究成果：不見得每筆比特幣交易都可以被追蹤到，如果謹慎使用比特幣，還是有可能躲過她的追蹤技術。但是，她對於比特幣隱私屬性的描述，與許多使用者的想法仍然天差地遠，她就像加密貨幣預言家，事先警告大家即將到來的風暴，可是大家無法置信，她發現自己得跟一個又一個記者說，比特幣大肆宣傳的匿名承諾，並非像表面上看起來的那樣。

所以我寫了一封電子郵件給梅克雷約翰，看看她是否願意在我身上測試她的技術：我請她追蹤我在暗網市場購買的三樣毒品，她馬上回信，勇敢的同意說要試一試。

我用《富比士》費用帳戶裡的錢，在比特幣基地交易所支付一些比特幣做這次購買毒品的實驗，我看到交易所列出七個地址，因此先給梅克雷約翰這些資料。回想起來，這麼做彷彿給了梅克雷約翰一個不公平的優勢，但事實上，我希望她拿到的資料，跟擁有傳票權的執法人員相同，就算是比特幣基地交易所裡一名想窺視的員工，我也會提供這些資料。

幾天後，她寫了一封很長的電子郵件給我，詳細標注我在比特幣基地交易所帳戶中每筆資金的流向，總共有十一筆交易，甚至還提供每筆交易在 Blockchain.info 網頁上的超連結。梅克雷約翰已經認出我在三個暗網市場

中的存款，以及從每個市場中提取了剩餘的比特幣。此外，比特幣基地交易所為了內部管理，將我的錢從其中一個地址轉到另一個地址，梅克雷約翰也能看出這個交易不同於我的其他交易。她甚至還發現我寄給《富比士》同事卡許米爾·希爾（Kashmir Hill）的半枚比特幣，希爾當時為了寫新聞做實驗，嘗試一整個禮拜只靠比特幣生活。

梅克雷約翰在郵件中承認，對於我在黑市重裝上陣和亞特蘭提斯毒品市場的付款分析，有一部分是出於猜測，她在這些網站上做的測試交易還不夠，無法百分之百確定答案對不對（其實全都正確無誤）。

另一方面，至於我存入絲路錢包用來買大麻的兩筆存款（0.2 和 0.3 枚比特幣），則不需要猜測。[5]這兩筆款項最初都匯入一個梅克雷約翰從未見過的地址，但隨後區塊鏈顯示，這個地址的錢與其他兩百筆小額比特幣結合在一起，然後進入一個 40 枚比特幣的新地址，這些全都隸屬於一個多筆輸入的大型交易。

由於付款測試和分群技術，讓梅克雷約翰得以從那筆交易認出一些其他的輸入地址。她非常肯定地說，這些地址與絲路上幾十萬個地址相關。正如中本聰本人指出，在多筆輸入的交易中，同一個人總是可以控制所有輸入地址的密鑰。畢竟，這正是梅克雷約翰的研究計畫所遵循的第一條經驗法則。

梅克雷約翰可以看到我確實將 0.2 和 0.3 枚比特幣發送給絲路上的某個人，這是我非法交易的明確證據。

雖然對我們其他人來說，她的過程可能聽起來很複雜，但是等梅克雷約翰於 2013 年 9 月在電話中向我解釋這件事時，她已經將這些比特幣追蹤技術全部都內化，完全可以憑直覺分析我的線上毒品交易。

她對我說：「交易全都在那裡，再簡單不過了。」

* 　 * 　 *

然而，梅克雷約翰發表了〈無名客〉論文的幾個月後，開始意識到並非

比特幣社群裡的每個人都欣賞她的研究成果。

2014年春天，梅克雷約翰受邀在普林斯頓（Princeton）舉行的加密貨幣會議上演講，她坐在飯店用餐區吃早餐，旁邊是一位程式設計師兼密碼學專家，專門研究比特幣隱私問題。兩人開始聊到各自對加密貨幣、隱私及其限制的理念，他們都同意隱私應該是一項基本人權。從去年夏天以來，梅克雷約翰看到愛德華・史諾登（Edward Snowden）的報導，這位重磅級爆料人士洩露了國家安全局裡大規模監視的機密文件，更強化了她骨子裡認為密碼學對於保護各種人類表達空間的重要性。兩位密碼學家開始討論，如何改變比特幣或錢包程式，才能保護使用者的財務隱私，以免被梅克雷約翰拿來做那種區塊鏈分析，此外，也提到究竟可以做哪些取捨。

這位密碼學家提出一個簡單的論點：這些隱私保護應該要無條件，一視同仁，即使會造成犯罪或危險行為也不例外。

「喔！我不確定這一點耶！」梅克雷約翰記得自己當時這麼說。

「那妳閉嘴。」密碼學家毫不猶豫地對她說。

梅克雷約翰愣了一下，對這個奇怪的回應一笑置之，雖然這看起來根本不是個笑話，然後繼續吃完早餐。畢竟，她已經習慣了電腦科學家奇怪的社交行為。

那天早上稍晚的時候，梅克雷約翰坐在普林斯頓會議加密貨幣名人小組討論的觀眾席上，幾分鐘後，一位頗有名氣的比特幣程式設計師格雷戈里・麥斯威爾（Gregory Maxwell），綁著棕色長馬尾，留著蓬亂的紅鬍子，針對比特幣世界中「研究人員」所扮演的角色說了一些開場白。

麥斯威爾對著這一小群人說：「有許多論文在研究比特幣隱私和使用者匿名性，這當中有不少論文做了直接分析，結果使比特幣使用者遭到去匿名化，甚至還聲稱他們參與犯罪活動。」[6]

他繼續說道：「我有一些在社會學和計算分析領域工作的朋友，認為這種作法其實是一種干預，我們正在揭露某個可能會對人們真正產生影響的東西。我認為有必要討論一下哪些行為標準適用於與隱私相關的內容。」麥斯

威爾在向比特幣研究人員提出警告時，梅克雷約翰記得他刻意用一種意味深長的眼神引起她的注意。

她很震驚，麥斯威爾是在說**她**嗎？梅克雷約翰覺得自己剛才在學術界同儕面前公開被點到，只差沒有指名道姓。（她說當天稍晚，麥斯威爾看到她沮喪的表情後，私下跟她道歉。）

但就在梅克雷約翰開始感到來自比特幣社群的阻力時，覺得自己被拉往另一個方向。她與論文其中兩位合著者薩維奇和達蒙・麥考伊（Damon McCoy），一同受邀參加一場政府機構的會議（她拒絕透露是哪個機構），討論如何利用他們的成果來指認使用加密貨幣的嫌犯。她敞開心房去參加會議，畢竟，她和團隊裡的其他研究人員在論文中明確建議，擁有傳票權的執法機構可以輕鬆認出區塊鏈上的犯罪活動。

但是會議室裡探員咄咄逼人的語氣讓她的心涼了一半：他們開始以非常簡化的方式，把匿名軟體 Tor 描述為犯罪和虐待的避風港，讓他們抓不到壞人。梅克雷約翰將 Tor 視為不可或缺的隱私工具，舉例來說，她知道全球各地有幾百萬人使用，那些人多半生活在專制政權下，得靠這種工具才能稍微實現網路自由和不受監控。她跟 Tor 的創辦人和開發人員私交很好，她在密碼學會議上認識他們，覺得他們有原則、很討人喜歡。她離開會議時，心中對於與聯邦執法部門合作的想法已經完全破滅。

在她追蹤比特幣的過程中，梅克爾約翰的指導教授薩維奇一度開玩笑，說她變成了「網路緝毒刑警」（cyber narc）。自從那次跟政府機構開會的經驗之後，這個綽號一直縈繞在她腦海中，越想到這個詞，就越不喜歡聽到這個詞的感覺。

第10章

格倫公園

　　就在我請梅克雷約翰追蹤大麻購買紀錄的幾週後，2013年10月1日，二十九歲的烏布利希走在舊金山格倫公園（Glen Park）附近的鑽石街（Diamond Street）上，外型帥氣、一頭亂髮、體格結實的他，進入一家小咖啡館Bello Coffee and Tea，背包裡裝著三星（Samsung）700Z筆記型電腦。[1] 烏布利希很喜歡坐在裡面，埋首投入他的新創公司，在這家不起眼的咖啡館裡，以恐怖海盜羅伯茲的身分，經營全球最大的線上黑市，促成了價值數億美元的毒品交易。

　　他稍微環顧擁擠的咖啡館，想找一個好位子，不過沒看到可用的電源插座，因此走出去，繼續沿著街道朝向格倫公園公共圖書館，接下來這一幕在往後幾年裡，已成為暗網傳說中的傳奇時刻。

　　烏布利希上樓梯，在科幻小說區的圓桌找了個座位，窗外景色很好。一切都準備就緒後，他立刻發現來自絲路其中一位板主的加密訊息，這位名叫「席瑞斯」（Cirrus）的員工，要求他盡快檢查絲路上一個需要注意的情況，他用「主要管理員」帳戶登錄，以全面了解網站上的活動。

　　就在這時，烏布利希身後一對衣衫不整的情侶慢慢走到他的視線範圍。[2] 女人正好在他的椅子後面大喊：「去你的！」接著男人抓住女人的襯衫，舉起了拳頭，此時烏布利希轉過頭去。

　　說時遲那時快，烏布利希對面另一個年輕女人毫不猶豫地一把拿起他的筆電，小心翼翼迅速移開，交給一個突然出現在她身後的男人，根本不知

道他從哪裡冒出來。烏布利希衝向筆電，但發現他被熊抱，動彈不得。烏布利希身旁的每個人其實都是聯邦調查局探員，他還沒意識到究竟發生了什麼事，就被銬上手銬。**3**

結果就連跟他聊天的那個絲路板主也是臥底探員：賈里德・德耶希亞揚（Jared Der-Yeghiayan），這位國土安全調查處官員在幾個月前悄悄逮捕了真正的板主，接管她的帳戶，德耶希亞揚此刻坐在圖書館對街的長椅上，發送訊息給烏布利希。

這次高度精心策畫的逮捕行動，是由聯邦調查局紐約外地辦事處監督，關鍵目標是：在烏布利希打開筆電而且登入絲路的時候，當場抓住他。如果光是在公開場合拿到他的筆電，也是徒勞無功，因為他在筆電上安裝了一個加密程式，只要一蓋起來，就會自動將硬碟裡的全部內容轉換為不可破解的密碼，調查人員永遠無法得知其中隱藏的祕密。

聯邦調查局從烏布利希手中拿到的電腦裡，發現了大量的證據，只有對筆電加密信心滿滿的罪犯才敢留下這種證據：令人驚訝的是，烏布利希還保存一本日記、一本日誌、他的淨資產表，甚至是與絲路全體員工聊天的完整紀錄。

第二天，絲路的暗網網站已不復存在，取而代之的是一句話：「**這個隱藏的網站已被查封**」，旁邊則是各個執法機構的徽章。

在絲路論壇上，使用者得知此事都很震驚，這個看似無法擊敗的黑市，依賴著無法追蹤的貨幣，竟然會走入歷史。**4**「天啊！**太糟糕了！！**」一位使用者感嘆道。其他人很快將責任歸咎於烏布利希，認為是他的狂妄自大使得他們宛如伊甸園般的地下自由市場垮台。另一位使用者寫道：「很抱歉，但是他在接受他媽的《富比士》採訪時，我就知道這一天會到來，這些狗屁倒灶的東西應該要保持低調，而不是公開吹噓。」

事實上，後來發現在我採訪恐怖海盜羅伯茲的三個月前，烏布利希就已被鎖定為嫌疑犯，這要歸功於國稅局探員奧爾福德的網路調查，**5**同時，聯

邦調查局追蹤到絲路在冰島和法國的伺服器。*烏布利希在舊金山被銬上手銬的那一刻起,其他探員接管了絲路的基礎設備,準備要把他在伺服器和筆電上至少144,000枚比特幣轉出來。

換句話說,雖然恐怖海盜羅伯茲在7月4日那天告訴我,他的成就會把全人類帶往革命性的未來,編織的夢想是一個享有線上自由、不受法律管束的新時代,然而他在那個夢想中扮演的角色已準備退場。

---

*　聯邦調查局說,這次網路監控之所以奏效,是因為絲路網站使用Tor匿名軟體時的配置錯誤,但他們一直不願意在法庭上正式解釋這個錯誤。一些網路安全專家推測,可能有某項祕密技術讓聯邦調查局能破解或繞過Tor的匿名保護。司法部最後聲稱,由於伺服器在國外,因此憲法第四修正案中,對於未經授權的搜查(包括潛在的侵入電腦)所得到的隱私保護,在這裡並不適用。

第 11 章

雙重間諜

　　就在絲路垮台的六個月後，甘巴里安打開一份關於緝毒署探員福斯的檔案，福斯曾調查過暗網市場，但是冒充波多黎各毒梟、策畫謀殺的臥底鬧劇，最後在關閉這個網站的過程中並沒有發揮作用。若從福斯試圖自 Bitstamp 提款的舉動看來，他似乎得到幸運女神的眷顧，得到一筆鉅額的加密貨幣意外之財，現在是甘巴里安確認這筆錢從何而來的時候了。

　　羅納德戴勒姆斯（Ronald V. Dellums）聯邦大樓位於奧克蘭市中心，甘巴里安的辦公室在比較高的樓層，他開始為熟悉的發傳票過程做準備，仔細研究福斯的財務紀錄。[1]他發現福斯已於2013年底還清家中所有房貸，共13萬美元，也償還了從聯邦退休帳戶中借出的22,000美元貸款，甚至捐贈幾萬美元的禮物給當地的教堂。甘巴里安非常清楚，以聯邦探員的薪水很難負擔這種大手筆的慷慨解囊。

　　這讓那筆錢看起來更可疑：甘巴里安發現，福斯的房地產投資紀錄使他名下的淨資產超過100萬美元，這筆資金顯然幾乎完全來自於 Bitstamp 和 CampBX 等加密貨幣交易所大量的比特幣，兌現後流入福斯的銀行帳戶。他過去在參與絲路案件的這兩年期間，總共拿到776,000美元，超過緝毒署的15萬美元年薪。有了穩固的財務後盾後，福斯從緝毒署退休，時間剛好就在甘巴里安開始查看他紀錄的前幾天。

　　為了深入調查這名前探員的大筆資金來源，此時甘巴里安和此案檢察官豪恩打電話給巴爾的摩特勤局探員布里奇斯，之前 Bitstamp 的律師佛洛斯特

就曾經請教過他。甘巴里安知道布里奇斯在巴爾的摩調查絲路案件時，跟福斯同屬一個團隊，但甘巴里安和豪恩對他們兩人的合作不感興趣，打電話給布里奇斯，只是因為佛洛斯特向美國財政部檢舉福斯時，布里奇斯是第一個回覆這個可疑活動報告的人。畢竟，布里奇斯仍被列為該報告的執法單位聯絡人。

然而，他們打電話聯絡到布里奇斯時，他立刻表現出莫名其妙的敵意。豪恩記得他問：「舊金山的聯邦檢察官為什麼在調查巴爾的摩發生的事？妳怎麼會有這裡的管轄權？」**2**甘巴里安和豪恩對布里奇斯的語氣有些訝異，於是解釋說他們是從佛洛斯特那裡得知福斯的可疑行徑。

甘巴里安記得，布里奇斯的回應防衛心很重，內容反常。他吹噓說，自己除了擔任特勤局的職務外，還是巴爾的摩專案小組與國家安全局的聯絡人，也是 Tor 和加密貨幣方面的專家，意思是說，他本人最有資格處理福斯的案件。他向甘巴里安和豪恩明確表示，巴爾的摩是他的地盤，尤其與福斯相關的任何事情都是由他處理，他不打算跟他們分享地盤。

這個特勤局探員掛斷電話後，甘巴里安和豪恩互看了一眼，共同的反應是：「到底在搞什麼？」

＊　＊　＊

甘巴里安和豪恩知道，從巴爾的摩那裡得不到任何協助，但還有另一個調查小組持有福斯大量的通話紀錄：這個小組的成員來自聯邦調查局、國土安全部和國稅局探員，在紐約檢察官的領導之下，徹底摧毀了絲路。畢竟，他們扣押的伺服器以及烏布利希筆電裡的日誌，都包含了這個管理員與絲路買家、賣家和員工間的所有對話，當然也包括與福斯的另一個身分挪伯的對話紀錄。

甘巴里安跟紐約的調查團隊聯絡：第一位當然是他的國稅局同事奧爾福德，此外，他還認識國土安全部的德耶希亞揚，這位探員以臥底身分擔任絲

路的板主，在烏布利希被捕的當下傳訊息給他。德耶希亞揚隸屬於芝加哥，稍早之前甘巴里安跟芝加哥的一些探員舉行電話會議，結束後兩人從名字認出對方都是亞美尼亞人。在一次後續的談話中，他們因為來自同一個國家而建立了密切的關係。

因此幾天之內，甘巴里安就取得了絲路案件中蒐集到的所有證據，包括恐怖海盜羅伯茲全部的通訊紀錄，他立刻開始深入研究福斯與恐怖海盜十八個多月來的對話，仔細審視這位臥底毒品探員日常工作的文件，在這些對話中，福斯用的是販毒集團角色挪伯。甘巴里安在堆積如山的聊天紀錄中，發現了挪伯和恐怖海盜羅伯茲之間的關係完整的演變過程。

福斯於 2012 年 4 月首次以挪伯的身分與恐怖海盜羅伯茲接洽，大膽提出要直接買下絲路。[3] 這些收購談判後來以失敗告終（恐怖海盜羅伯茲開價至少要 10 億美元），挪伯在接下來的幾個月裡，以朋友和指導者的身分討好他，把自己塑造成經驗老到的**毒販**，跟這個初出茅廬的數位毒品經營者分享箇中之道。

2013 年初，這些訊息顯示福斯的態度轉趨積極，準備收網。挪伯向恐怖海盜說，想處理掉一公斤的海洛因，詢問恐怖海盜羅伯茲有沒有買家？恐怖海盜羅伯茲似乎感覺到這是個大好機會，可以從絲路蒸蒸日上的毒品販售中更直接獲利，於是支付 27,000 美元的比特幣，而且給了挪伯一個願意擔任中間人的絲路板主地址：住在猶他州（Utah）西班牙福克（Spanish Fork）的庫提斯‧克拉克‧格林（Curtis Clark Green）。

接著在幾天後的聊天對話裡，恐怖海盜羅伯茲來找挪伯，提出一個非常不同的要求，是比較暴力的那種：原本恐怖海盜羅伯茲高度信任格林，甚至還讓他接管 27,000 美元的毒品，但現在這個板主似乎突然背叛他，偷走了絲路大量的比特幣。就在幾天前，格林的板主帳號好像一一重設了絲路上面高資產的賣家和買家帳戶密碼，登錄後清空他們的比特幣儲蓄。被偷的加密貨幣價值 35 萬美元，恐怖海盜羅伯茲現在不得不替憤怒的使用者彌補損失。

恐怖海盜羅伯茲希望給格林一個教訓，想付錢給這個他信以為真的販毒

集團聯絡人挪伯，幫忙達成目標。「你想要揍他一頓、殺了他，或只是登門拜訪一下？」*扮演挪伯的福斯寫道，假裝自己是個冷血殺手。

絲路的老闆最初只是要求脅迫格林歸還這筆錢，但後來他找出了法庭的公開紀錄，顯示格林不久前才因持有海洛因被捕。於是恐怖海盜羅伯茲現在擔心他已經投誠，變成告密的線人。其實格林當然不知道老闆的真實身分，但是一想到員工可能是內奸，就超出恐怖海盜羅伯茲所能承擔的風險。他寫訊息給挪伯，要求「改為處死」。

這次殺人事件他們以8萬美元的價格成交。一週後，挪伯分享了一張格林的屍體照片，嘴裡看起來流出嘔吐物。他說任務達成，屍體已銷毀。

此時挪伯就像其他稱職的指導者一樣，問恐怖海盜羅伯茲對這個結果的感受。他回應道：「有點不安，但我沒事，只是對這種事很陌生。」

由於甘巴里安了解巴爾的摩專案小組調查絲路案件的過程，也知道後來在該小組單獨提出的起訴書中，烏布利希被指控雇用殺手謀殺，所以在讀到這些訊息和字裡行間的言外之意時，這種出乎意料之外的戲劇化結果也不禁讓他嘆為觀止。格林因持有毒品被捕，這件事是由福斯自己一手安排，在一次臥底行動中，他就是將毒品送到格林家的探員。後來，格林似乎在耍流氓，從絲路的金庫中竊取價值數十萬美元的比特幣，此時恐怖海盜羅伯茲找上福斯，而偽裝成挪伯的他為了恐怖海盜羅伯茲的利益，上演一場動手「謀殺」格林的戲碼。〔照片中格林嘴裡吐出的嘔吐物，其實是康寶（Campbell）雞蓉玉米濃湯。〕就連大文豪莎士比亞（Shakespeare）本人也沒辦法把這些誤會和巧合寫得這麼合情合理。

但在這些假戲當中，有一個不合情理的地方仍然讓甘巴里安想不通：如果格林在被捕和上演死亡戲碼的這段時間裡，一直受到巴爾的摩專案小組監管，那麼他要如何竊取絲路的35萬美元呢？

---

*　在本書中，保留通訊內容原本的文字訊息樣貌，包括語法錯誤和拼字錯誤。

＊　＊　＊

甘巴里安沒有太多時間去想那起神祕的盜竊案，部分原因是他忙著查看挪伯與恐怖海盜羅伯茲的另一串聊天紀錄，這些訊息開始指出福斯那筆比特幣意外之財的來源：甘巴里安很驚訝地發現，在2013年夏天剛開始，挪伯就向恐怖海盜羅伯茲提議，要出售有關聯邦政府下令逮捕他的情報。

挪伯因精心策畫的雇用殺手謀殺詭計得逞，獲得了恐怖海盜羅伯茲的信任，後來向恐怖海盜提出一份商業報價：他聲稱自己有個朋友在聯邦機構裡，建議他們稱這個人為「凱文」（Kevin）。[4]只要付款，凱文就可以提供執法部門內部的消息，將反情報（counterintelligence）賣給恐怖海盜。恐怖海盜同意先支付400枚比特幣購買凱文提供的情報樣本，當時的價值約45,000美元。

甘巴里安查看福斯寫的官方緝毒署報告，發現這名探員最初記錄了這些對話，讓人感覺這只是福斯想更接近獵物的另一個詭計。他最後將這400枚比特幣轉到緝毒署的官方帳戶。

然而，在恐怖海盜羅伯茲支付第一筆款項後，過了不久，甘巴里安開始看到恐怖海盜羅伯茲和挪伯之間的訊息，在絲路的伺服器上已經變成一段一段隨機的亂碼，無法辨認。在挪伯的建議下，他和絲路的老闆開始使用良好隱私（Pretty Good Privacy, PGP），這是一個免費且廣受信任的加密應用程式，挪伯認為可以為他們多提供一層保護，以免受到監視。

而且也讓福斯緝毒署的主管（以及現在的甘巴里安）無法讀取他們的訊息。更重要的是，福斯的緝毒署報告沒有記錄這些對話的解密文本。

這種詭計讓甘巴里安高度懷疑：在這層額外的加密之下，福斯依然是受雇於執法部門在絲路臥底的探員，然後假裝在聯邦調查局裡有個內奸嗎？或者他利用自己的職位當作雙重間諜，其實他才是**真正的**內奸，受雇於恐怖海盜羅伯茲，將自己的緝毒署情報賣給恐怖海盜羅伯茲？一層又一層的欺騙手法讓人眼花撩亂。

　　挪伯出售給恐怖海盜羅伯茲的資訊從未揭露。由於福斯的巴爾的摩調查小組，與包圍烏布利希的對手紐約調查小組完全各自為政，因此他不太可能得到任何真正有價值的訊息。但不管內容是什麼，對恐怖海盜來說應該夠有趣，所以他願意繼續付錢以取得更多的資料。恐怖海盜羅伯茲又給了挪伯525枚比特幣，向凱文買第二批情報，當時價值約7萬美元。

　　恐怖海盜寫道：「請隨時提供最新的消息給我，我保證沒有人知道這件事。很抱歉，我先前不知道要付多少，怕給太少會失禮，給太多又像冤大頭。」下面這句是恐怖海盜與挪伯溝通時，因為不安全感而經常出現的典型結論：「希望我沒有讓你覺得很為難。」

　　在挪伯與恐怖海盜羅伯茲之間的亂碼加密對話中，甘巴里安能看到一則訊息。恐怖海盜羅伯茲犯了一個嚴重的錯誤：他忘記用PGP程式把那句話加密。挪伯回覆的訊息又加密了，因此甘巴里安無法閱讀，但主旨很容易辨認，上面寫著：「要用PGP！」

　　挪伯的訓斥為時已晚，甘巴里安可以清楚看到恐怖海盜羅伯茲支付了525枚比特幣給挪伯。福斯不僅在他寫的官方報告中故意排除關鍵的對話內容，而且現在似乎還想要掩飾。他在緝毒署報告中，完全沒有解釋，只寫道：「**探員加注**：恐怖海盜羅伯茲沒有支付這筆款項。」

　　但恐怖海盜羅伯茲在關鍵的未加密訊息中，記錄了這筆資金確實已轉出，這件事連臥底探員的頂頭上司也不知道。而現在，甘巴里安的手裡握有證據。

第12章

收據

　　甘巴里安覺得他們已經準備好要跟福斯對質，聽他解釋恐怖海盜羅伯茲和挪伯之間這些付款的對話內容，而且檢察官同意了。

　　豪恩和她的上司，也就是美國聯邦檢察官弗倫岑，以及甘巴里安三人，在舊金山跟位於巴爾的摩的福斯視訊，福斯得知自己成為被調查的對象後，聘請了一名律師陪同出席。雖然甘巴里安是第一次見到福斯，而且福斯是在這個國家的另一岸，但還是一眼就認出這個童山濯濯、留著山羊鬍的人，正是福斯當時提供給Bitstamp的駕照上面的「艾拉迪奧‧古茲曼‧富恩特斯」。

　　他們詢問福斯關於來自恐怖海盜羅伯茲的款項，以及他個人新增的加密資產來源。弗倫岑記得，福斯以一種自信、近乎傲慢的語氣回答問題，既不友善，也不是明顯的抗拒。但是弗倫岑描述，雖然福斯沒有明講，可是擺明著就是對他們的審訊內容不屑一顧，巴不得說出「給我滾開」。

　　是的，福斯承認了，他把恐怖海盜羅伯茲的400枚比特幣暫時存入個人帳戶，但他辯稱，這麼做只因為加密貨幣是一種新型態的證據，他很快就把它存入緝毒署的帳戶，不是嗎？他還指出，由於比特幣的價格上揚，這筆錢在他持有期間其實還增值了。換句話說，他實際上是幫了政府一個忙。

　　至於第二件事是關於恐怖海盜羅伯茲支付的525枚比特幣，根本無需解釋，正如他在緝毒署報告中所寫，這件事從未發生過：「恐怖海盜羅伯茲沒有支付這筆款項。」

　　當豪恩問起他如何在短短幾年內獲利100萬美元，福斯解釋，由於這項絲路任務，讓他很幸運能及早了解比特幣，在Bitstamp發現異常時，他給佛洛斯特的也是同一套說詞。福斯說自己的投資眼光獨到，由此賺進的數十萬美元獲利，全都歸功於他精明的判斷力，以個人身分購買了比特幣。現在他只想好好過日子，享受從執法部門退休的生活，或許也可以在新興的加密經濟中另外找份差事，發揮新的專業知識。

　　甘巴里安回憶，福斯沒有表現出說謊的破綻，但他知道，這個粗魯的老派執法人員也有多年的臥底經驗。儘管福斯言之鑿鑿，甘巴里安還是認定他的錢是非法所得，可是沒有人會光憑甘巴里安的直覺來起訴福斯。

＊　＊　＊

　　甘巴里安坐在辦公室裡，盯著恐怖海盜羅伯茲的訊息，明確表示已支付挪伯525枚比特幣，這個相當於大約5萬美元付款的書面證據，幾乎可以確定進到福斯的口袋。但甘巴里安是一名鑑識會計師，他知道一段付款的對話內容，與能夠證明這件事確實發生過的證據非常不同。

　　甘巴里安需要收據，而比特幣之所以能成為加密無政府主義者和犯罪分子的首選貨幣，正是因為沒有人會提供收據。

　　當時執法機構的普遍認知，依舊認定犯法者和自由意志主義者對比特幣的看法正確無誤，執法機構認為對於想要追蹤髒錢流向的探員來說，比特幣是個嚴重的問題。有一份2012年發表的非機密聯邦調查局報告，標題為〈比特幣虛擬貨幣：獨特的特性對於企圖阻止非法活動帶來了顯著的挑戰〉，當中直接了當指出：「由於比特幣沒有一個中央管轄的機構，執法部門在偵查可疑活動、指認使用者和取得交易紀錄時，困難重重。」[1] 報告指出，要求交易者提供身分識別資料的比特幣交易所，可能有助於指認比特幣使用者。但是自從這份報告發表後已過了兩年，美國執法部門實際上並沒有根據這些紀錄起訴任何人，即使明知像絲路這樣的比特幣黑市蓬勃發展，卻

依然沒有作為。

　　儘管如此，甘巴里安一直懷疑比特幣是否真的無法追蹤，早在 2010 年第一次讀到比特幣時，他的會計師大腦就在思考，如果每筆交易紀錄都與全球各地幾千台機器共享，那麼要如何才能真的匿名，縱使這些交易是以地址呈現，而不是名字。在他擔任國稅局刑事調查探員的早期階段，看著絲路的業務蒸蒸日上，不受控制，有一度甚至向一位探員同事建議，他們應該試著在區塊鏈上追蹤比特幣。同事嘲笑他，還開玩笑說：「喔！所以我們要請中本聰本人出庭，介紹區塊鏈來當作證據囉？」

　　但在 2013 年底加州大學聖地牙哥分校發表〈無名客〉研究之後，甘巴里安讀到新聞報導，結果又加強了他一直以來的懷疑：儘管目前警察和犯罪分子的想法一致，但其實加密貨幣是可以追蹤的。

　　那麼，為什麼不用區塊鏈當作證據呢？甘巴里安認為，如果這個大型分類帳本上的每筆比特幣交易都經過加密，不可偽造，而且足以證明是什麼人在比特幣經濟中擁有幾百萬美元，那麼也應該可以用來作為刑事起訴的證據。

　　甘巴里安完全不知道自己要如何去追蹤比特幣，但他別無選擇，只能放手一搏。他說：「我眼前有一個案子，必須想辦法解決。」

＊　＊　＊

　　2014 年秋天，有一天下午四、五點左右，甘巴里安開始在區塊鏈上追蹤福斯的資金，儘管讀了梅克雷約翰的論文，可是梅克雷約翰手上有著幾個月來蒐集的資料，可以將比特幣地址分群，而且透過測試交易來辨識地址，但他卻什麼都沒有。所以他只好從福斯的帳戶紀錄中開始複製比特幣地址（那些地址是他從 CampBX 和 Bitstamp 等交易所得到的），然後貼到 Blockchain.info 的搜尋文字框裡面，就會顯示出整個區塊鏈。

　　起初，這些亂碼字串對甘巴里安來說似乎毫無意義，但是他幾乎立刻

可以知道自己快找到答案了。2013年9月27日，就在烏布利希被捕的前幾天，甘巴里安看到福斯在CampBX交易所的其中一個地址收到525枚比特幣的付款，他相當震驚，這就是恐怖海盜羅伯茲正好在未加密的訊息中提到的神奇數字。

區塊鏈上的紀錄顯示，由於比特幣價格上漲，當時價值66,000美元的硬幣是從另一個地址一筆支付到福斯的地址。因此，甘巴里安點擊了Blockchain.info上面這第二個地址，倒回去檢視，卻發現在幾週前，也就是9月1日時，這筆款項也是一次全數轉入區塊鏈中的第二個地址。

然而，甘巴里安要尋找第二個地址的硬幣來源時，情況變得更加複雜：這些硬幣是來自十個地址，如果要進一步追蹤比特幣，就必須追溯全部十條路徑。

於是甘巴里安開始耐住性子，一個一個點擊。流入福斯帳戶的525枚比特幣，分屬十筆資金來源，各自的源頭都不一樣，甘巴里安不確定追溯到的資料會不會根本無法辨識。他在黑暗中摸索，在一個完全抽象的數字迷宮中找尋出路。但他是經驗老到的稅務查帳員，曾多次處理龐雜的數字。因此，在那個秋天的下午，他努力點擊交易，一直持續到傍晚，甚至連國稅局辦公室都關門了，同事也開始紛紛離開大樓。

甘巴里安住在奧克蘭郊區的海沃德，這個一層樓的房子裡有兩間臥室。那天黃昏，他帶著筆電開車回家，跟太太和年幼的女兒共進晚餐後，繼續在客廳的辦公桌前工作。他的太太由紀（Yuki）還記得，那天晚上看他一直盯著螢幕，查看大量難以理解的數字。

他們的小寶寶常常會爬到甘巴里安的桌子底下，想吸引他的注意。那天晚上甘巴里安把她放在大腿上，繼續點擊幾十個不同來源的地址。後來由紀把女兒抱起來哄她入睡，接著自己也去就寢，留下甘巴里安一個人獨自搜查資料。他坐在安靜昏暗的客廳裡，追蹤福斯的525枚比特幣從何而來。

*　*　*

到了晚上 11 點左右，甘巴里安已經回溯到 8 月初的資金流向，這個時間點比轉入福斯的 CampBX 帳戶還早了將近一個月。他現在拼湊出一張幾乎完整但非常混亂的畫面，他往回檢視，可以看到這筆錢如何分成十個分支，然而每個支流再往前的幾個交易，又開始聚集到少數幾個地址。他覺得這些分流和聚集的資金流向看起來很眼熟：對甘巴里安來說，這種作法司空見慣，由人為刻意製造複雜的假象，將非法資金分散後再重組，讓查帳員有如霧裡看花。

他繼續追蹤剩下的地址，查看每個地址的前一筆交易紀錄，現在發現這些硬幣最初只來自於四個源頭，這些地址全都在同一天收到資金：2013 年 8 月 4 日，就是恐怖海盜羅伯茲跟挪伯說的那個付款日期。甘巴里安在心裡記下這些款項：分別是 127、61、134 和 203 枚比特幣，他在腦中把數字加總，合起來共有 525 枚比特幣。

他獨自坐在客廳，知道自己剛才在區塊鏈可靠誠實的紀錄中，找到了恐怖海盜羅伯茲支付給挪伯的款項，而福斯卻在官方報告中寫著，這筆款項從未發生過。

那天晚上接下來的時間，甘巴里安仍一再檢核找到的資料，然後打開一個空白的 Excel 表格，重新輸入交易明細和比特幣地址，準備交給檢察官。他的腦子因睡眠不足和腎上腺素而嗡嗡作響，當晚寫了電子郵件給豪恩和弗倫岑，告訴他們，他相信自己完成了執法界許多人認為不可能的事情：他追蹤到福斯不法取得的加密貨幣。

甘巴里安睡了幾小時後，隔天早上開始傳訊息給國土安全部聯絡人德耶希亞揚，這位在芝加哥的亞美尼亞裔美國籍探員是他的好朋友，他需要一個有權限進入恐怖海盜羅伯茲比特幣錢包的人，幫忙核對他找到的四個地址。德耶希亞揚是絲路調查小組的成員，仍然可以取得這個網站伺服器所有的資料，包括裡面的比特幣地址。幾小時後，德耶希亞揚打電話給甘巴里安，證實了甘巴里安已經知道的事情：這四個地址全都屬於恐怖海盜羅伯茲。

　　甘巴里安和德耶希亞揚在電話中沉默片刻，甘巴里安剛剛在美國刑事調查中，首次透過追蹤加密貨幣支付來證明一個人犯罪。

　　甘巴里安記得當時心想：「喔！真該死，我們毀了比特幣。」

第13章

法國女僕、死從天降

　　甘巴里安手中現在證據確鑿：福斯說謊。

　　但是一筆7萬美元的比特幣付款，無法解釋福斯戶頭裡為什麼會出現價值70萬美元的比特幣。如果福斯能把自己另一個身分挪伯變成雙重間諜，那他還會做些什麼？

　　由於甘巴里安這次追蹤比特幣的成功經驗，讓他現在下定決心，要仔細檢查每一項足以揭發福斯不法行為的證據。他慢慢開始發現，福斯不僅試著扮演流氓探員的角色，而且幾乎還很荒謬的放任自己投入在那個角色裡。

　　甘巴里安在烏布利希的絲路日誌中觀察到一個奇怪的紀錄，[1]指出烏布利希在2013年9月13日提供了10萬美元，但不是給挪伯，而是另一個他信以為真的線人「法國女僕」（FrenchMaid），以取得執法部門對於嫌疑人恐怖海盜羅伯茲的相關情報。

　　甘巴里安越來越感覺到福斯野心勃勃，於是在絲路伺服器的日誌中搜尋法國女僕傳送的訊息，發現了一系列傳送給恐怖海盜羅伯茲的訊息。甘巴里安認為，既然福斯扮演了恐怖海盜羅伯茲的反情報來源之一的角色，他是不是還扮演了另一個角色呢？

　　法國女僕的大部分訊息都是用PGP程式加密，但如果使用PGP加密傳訊息給某個人，則必須擁有那個人的「公鑰」。公鑰指的是一長串的字元，可以為訊息加密，只能由那個特定的接收人解密，其他人都不行。來自法國女僕的第一則訊息出於必要而未加密，內容寫道：「我收到了你需要盡快知

道的重要訊息，請給我你的PGP公鑰。」

甘巴里安看到後面的署名是：「卡爾。」讓他大吃一驚。

甘巴里安簡直不敢相信自己看到的東西，在福斯扮演的多個角色中，他似乎太粗心大意，誤用**自己的本名**傳了一則訊息給恐怖海盜羅伯茲。

甘巴里安可以看到福斯在四小時後試圖亡羊補牢，恐怖海盜羅伯茲收到來自同一帳號的另一則訊息，標題為「哎呀！」裡面寫道：「剛才的訊息很抱歉，我的名字叫卡拉・蘇菲亞（Carla Sophia），我在這個市場上有很多男性和女性朋友，恐怖海盜羅伯茲會想聽聽看我要說的話，愛你喔！」

* * *

甘巴里安現在可以看到，福斯在與恐怖海盜的互動中不只戴一個面具，至少是兩個，於是他開始要找出更多來。

福斯在記錄臥底工作時，其中一部分標準作法是定期使用一個Camtasia螢幕錄製程式，以挪伯為第一人稱來錄製影片。甘巴里安看了好幾小時的影片，很認真的一再重播福斯的線上表演。

果然，在這些影片中有一個很短的片刻，甘巴里安看到福斯不是以挪伯身分登入，而是在螢幕右上角，看到了使用者名稱「死從天降」（DeathFromAbove）。

福斯這則訊息一樣是寫給恐怖海盜羅伯茲。[2]「我知道格林失蹤和死亡跟你有關。」訊息內容一開始提到絲路的板主，格林被殺的這場戲就是福斯本人一手安排的傑作。「只是想讓你知道，我要來找你。你死定了，別以為能躲得了我。」死從天降寫道。

署名是「De Oppresso Liber」，這句拉丁文的意思是「解放被壓迫的人民」。甘巴里安到Google快速搜尋一下，看到這句話是美國陸軍特種部隊綠扁帽（Green Berets）的格言。

甘巴里安切換回絲路伺服器上恐怖海盜羅伯茲的訊息，可以看到死從天

降一再威脅恐怖海盜羅伯茲，扮演一個認識格林的特種部隊人員，準備幫他報仇。

恐怖海盜羅伯茲打發他，對死從天降的帳號回應說：「你的威脅和所有的瘋言瘋語都阻止不了我，別再傳訊息給我了，去找點別的事來做吧！」

因此，福斯嘗試另一種不同的方法來扮演特種部隊人員角色，聲稱可以取得最高機密資料，而且知道恐怖海盜羅伯茲的真實身分。他甚至大膽猜測，認定恐怖海盜羅伯茲就是巴爾的摩專案小組嫌犯名單上的其中一個嫌犯。「25萬美元的現金／銀行轉帳，我就不會把你的身分提供給執法部門，就把這筆錢當作是懲罰性損害賠償（punitive damages）。」他寫道。

福斯顯然猜錯名字了，恐怖海盜羅伯茲再也沒有回應死從天降。

* * *

挪伯、富恩特斯、法國女僕、蘇菲亞、死從天降，現在甘巴里安很清楚，福斯扮演的不只是雙重身分，而且還是好幾個身分，暗網和比特幣提供的匿名承諾，彷彿讓他的心分裂了。

恐怖海盜羅伯茲似乎從未懷疑過這些角色之間的關係（或是應該說，他從沒想過所有人的背後會是同一名聯邦探員）。是的，出現了一個卡拉·蘇菲亞的失誤，但是絲路的老闆想必從來沒有聽說過卡爾·福斯這個名字，所以聯想不到。此外，他沒有理由懷疑自己的線人。

甘巴里安從烏布利希保存在筆電裡的日誌中，確實找到了一個紀錄，烏布利希提到，為了得到情報而支付10萬美元，想知道政府究竟懷疑誰可能是恐怖海盜羅伯茲，但四天後法國女僕尚未回覆。不曉得烏布利希這筆錢是不是真的換到了一個名字。

不過對甘巴里安來說，那筆法國女僕的交易代表了調查的另一個立足點：這是他可以在區塊鏈上追蹤的另一筆付款。

甘巴里安再度打電話給朋友德耶希亞揚，他們一邊通電話，甘巴里安一

邊開始點擊Blockchain.info網站上的比特幣地址，查看福斯的CampBX帳戶地址，結果發現收到了來自四個地址的大筆付款。從這些金額持續追蹤，再分別透過另外兩個地址，最後終於找到了它們的源頭都是同樣一個地址。

區塊鏈的帳本顯示，9月15日，也就是恐怖海盜羅伯茲記錄付款的兩天後，770枚比特幣發送到這四個地址，按當天的匯率計算，價值是：10萬美元。

德耶希亞揚再次檢查恐怖海盜羅伯茲的比特幣地址，而且確認：這10萬美元來自絲路老闆的其中一個錢包。這次甘巴里安追蹤福斯的資金，只花了幾分鐘的時間，每追蹤到一筆交易，他捕捉目標的繩套又收緊一分。*

* * *

到2014年底，豪恩和弗倫岑可以看到調查即將告一段落：他們有足夠的證據起訴福斯勒索、洗錢和妨礙司法公正。雖然甘巴里安在區塊鏈追蹤上有許多重大的突破，但是絲路被盜的那35萬美元仍然是個謎，據說這筆錢是格林在被捕後，從市場上那些出手大方的賭客那裡偷來的。

現在調查人員都不相信，被恐怖海盜下令謀殺的絲路板主格林，竟然膽敢在巴爾的摩專案小組審訊過程中拿走這筆錢。如果格林在審訊期間還有辦法進入自己的帳號，這種作法實在是太膽大包天了。

此外，現在有一個更明顯的嫌犯。

---

* 即使甘巴里安查出挪伯和法國女僕收到的款項，但是還需要追查福斯的另一大筆非法所得。2013年底，福斯在CoinMKT比特幣交易所兼職擔任「法遵長」，接著利用他的緝毒署權限，從交易所的一個帳戶持有人那裡扣押了價值近30萬美元的加密貨幣。
這筆資金的不幸持有人是一名加州演員，被福斯指控洗錢，但沒有真正的證據。福斯把從演員那裡沒收的六位數資金，直接存入自己的Bitstamp帳戶，就像Bitstamp的佛洛斯特一開始擔心的那樣，福斯似乎在濫用緝毒署權限，不只向恐怖海盜羅伯茲敲詐、詐欺和出售反情報，而且還以最微不足道的犯罪嫌疑為藉口，來勒索加密貨幣交易所。

畢竟，如果不是福斯假扮挪伯的那次臥底行動，就無法順利逮捕格林。而且格林被捕、接受審訊、上演謀殺案時，福斯本人也在猶他州，更不用說格林能登入絲路板主帳號的電腦已被扣押。至此，福斯已顯示出自己有能力竊取任何比特幣，無論是非法還是合法的，只要是在他稍微伸手可及的範圍內。

儘管所有的矛頭都指向福斯，只有甘巴里安仍心存疑慮。2014年底，這位年輕的國稅局探員對於查看比特幣交易帳本更加熟練，對甘巴里安來說，這個偷竊案**看起來**不像福斯所為。價值35萬美元的比特幣分出來的筆數太多，不符合福斯一貫的手法，而且在區塊鏈上移動的次數又多又複雜，所轉入的地址，甘巴里安在福斯各個交易所裡的帳戶都找不到。

甘巴里安回憶：「不符合平常的模式，幾乎就像是我習慣了卡爾使用區塊鏈的方式，而這次不一樣。」

本案的檢察官認為他所得出的結論似乎不太可能，然而他很確信這一點。甘巴里安告訴豪恩和弗倫岑：「不是福斯。我不知道是誰，但不是福斯。」另一個絲路比特幣的小偷仍未落網。

第14章

審判

　　2015年1月中，這一天曼哈頓下城寒風刺骨，我走上紐約南區聯邦法院大樓的樓梯，馬路對面是政府大樓，梅克雷約翰曾在裡面幫檢察官母親檢查支票。我搭電梯到十五樓，進入一個莊嚴的法庭，從法官席後面的窗外可以看到布魯克林大橋（Brooklyn Bridge）的景色。幾分鐘後，一個身型消瘦、方下巴的三十歲男性，在律師團隊的陪同下走進法庭。烏布利希身穿灰色西裝，看向擁擠的旁聽區，對母親閃過一絲微笑，他的審判即將開始。

　　烏布利希的首席律師約書亞・德拉特爾（Joshua Dratel）在被告的開場陳述中，語出驚人，開宗明義就承認：是的，烏布利希創辦了絲路。[1]

　　但隨後，這位聲名遠播的國家安全律師德拉特爾，從被告的立場說明事件的始末：年輕的烏布利希信奉理想主義，只打算以他的市場作為一種無傷大雅的「經濟實驗」，後來開始轉變成蓬勃發展的黑市，於是烏布利希就賣給了**真正的**恐怖海盜羅伯茲，而這幾年來，以比特幣交易的毒品販售生意興隆，在背後主導的人就是恐怖海盜羅伯茲。因為那個真正的恐怖海盜（看似身分不明，而且逍遙法外）和他的手下開始感到執法部門準備採取行動，他們才以某種方式欺騙烏布利希，讓他在舊金山格倫公園公共圖書館被捕的那天重新登入絲路。

　　德拉特爾告訴陪審團：「最後，他受到那些經營者的引誘而回來，替經營網站的人背了黑鍋。」德拉特爾聲稱，除了一小部分絲路的早期收入以外，這個網站的比特幣甚至也都不是烏布利希的。至於在他筆電上發現的

144,000枚硬幣，被告提出的論點跟福斯的說法一樣：這些是烏布利希早期投資比特幣的成果。德拉特爾說：「烏布利希不是毒販，他不是首腦。」

我坐在法庭上，聽到這番說詞後當場震驚不已，因為這是恐怖海盜羅伯茲十八個月前告訴我的故事：他只是從創辦人那裡繼承了網站。如果這是個掩人耳目的故事，我不得不稱讚作者的故事主題前後一致。

但是幾小時後，柏克萊的電腦科學家尼克・韋弗（Nick Weaver）在美國的另一岸醒過來，從審判的新聞報導中讀到德拉特爾說的話，出現一個更基於本能的反應：他生氣了。這就是烏布利希的論點嗎？韋弗後來說，自己深受「被告的愚蠢行為所冒犯」，於是採取了一個平常學術研究人員不會做的舉動：他在法庭文件中找到檢察官的電子郵件地址，寫了一個訊息，提出要幫助他們反駁烏布利希掩人耳目的故事。

韋弗服務於柏克萊的國際資訊科學研究所（International Computer Science Institute），是少數擁有追蹤比特幣實戰經驗的大學研究人員，他的團隊經常與加州大學聖地牙哥分校的梅克雷約翰合作，他們甚至在一年前就針對這個主題共同撰寫了另一篇論文。現在，韋弗在電子郵件中告訴檢察官，他確信區塊鏈可以證明烏布利希的比特幣其實不是來自精明的投資，而是來自絲路。

韋弗寫給檢方的電子郵件指出，他可以看到16,000枚比特幣直接從絲路伺服器流向烏布利希的個人錢包。畢竟，因為聯邦調查局扣押了伺服器和烏布利希的筆電，然後從兩台機器上取出比特幣，而在公開的沒收通知中，已記錄這兩筆沒收款項，所以韋弗和比特幣社群裡的其他人，都可以在區塊鏈上找出這些交易。

韋弗從幾個月前那個沒收通知裡面的資料，只點擊了幾下，就追蹤到烏布利希機器上約10%的總資產。[2] 幾天後，他用梅克雷約翰的其中一種分群技巧指認出更多的絲路地址，還發現另外13,000枚硬幣也循著同樣的路徑，從伺服器移到筆電。這29,000枚硬幣當時的價值約300萬美元。正如韋弗在電子郵件裡所述，他可以看到其中一些絲路硬幣早在2013年7月就進了烏布

利希的金庫，比被告聲稱自己被「引誘」回絲路當代罪羔羊至少早了約三個月。

後來一位絲路的檢察官打電話給韋弗，這位柏克萊研究人員詳細地解釋，既然司法部保管了伺服器和筆電，他建議他們該如何證明烏布利希的財富來源，讓烏布利希百口莫辯。

一個多星期後，也就是烏布利希受審的第九天，檢察官提摩西·霍華德（Timothy Howard）找來一位前聯邦調查局探員伊爾萬·尤姆（Ilhwan Yum），向法庭投下一顆震撼彈：他和一位密碼學顧問共同在區塊鏈上，追蹤到至少70萬枚比特幣，從絲路伺服器進入烏布利希的錢包，而且最早可以追溯至2012年9月，在轉帳時的總價值為1,340萬美元。[3]

事實上，一位絲路的檢察官後來告訴我，他們比韋弗還搶先一步。他們跟這位柏克萊研究人員聯絡的時候，早就打算要在區塊鏈上追蹤烏布利希的硬幣，這個想法是在被告試圖否認這筆錢與絲路的關聯時就出現了。

尤姆在證人席上提供的資訊比韋弗更多：他指出，2013年4月從烏布利希的錢包中流出了3,000枚比特幣的付款，總計約50萬美元，這筆款項與審判中揭露的另一個驚人證據吻合：在一段從絲路伺服器復原的加密聊天紀錄中，看到恐怖海盜羅伯茲跟人商議要謀殺**五個人**。有一個佯裝職業殺手的人，化名為紅與白（redandwhite），[4]向恐怖海盜羅伯茲聲稱自己是地獄天使（Hells Angels）機車黨的一員，傳訊息給恐怖海盜羅伯茲，提議要幫他消滅各種敵人：一個敲詐者、一個小偷，甚至包括小偷的三個室友。恐怖海盜羅伯茲同意了這項50萬美元的任務。

在紐約的審判中，烏布利希並沒有被指控犯下這些雇用殺手謀殺罪，因為不管是演戲還是以其他形式，這類謀殺都沒有發生過；紅與白似乎是個騙子。但是尤姆向陪審團證明，烏布利希支付殺手殺人的意圖仍然存在（而且一直保存到今天），永遠留在比特幣的分類帳中。[5]

五天後，陪審團只討論了幾小時，就回來宣讀判決結果：烏布利希在全部的指控上都有罪。

　　烏布利希可能永遠沒有機會無罪開釋：對他不利的證據多如牛毛，而且是早在他的比特幣被追蹤之前，包括他與員工的聊天紀錄、經營絲路的日記和日常工作日誌，甚至是一個大學朋友的證詞，他曾向這個朋友坦承自己經營網站。⁶

　　韋弗認為，那一天堪稱是加密貨幣和犯罪史上的里程碑，因為檢方發現了烏布利希絲路上數百萬美元毫無爭議、公開且無法銷毀的證據。韋弗說：「就是那個日期讓你可以明確地說，執法部門知道區塊鏈永遠存在。」

＊　＊　＊

　　三個月後，烏布利希再次出庭聆聽判決結果。⁷當場有兩個家庭的父母淚流滿面，訴說孩子在絲路購買毒品後，因服用過量致死，接著烏布利希向法庭宣讀簡短的陳述，然後向死者家屬道歉，對於在創辦絲路的過程中自毀前程也感到遺憾。

　　但他也為自己發明暗網黑市概念的動機辯護。他說：「我很清楚記得為什麼要創辦絲路，我想讓人們能在生活中為自己做選擇，而且擁有隱私和匿名的權利。我這麼說不是想讓已經發生的事情合理化，因為並非如此。我只是想澄清事實，因為從我的角度來看，我不是以自我為中心的反社會人士，也不是想表達內心的惡，只是犯了一些非常嚴重的錯誤。」

　　烏布利希講完後，凱瑟琳・福雷斯特（Katherine Forrest）法官快速宣讀判決結果，冷靜而有條理。她說：「人顯然非常、非常複雜，而你就是個很複雜的人。烏布利希先生有優點，這一點我毫不懷疑，但也有缺點，你在絲路上的所作所為，對我們的社會結構帶來了極大的傷殺力。」

　　她讀出他的聊天紀錄內容，在其中他不顧吸毒過量的危險，而且下令殺人。她解釋，在審判中，這些暴力威脅並沒有直接讓他被指控為謀殺未遂，但仍會影響判決結果。福雷斯特還提到有殺雞儆猴的必要：希望能嚇阻未來的暗網首腦，不要有樣學樣，她說：「對於那些想要步上你後塵而誤入歧途

的人，必須非常清楚，沒有絲毫的模糊地帶，那就是如果你以這種方式觸犯法律，後果將會非常、非常嚴重。」

福雷斯特繼續說，絲路「是一項精心策畫的人生事業，這是你的傑作。」她對烏布利希說：「你希望讓後人銘記在心，現在確實如此。」

接著她判處烏布利希兩個無期徒刑，不得假釋。[8]

法庭上一片肅靜，就連檢察官對福雷斯特宣判的重大懲罰都感到驚訝無比，這甚至超出了他們寫給法官的信中所要求的結果。

後來，烏布利希要求重新審判或減刑，但所有上訴均以失敗告終。在本書撰寫時（也許直到他過世的那一天），他仍然在亞利桑那州（Arizona）一所戒備森嚴的監獄中。

烏布利希的極端判決結果，絲毫沒有發揮福雷斯特法官想要的嚇阻作用。但她對於他希望絲路讓後人銘記在心的看法正確無誤，直到今天，恐怖海盜羅伯茲在人們心中，已成為推動比特幣黑市的先驅，雖然在未來幾年裡，這些黑市的規模遠超過絲路，而絲路仍是這類市場中的先行者，但絕非最後一個。

第二部 | 雇用追蹤專家

第15章

倒閉

2014年秋天，大約11月底附近，這一天東京（Tokyo）下著細雨，四十四歲的丹麥人麥可・格羅納格（Michael Gronager），童山濯濯，有著一雙藍眼睛，個性開朗，他在一棟摩天大樓的會議室裡，牆壁是深色的拋光木板，同意追查價值5億美元失竊的比特幣。

格羅納格原本擔任Kraken比特幣交易所的營運長，於兩個月前離職。他與兩位來自Kraken的前同事一起進入會議室，發現自己彷彿置身於賽博龐克（cyberpunk）科幻小說中類似日本大企業的場景：至少二十五位日本高階主管，清一色全都是穿著深色西裝的男性，圍坐在長長的會議桌，上面放著小瓶綠茶。格羅納格一一跟他們鞠躬，但這些人他多半不認識。

Kraken的執行長傑西・包威爾（Jesse Powell）是格羅納格的好朋友，他們兩人來到東京要為這家日本律師事務所提供服務，因為這家事務所是Mt. Gox的受託人，Mt. Gox比特幣交易所曾經是加密貨幣世界中最重要的公司，但現在破產了。2014年初，Mt. Gox突然倒閉，宣布儲存在交易所裡的所有比特幣全遭駭客竊取，損失了客戶的75萬枚硬幣，再加上自己的10萬枚硬幣，按照資產消失時的匯率計算，總價值超過5.3億美元。[1]

這是目前為止最大宗的比特幣金庫失竊案。在加密貨幣世界裡，騙局和搶劫事件頻傳，但跟這場大災難的損失相比，簡直是小巫見大巫：被盜走的比特幣占當時全部比特幣的7%。

Mt. Gox破產後市場一片譁然，比特幣價格隨之暴跌，Kraken的管理階

層願意不收取費用，讓岌岌可危的加密貨幣生態系統從這次的衝擊中起死回生，他們同意如果找到剩餘的比特幣，會幫忙發還給Mt. Gox成千上萬名怒氣沖沖的債權人。

對格羅納格來說，承擔的是一項更不確定的任務，他同意去找遺失的硬幣。

這個決定顯然不太理性，這位丹麥企業家剛剛離開相對舒適的Kraken營運長職位，創辦一家新創公司，目前公司唯一的客戶就是滿屋子的日本破產律師，要求他追蹤Mt. Gox這筆不知去向的鉅款。稱他們為客戶，其實也有點牽強：就算他能設法找回來，也收不到任何費用，找回來的資產沒有他的份。

格羅納格個性樂觀、沉著冷靜，他記得確實很欣賞會議上提供的茶，既冰涼又不會太甜，正是他喜歡的味道。

格羅納格和包威爾在會議桌上透過翻譯跟他們寒暄了幾分鐘後，就同意對方提議的合約條款和時間，然後翻到最後一頁，各自在他們代表的公司名稱旁邊簽字，包威爾代表Kraken，格羅納格代表一家當時幾乎沒人聽過的公司Chainalysis，這間公司唯一提供的服務就是追蹤加密貨幣，在這個烏雲籠罩的經濟中指認出參與者。

* * *

九個月前的一個冬日，格羅納格坐在Kraken哥本哈根（Copenhagen）市中心跟人合租的辦公室裡，盯著筆電螢幕，知道自己正看著Mt. Gox邁向死亡。

這幾個月來的病情，看起來每況愈下。[2]這家最大的比特幣交易所，占所有加密貨幣交易的將近70%，而在前一年夏天，開始拖延使用者提領美元的時間，此舉導致流言四起，懷疑Mt. Gox是不是現金短缺，但是格羅納格和其他樂觀主義者認為，這只是公司的美國銀行帳戶出了問題。這家總部位

於日本的交易所一再違反美國的洗錢法：在2013年5月和6月，國土安全部總共扣押了500萬美元，因為公司在監管表格上作假，而且未經許可從事匯款業務。**3**

在此同時，已拆夥的CoinLab公司以7,500萬美元起訴Mt. Gox，內部消息人士開始向媒體透露領導階層不適任的說法。隨著危機日益加劇，一些報導指出，Mt. Gox的法國神祕怪咖執行長馬克・卡佩雷斯（Mark Karpelès）經常埋首於程式碼當中，而且還痴心妄想，要在東京總部打造一個方便使用比特幣的咖啡店（沉浸在宅男異想天開的世界裡），換句話說，即使公司灰飛湮滅，他還是依然故我。**4**

接著，2014年2月初，這個比特幣世界步伐蹣跚的巨人突然重重地摔了一跤。Mt. Gox宣布，現在暫停**所有**提款（不僅是美元，還有比特幣）。這次不可能有其他的解釋：交易所付不出錢來。**5**一週後，Mt. Gox才表示遭到駭客入侵，而且又過了幾週，才承認駭客偷走**所有一切**（公司破產了）。但是生氣的帳戶持有人紛紛湧入論壇表達憤怒的情緒，因為那些價值數千甚至數百萬美元的加密貨幣理應為他們所有，但現在在Mt. Gox一毛都還不出來。

在Mt. Gox上購買1枚比特幣的價格，比在其他交易所低了數百美元，這種情況反映出在那裡購買的任何硬幣，拿回來的機率越來越小。一位忿忿不平的Mt. Gox使用者是倫敦的程式設計師，搭飛機一路到東京，當時下著雪，他一個人站在公司辦公室外面舉牌子抗議，上面寫著：「**MT GOX，我們的錢到哪裡去了？**」**6** YouTube上有一段影片是卡佩雷斯閃躲抗議者然後走進大樓，這位執行長看起來神色慌張、體態臃腫，儘管天氣很冷，但只穿著一件黑色T恤，手裡拿著一杯上層擠滿鮮奶油的冰咖啡。影片在那群火冒三丈的比特幣用戶間瘋傳，Mt. Gox欠他們錢不還。**7**

2月的那一天，格羅納格在哥本哈根瀏覽論壇裡許多貼文，這些狗急跳牆的Mt. Gox帳戶持有人想賤價出售帳戶，希望至少能彌補部分損失。大約在下午五點，格羅納格的電話響起，這是一場電話會議，與會者包括包威爾和Kraken小組裡的其他成員，他們要擬訂計畫，看看如何處理這個無法避

免的事實：巨人死了。

　　Kraken的員工多半位於舊金山，這次通話氣氛很緊張，比特幣經濟的核心支柱倒塌了。[8]他們一直相信這件事遲早會發生，Mt. Gox的管理階層從未給人足夠的信心，甚至連公司的名字，都是比特幣仍被視為數位玩具而非真錢的時代所留下來的產物，Mt. Gox是來自於「mtgox」網址，這是之前專門用於交易遊戲卡牌的《魔法風雲會》線上交易平台（Magic: The Gathering Online Exchange，**譯注：Mt. Gox是這五個英文字第一個字母的縮寫**）。但Mt. Gox的破產事件，就有如2008年雷曼兄弟（Lehman Brothers）的加密貨幣版，可能會引爆整個比特幣經濟。如果**沒有**Mt. Gox，比特幣甚至也不會當作真錢使用。

　　然而，格羅納格維持一貫的樂觀看法，儘管他本人在Mt. Gox破產中損失了大約100枚比特幣，當時價值超過6萬美元，但是他認為Mt. Gox倒閉對Kraken來說是個絕佳的機會，不僅可以接收Mt. Gox的一些客戶，提高自己的市場占有率，還能重新建立一個更有效率、更穩定的新支柱，以取代原先比特幣結構中搖搖欲墜的舊支柱。

　　除了這個商機之外，格羅納格對這項技術深具信心。正如他在多年後描述，加密貨幣世界始終混亂不已，他認為Gox失敗「只不過是另一個噪音」罷了，而噪音中的信號一直是比特幣的基本機制。格羅納格告訴自己別擔心，這些特色仍然像以往一樣巧妙而具有韌性，噪音終究會安靜下來，信號也將持續存在。

＊　＊　＊

　　格羅納格一直是那種具有工程頭腦的人，對技術的想法不是來自其他人如何看待或使用，而是來自親手拆解或組裝機器的實務經驗。他小時候住在丹麥的小鎮羅斯基勒（Roskilde），距離哥本哈根二十英里，父親是一名高中肄業的銀行員，自己有間小工作室，當年才十二歲的他經常在那裡修補東

西。1980年代初期,格羅納格只是個小孩,就會拿零件替父母組裝出一個調光器開關,再加上具有光學感測器的自動車庫門控制器以確保安全。他甚至還將一種旋轉式發動機的設計圖寄給當地的專利局,可惜早在幾十年前就有人發明了,讓他大失所望。

格羅納格也在小學高年級時,發現了程式設計。一家位於羅斯基勒大廣場的書店,展示了一款新型的Sinclair ZX81個人電腦,格羅納格發現老闆不介意他使用,因此就在笨重的鍵盤上輸入一本書裡的幾行程式碼,結果螢幕出現了閃爍的顏色,而且是以完全合乎邏輯的模式,令他興奮不已。父母看到他對這台機器很有興趣,於是買一台Commodore 64電腦給他,從此他的生活產生極大的轉變。

他很快就覺得螢幕上文字顯示的方式過於粗糙而感到不耐煩,因此開始為自己的文字處理器寫程式。Commodore沒有真正的編譯程式,也就是少了一套像BASIC程式語言的軟體,能將人類可讀的電腦指令轉成機器可讀的指令。這台電腦在執行他的程式時,只能一個接著一個解讀指令,格羅納格發現這樣速度太慢,根本沒有效率。他毫不畏懼,也不知道自己接下來要做的事情,對於自學的中學生來說是一項不可思議的技術挑戰,他開始直接以組合語言(Assembly)寫程式,幾乎是Commodore處理器的原生語言,讓他能更進一步實際體驗電腦真正的運作機制。

由於他越來越熱中於寫程式,漸漸對父親的小工作室興趣缺缺。他回憶:「我發現藉由程式碼,可以用更少的東西構建出更多的東西,你寫的某個東西,會**變成**某個東西,那就是寫程式,太神奇了。」

五年後,格羅納格前往丹麥科技大學(Technical University of Denmark)就讀,那時他正在寫程式,以解決超級電腦上的量子力學問題,但是要操作學校裡高效能的機器總是受到諸多限制,而且必須以一種晦澀難懂的程式語言才能編寫。因此他開始改用分散式運算系統,就能將工作分配給學校大量的Linux個人電腦。他想創造出一種符合蜂巢思維的超大規模計算機,能以有效率的方式,將極其複雜的問題分散到數十、數百或數千台的一般電腦

上，就是這股動力讓他取得了博士學位，接著投入量子物理視覺化和早期的虛擬實境展示。他四十歲時管理一群電腦科學家，他們與歐洲核物理研究中心（European Organization for Nuclear Research，簡稱為CERN）合作，這個單位負責儲存和解讀由大型強子對撞機（Large Hadron Collider）搜尋希格斯玻色子（Higgs boson）之後，所得到的拍位元組（petabyte，**譯注：相當於2^{50}位元組**）成果，每年產生的資料量比美國國會圖書館（Library of Congress）全部館藏還多出幾百倍。[9]

格羅納格現在建構的電腦系統，是為了處理全球一些最龐大的資料庫，但他對於解開宇宙次原子（subatomic）的組成奧祕不太感興趣，而是沉迷於這些謎團提供的數位挑戰，因為它們創造出將運算裝置推向極限的需求。

就在2010年，格羅納格從「Slashdot」網站的論壇上讀到一篇關於比特幣的貼文，因此再度改變人生的道路。他很快就開始研究中本聰的白皮書和程式碼，結果驚為天人，中本聰竟然能排除萬難，在遍布全球幾千台的挖礦電腦上，創造出真正稀少、不可複製的數位硬幣，每台電腦會因共同維護這些無法偽造的區塊鏈紀錄而得到回報。幾個月後，他就很清楚，這種新的加密貨幣雖然不是由學術機構或是他畢生奉獻的政府機構所創立和資助，卻是世界上最有趣的分散式運算設計。

* * *

格羅納格開始如著魔般參加各場比特幣會議，不管地點在紐約、倫敦，還是布拉格（Prague），親自操作比特幣的每項服務以了解如何運作，宛如梅克雷約翰的翻版，大量使用比特幣執行測試交易，不過完全是基於想修補東西的好奇心。不久之後，他設計了自己的iPhone版比特幣錢包，而且當作瀏覽器外掛程式，還想出了一種巧妙的方法，在手機或個人電腦和伺服器之間分割區塊鏈，使效能達到最佳化。他在那些會議上，認識了一位美國比特幣技術專家包威爾，兩人志同道合，開始討論要一起創辦自己的比特幣交易

所，最後造就出Kraken。到了2011年底，他辭掉工作，全心全意投入加密
貨幣。

　　格羅納格記得，比特幣之所以讓他著迷，純粹是一種技術上的魅力，就
像他第一次在羅斯基勒的書店裡使用Sinclair ZX81寫程式的經驗一樣。這個
工具讓任何人可以從全球網路上的任何地方，支付現金給另外一個人，無需
中間人，無需註冊，無需法律上的身分證明，這是前所未見的事。他說，至
於這種新型態的貨幣可能會帶來什麼實際上的結果，他當時並沒有先入為
主的想法，但是他知道，這將創造一個全新的行業，而他想成為其中的一分
子。

　　格羅納格在這些會議中，與其他工程師建立商業合夥關係，討論區塊鏈
壓縮演算法，此時，比特幣社群裡有一個更具意識型態的面向正在融入。
舉例來說，2011年布拉格會議的主持人有兩位，[10]一位是關注隱私和訊息
自由的瑞典海盜黨（Swedish Pirate Party）創辦人里卡·法爾克溫格（Rick
Falkvinge），另一位是英國無政府主義程式設計師艾米爾·塔吉（Amir
Taaki），他後來還潛入敘利亞，與庫德（Kurdish）的革命人士一起打擊伊
斯蘭武裝組織ISIS。[11]隔一年，在倫敦舉行的比特幣會議上，由德州激進的
自由意志主義者科迪·威爾遜（Cody Wilson）發表演說，他使用比特幣為
資金，發明世界上第一把完全由3D列印的槍枝，可視為一種未來槍枝管制
無效的象徵。有一項後續活動於2013年底舉辦，那時絲路已關閉了幾週，
威爾遜再度發表演說，這次火力全開，語帶挑釁，為暗網毒品交易辯護。
「如果說比特幣代表什麼意義，那就是一千個絲路網站，也代表著，去你的
法律！」[12]威爾遜在紅磚巷（Brick Lane）一間酒吧的房間裡緩慢而嚴肅地
說，身旁伴隨著如雷的掌聲。

　　格羅納格是個單純的電腦科學家，後來投入企業界，但他經常發現
自己在會議上與這些政治極端分子肩並肩站在一起，因此思考自己是
不是待在適合的房間裡。基本上，他是個崇尚自由的斯堪地那維亞人
（Scandinavian），不太反對毒品合法化這類的想法，但是他個人使用毒品的

經驗，僅止於年輕時吃了一些加入大麻的鬆餅，結果感到恍恍惚惚。他唯一一次開槍，是跟朋友到挪威旅行時去了飛碟射擊場。

他回想起那些會議上加密無政府主義者的場景時說：「我覺得這有點尷尬或是奇怪，而且與實際發生的事情也有點離題。」

格羅納格從不相信比特幣是不能追蹤、無法可管的支付工具，他從一開始就有一種直覺，認為區塊鏈使比特幣成為一種獨特的**透明**貨幣型態，把透明視為一種特色，而不是必須除之而後快的缺陷。梅克雷約翰的〈無名客〉論文發表時，他讀了之後更確認自己的想法無誤，也就是說，使用比特幣作為加密無政府主義或犯罪的工具，都是被誤導的行為。

他回顧過去，認為所有以比特幣為中心的革命政治野心和自由意志主義宣言，就跟他後來看到Mt. Gox敗落一樣：只是一種暫時的喧囂，掩蓋了這種新的加密貨幣必然會被大眾廣為接納的趨勢。

他想起那些會議場景時說：「在這裡，技術才是王道，其他全都是噪音。」

第16章

髒錢

　　格羅納格對Mt. Gox倒閉這件事抱持的樂觀態度並非毫無道理：比特幣沒有死亡，只是倒下，但趴在地上太久，因此很容易被誤認為斷氣了。

　　Mt. Gox於2014年初宣布破產，在那之後的幾個月裡，比特幣的匯率暴跌，從原本2013年底超過1,100美元的高點，跌到低於300美元。[1]許多投資人之前深受比特幣會無限飆漲的淘金熱概念所吸引，此時損失了數百萬美元。

　　對於格羅納格和Kraken的同事來說，Mt. Gox倒閉後，如何利用這段權力真空（power vacuum）時期，比表面上看起來更困難。格羅納格在世界各地與一家又一家銀行接洽，希望能找到合作夥伴，讓他的歐洲交易所擴展到美國和日本等大規模的新市場。但是他一次又一次發現，現在金融界對比特幣產生一股無形的阻力，而且與日俱增，銀行不是無故拒絕跟他見面，就是在會議室聽他介紹合夥關係時，表現得非常熱絡，而幾天後卻告訴他，因為銀行高階主管跟法令遵循部門討論後，結果決定退出。

　　難得有幾次，格羅納格終於讓這些金融家願意對他據實以告，他在這些場合中越來越常聽到的是：比特幣是絲路和Mt. Gox使用的貨幣，換句話說，是為犯罪所設計的，而且容易遭竊，聲譽良好的銀行當然不想跟它扯上邊。格羅納格說，無論他走到哪裡，加密貨幣的壞名聲總是早他一步。

　　此時比特幣仍維持在幾百美元的低價位。格羅納格記得當時心想：「再也沒有人信任它。冬天已經來臨，但我們不知道春天是否會到來。」

　　執法部門顯然無法查出究竟是誰洗劫了Mt. Gox的金庫，因此讓加密貨幣世界籠罩著不安的陰霾，真的是駭客嗎？還是卡佩雷斯本人或公司某個內賊盜用公款呢？比特幣不受監管的經濟模式，給人的觀感一向是髒錢流竄，不法分子在其中洗錢，而這次的謎團更加強了這種印象。一些銀行人士告訴格羅納格：如果要跟Kraken做生意，就必須知道他的交易所裡所有資金的來源。

　　2014年夏天快結束時，格羅納格和Kraken的副法務長在舊金山的計程車上，聽到最近一次失敗的會議結果：又有一家銀行要求Kraken提供一種詳細的交易監控方式，但是Kraken做不到。格羅納格說，很有趣，這些銀行似乎都認為比特幣不可追蹤的特性是摸不著的負債，但事實上，比特幣的技術應該使其比美元或日圓交易更**容易**受到監控。他想，畢竟一切的紀錄都在區塊鏈上，不是嗎？

　　Kraken的律師和他一起坐在車裡，對這個觀點感到震驚。格羅納格記得她當時說，如果可能的話，任何提供這種區塊鏈分析的服務都將非常有價值。

　　格羅納格心想：「是的，可能確實如此。」

＊　　＊　　＊

　　這個想法在格羅納格的腦中轉來轉去，後來慢慢固定下來，變成了一項計畫。2014年10月中，格羅納格再次前往舊金山出差，他告訴Kraken的管理階層說要離職去成立一家新創公司。從舊金山回哥本哈根的長途飛行中，他開始寫程式，這個原型後來成為Chainalysis的比特幣追蹤工具。他說，大部分內容在飛機降落前就完成了。

　　格羅納格是一位程式設計師，整個職業生涯都是在最佳化程式碼，以便靈活管理大量使用不便的資料，對他而言，解析區塊鏈簡直易如反掌。他也很熟悉梅克雷約翰率先採用的分群技術（一年後再回頭來看，他認為這些技

術其實是區塊鏈給人的直覺特性），他寫的原型整合了兩種技術。加州大學聖地牙哥分校是在伺服器上查詢大型資料庫，過程較為費時，但是格羅納格採取不同的方式，利用一種更新穎的資料庫技術SQLite，可以跟筆電上較輕巧的區塊鏈版本互動。梅克雷約翰有時候必須花十二個小時才能處理的資料查詢，格羅納格的概念驗證程式則只要十七秒，但他仍覺得慢到難以忍受。此外，梅克雷約翰花了幾週的時間做了幾百個測試交易，但格羅納格則不需要，在過去幾年中，他對比特幣經濟裡的每項服務曾做過無數的實驗，也就是說，在他自己的紀錄中，所需的測試交易幾乎已相當完整，可以辨識出他執行程式分群後得到的許多地址集合。

　　格羅納格回到哥本哈根，幾天過後，丹麥比特幣程式設計師簡‧莫勒（Jan Møller）找他見面喝啤酒，莫勒是他的好友，也是同行。幾年前，莫勒設計出一個Android比特幣錢包，看到了格羅納格那個瀏覽器外掛程式的錢包後，兩人彼此欣賞對方的程式碼，甚至採取類似的方法，以分割使用者設備和伺服器之間的區塊鏈。莫勒正在找工作，格羅納格說沒辦法幫忙介紹，因為他突然從自己共同創辦的交易所離職。

　　他向莫勒描述自己目前正在設計的東西：不只是一個用來追蹤比特幣的工具，而且是一種可靠的資料來源，可以從區塊鏈中擷取全球的模式和資金流向，加密貨幣交易所會願意為這項服務付費，以更加了解客戶，比方說，是合法還是非法。莫勒很感興趣，提議可以考慮合作，後來，他們回顧10月24日這一天，決定當作Chainalysis公司的生日。

　　不久之後，格羅納格和莫勒每天花兩小時熱線，在電話中為他們的新創公司描繪未來的藍圖。日德蘭半島（Jutland）是丹麥主要的農村地區，距離哥本哈根只有幾小時的車程，莫勒在那裡有間小屋，他建議兩人一起去度過充實的一週。莫勒的房子在樹林裡，這棟磚牆建築物上面是老式斯堪地那維亞風格的草皮屋頂，他們在屋裡花了幾小時，在木製畫架上夾了一些紙張，繪製軟體介面。在其他日子裡，他們會花很多的時間，一邊走在松樹林和丹麥西部海藻遍布、風大的海灘，一邊討論產品的運作方式。莫勒說：「所有

最棒的點子，都是我們在走路時想出來的。」

　　就在格羅納格接受了白手起家建立公司的挑戰時，仍然得面對另一項迫在眉睫的任務。那時，Kraken的管理階層已同意與Mt. Gox的破產受託人合作，幫助Mt. Gox的債權人分配任何剩餘的比特幣，這種作法的目的，在於表明Kraken是值得信賴的品牌，與Mt. Gox不同，雖然競爭對手Mt. Gox已不復存在，但希望藉此吸收到一些Mt. Gox的客戶。即使格羅納格與Kraken分道揚鑣，他還是要求之前的合夥人，也就是Kraken的執行長包威爾，讓他在處理Mt. Gox的破產過程中，保留原本的角色。事實上，格羅納格想獨自承擔最具挑戰的部分，處理Mt. Gox未完成的事：他要去找Mt. Gox遺失的硬幣。

　　這是個野心勃勃的承諾，尤其是因為格羅納格所寫的程式，目前充其量只不過是Chainalysis軟體勉強可用的原型。但他認為，這起未偵破的刑事案件在加密貨幣史上的規模實屬最大，若能參與其中，將是讓原型臻於完美的最佳動力。

第17章

噪音

　　格羅納格曾在日本與Mt. Gox受託人會面，承諾他的新公司會追蹤交易所被盜的資金，過了幾個月，也就是2015年初，這位Chainalysis的共同創辦人再度來到東京，這次是在犯罪現場：Mt. Gox的總部，與破產公司的執行長卡佩雷斯本人見面。

　　格羅納格在東京澀谷（Shibuya）區一條安靜的街道上，從前門走進交易所空蕩蕩的辦公室，經過比特幣咖啡館廢棄的遺跡，那曾是卡佩雷斯在一樓打造的夢想，接著到了一間會議室，與昔日執行長第一次面對面開會，在場的還有一位日本信託公司的代表。

　　這次會議召開時，Mt. Gox已經破產了一年左右，這一年當中，卡佩雷斯持續接受日本警方的調查，同時還有一大群憤怒的比特幣使用者指控他嚴重無能，甚至根本是偷竊。格羅納格記得，這位法國人看起來稍微不修邊幅，需要理髮，有點精神崩潰，正如格羅納格所說，他的人生彷彿「暫停」，認命的參加一場又一場會議，已成為生活常態，看似陷入永無止盡的循環中，這一切全都是因為公司突然倒閉。

　　幾週前，格羅納格收到Mt. Gox受託人寄來的信，裡面有一個加密的USB隨身碟，原本應該內含Mt. Gox所有的財務資料，包括交易所過去四年來的每筆交易紀錄。但是等他解密之後，發現資料不完整，事有蹊蹺。許多交易紀錄缺少「交易對手」，也就是一筆交易另一邊的買方或賣方不見了，而且很多帳目似乎一併刪除。

　　格羅納格向卡佩雷斯詢問那些遺失的帳目時，卡佩雷斯用不太流利、帶有法國腔的英文，說了一個奇怪的故事。他說在2014年初，大約在駭客入侵竊取Mt. Gox全部的比特幣時，有人親自闖入交易所的伺服器機房，然後登入電腦。公司無法確定入侵者是誰，但卡佩雷斯認為這次闖入事件與盜竊案有關，而且相信竊賊因此得以刪除了格羅納格找不到的資料。

　　接著，格羅納格語帶懷疑地問，這些資料難道公司都沒有備份嗎？卡佩雷斯說沒有，備份系統也無法正常運作。

　　格羅納格可以看出，就算卡佩雷斯不是一派胡言，也肯定是隱瞞了某件事。但是格羅納格不想在這種不太可能且看似毫無根據的解釋上拆穿他，畢竟，格羅納格不是警察，在法律上沒有權力強迫卡佩雷斯說實話，也無法因為不誠實而懲罰他；這只是一場友善的事實調查會議。

　　事實上，關於卡佩雷斯可能用來掩蓋這個資料遭盜的故事，格羅納格已經想到了至少一種不當行為。長期以來一直有傳言指稱，Mt. Gox的一些交易其實是由交易所本身控制的自動化程式執行，Mt. Gox用這些傀儡程式創造出人工的高價交易。由於Mt. Gox在這些交易中，暗地扮演買賣雙方的角色，因此對交易所來說不必支付額外的費用，但這些交易會產生一種熱絡的假象，可提高比特幣的匯率，而且使Mt. Gox在比特幣經濟中看起來更具主導地位，只是實際情況卻不見得如此。

　　造假的交易幾乎肯定是違法的，在比特幣世界中，有很多人懷疑這些交易或多或少與Mt. Gox遺失的錢有關。日本報紙《讀賣新聞》（*Yomiuri Shimbun*）在2014年12月的報導中，甚至引用了一篇文章中的傀儡程式，宣稱日本警方開始相信Mt. Gox確實是因為內部詐欺，而不是被駭客掏空。[1]

　　但是卡佩雷斯與格羅納格在東京見面時，準備了一個看起來足以展現高度誠信的象徵，Mt. Gox的執行長發現公司一個被遺忘的比特幣錢包，裡面仍包含至少20萬枚未動過的硬幣，相當於在沙發坐墊中間找到大約5,000萬美元，他願意將這些比特幣還給債權人。[2]這筆意外之財使Mt. Gox遺失的總額減少到65萬枚比特幣。

　　憤世嫉俗的人可能會認為，這擺明著就是想推卸責任（只交出部分戰利品，同時把剩餘的藏起來）。儘管這種推論可能很省事，但是格羅納格傾向於相信事實就是如此，對格羅納格來說，卡佩雷斯的提議讓人感覺比較像是個笨手笨腳的商人，而不是犯罪主謀。格羅納格那天在東京詢問卡佩雷斯後，得出的結論是，Mt. Gox根本沒有仔細記錄公司的資產，公司的資金也沒有跟交易所每天執行的交易核對，這些年來，在卡佩雷斯的腦中，只是一直將比特幣視為公司剛成立時數位版的大富翁遊戲錢幣，從未調整自己的心態，進入加密貨幣變成真正有價值的世界。

　　格羅納格離開東京時，確信卡佩雷斯並不是Mt. Gox的竊賊，可是交易所的資料庫仍然存在著巨大的漏洞，而這位接受調查的倒楣怪咖執行長，顯然無法幫他填補這些空白，缺乏證據這件事也讓卡佩雷斯本人飽受懷疑。如果格羅納格要替他辯護，就得找到一個新的主嫌。

＊　　＊　　＊

　　格羅納格在開始深入研究Mt. Gox謎團的同時，也在牛刀小試，希望他的軟體能發揮最大的功效，成為破案的調查工具。

　　到了3月初，他和莫勒想出另一個最佳化技巧，會大幅加快他們在區塊鏈上查詢的速度。有一次兩人在松樹林散步時，莫勒發現，如果用他們自己的時間順序標識符號來標注每筆交易，而不是比特幣的原生交易ID，那麼可以將他們的軟體需要分析的資料減少90%，意思是說，他們能把所有區塊鏈交易的資料庫完全儲存在個人電腦的記憶體中，而不是硬碟上。結果現在程式不到1.8秒，就可以在整個區塊鏈上執行分群技術，而查詢特定地址或群集則只要幾分之一秒，他們知道，如果產品要讓真正的客戶採用，這種即時回饋絕對不可或缺。格羅納格和莫勒想提供一個圖形介面，以方便未來一般大眾使用，因此委託兩家前端程式設計公司彼此競爭，為他們的區塊鏈分析工具分別設計出一個易於操作的控制面板，然後聘請他們喜歡的那家公司

為承包商。

　　但是，就在格羅納格和莫勒讓Chainalysis區塊鏈掃描技術更上一層樓的同時，莫勒自己也在開發另一個獨立的計畫，想了解是否可以藉由追蹤使用者留下的另一種完全不同（也更具有爭議性）的資料軌跡，來記錄比特幣的使用情況。

　　如果有人移動一筆比特幣，這個人的錢包軟體會透過網際網路將這次的交易廣播到比特幣的「節點」網路，也就是全球各地幾千台儲存區塊鏈副本的伺服器，不管是哪個節點第一個收到新交易的公告，都會傳遞給其他節點，後面的節點繼續廣播出去，到最後這筆支付紀錄會得到確認，而且複製到區塊鏈上全球分類帳本的所有交易中。這個系統就像是有一群人，每一個都私下跟隔壁鄰居口耳相傳，過了不久，訊息在人群中會像病毒般以漣漪的形式傳播開來，而以數位的方式，大約在幾分鐘甚至幾秒鐘之內，整個網路都會收到通知。

　　這種廣播當然是發生在網際網路上。但是比特幣隱私屬性的一個關鍵特徵，向來就是區塊鏈不儲存任何有關IP位址的資訊，畢竟，那些電腦辨識碼會讓網路資料透過路由器，連接到全球各地對應的機器上，結果揭露出使用者實際的位置，而這種個人資料正是比特幣想要遮蓋的。

　　然而，莫勒和格羅納格意識到，可能有一種方法可以明確指出與任何特定交易相關的IP位址。收到比特幣交易公告的節點，可以看到發送公告的電腦IP位址，即使先撇開Chainalysis所關注的區塊鏈分析不看，那代表的是比特幣節點也擁有強大而特定的資訊辨識功能，可以認出錢是從哪個使用者轉出來的。

　　在比特幣完全去中心化的系統中，任何人都可以設置節點。因此，莫勒和格羅納格想到一個點子，就是建立幾百個自己的節點，這些節點將位於比特幣網路上，接收交易訂單，然後蒐集發送的使用者IP位址〔一種大型的全球感測器陣列（sensor array）〕。

　　莫勒很快在全球各地的伺服器上設置兩百五十個這種Chainalysis節點，

他的目標不是辨識任何特定使用者的位置，而是匯整資料，利用IP位址建立一個比特幣大範圍地理趨勢的世界地圖。他和格羅納格認為，Chainalysis可以在部落格的文章中發表這張地圖，以展示他們新創公司的能力。

接著在2015年3月中，有一天早上格羅納格醒來後，發現已經有人看到了Chainalysis的小實驗。結果證明比特幣的使用者不喜歡成為實驗品。

＊　　＊　　＊

這個醜聞在幾天前早已傳開，當時一些使用者在Bitcointalk論壇的貼文抱怨，有許多可疑的比特幣節點，破壞了他們使用的錢包程式。他們的軟體反覆連到這些奇怪的節點，而多虧莫勒程式碼中的一個錯誤，交易沒有再繼續轉發到網路的其他部分。論壇的評論者立即開始懷疑，這些節點正在做某種邪惡的事：比特幣開發人員麥斯威爾，之前曾譴責像梅克雷約翰這樣的加密貨幣研究人員侵犯隱私，[3]這時也積極在論壇上發表評論，指稱似乎有人正在執行威脅網路安全的「女巫攻擊」（Sybil attack），有人心懷不軌，想用冒名頂替的機器來接管分散式系統。

幾天後，另一個名為加密警衛（Cryptowatch）的使用者寫道，他們已經掃描了破壞網路的節點，然後嘗試使用網路瀏覽器連接到這些伺服器的IP位址，結果看到一則訊息，要求提供「Chainalysis API密鑰」。他們在Google搜尋「Chainalysis」時，發現了公司全新的網站，上面的廣告文宣是：「精密、深入的即時交易分析，可指出區塊鏈中特定的參與者」。

加密警衛發現有公司在窺探他們，對此不太高興。他寫道：「老實說，這類似暗中監視，而我們就是想擺脫傳統金融系統中的所有監控。如果喬（Joe）付給愛麗絲（Alice）10美元，那麼這筆付款的方式、地點和細節，跟任何人都沒有他媽的關係。」

等到格羅納格發現Bitcointalk上關於他們實驗不利的貼文，為時已晚，他試著平息批評的聲浪，跳進對話道歉，說Chainalysis在得知造成使用者困

擾後，立刻關閉節點，而且解釋他們的目的只是設置一張IP地圖，不是要指認任何人。但是他的訊息沒有發揮太大的安撫作用，憤怒的使用者越來越多。他看到回覆他訊息的第一則留言說：「白痴……比特幣網路又不是你個人的遊樂場，可以隨心所欲，恣意妄為，尊重一下其他人的所作所為，讓你的智障實驗滾出比特幣網路。」

終止Chainalysis的IP位址追蹤計畫幾乎於事無補，爭論的焦點很快就超出蒐集這些位址的問題，變成了完全在辯論這間公司以追蹤區塊鏈上的支付為核心使命，究竟是否符合道德層面。加密警衛寫道：「這是在大規模監視和控制人口，如果你相信比特幣，也想幫助社群，或許現在是讓Chainalysis公司關門大吉的好時機，請跟核心開發人員合作，防止其他人做出跟你一樣的事情。」

辯論升級到另一個層次，格羅納格決定將牌攤在桌面上，充分描述自己的政治觀點。他寫道：「我相信比特幣是一種能成為線上現金的偉大技術，因此，應該受到監管，融入現有的金融體系。我確實理解一些自由意志主義者的觀點，但我是丹麥人，不相信革命，我相信每天都可以做一點改變，我真的相信如果你能在一般的銀行買賣比特幣，我們的世界會變得更美好一些。」

這群人無動於衷。有個人回應：「在我看來，你比Gox更糟。」把Mt. Gox簡稱為Gox，而在Bitcointalk上，這個詞儼然成為一種尖酸刻薄的辱罵。「總而言之，我給你的訊息很簡單：去你媽的。」

然而，對於那些頭腦比較冷靜的比特幣客戶來說，這起事件與其說是揭發了不道德的暗中監控，不如說是對比特幣潛在隱私漏洞的警告。他們的回應是先告誡，以阻止可疑節點，然後使用Tor執行比特幣錢包以遮蓋IP位址，讓Chainalysis的IP配對技術失效。

在接下來的幾年裡，比特幣協議的隱私大幅改善，使得從交易中取得IP位址變得極為困難。在此同時，對Chainalysis而言，配對計畫有如一個突如其來且充滿敵意的出櫃派對。

　　儘管如此，格羅納格不會讓一些討人厭的評論破壞他的願景。

　　多年後，他輕描淡寫地說：「除了一些言不及義的對話之外，沒有什麼真正有建設性的結果。」他說自己學會了在跟比特幣社群互動時要更謹慎，而且更加理解一些最注重隱私的使用者會瞧不起 Chainalysis 的成果。但是他最後認為這次的爭吵，就跟他提出比特幣是完全透明的論點時，必然會暫時碰上阻力一樣，對他來說那些情況：「只是某種噪音。」

第18章

第二個探員

　　大約就在Chainalysis的Bitcointalk事件爆發的同時，格羅納格毫不灰心喪志，再度搭飛機到舊金山，這次要將他的區塊鏈追蹤新軟體推銷給各個比特幣交易所。儘管Chainalysis新推出的應用程式仍未臻完美，但現在已變得快速而強大，不過格羅納格在介紹應用程式時，還無法儲存在區塊鏈上的查詢結果，因此他每次打開程式都必須重新輸入。

　　他所造訪的那些交易所人員，在會議上對這種軟體工具的概念很感興趣，因為他們不需要大量的監管文書作業，就可以監控交易來源。但是格羅納格發現他們仍然不願意拿出支票簿。

　　接著，這趟旅程過了幾天後，有一天早上格羅納格走到舊金山的渡輪大廈（Ferry Building）買咖啡，遇到了一位之前曾服務於加密貨幣交易所比特幣基地的老朋友。兩人開始分享近況時，格羅納格提到自己的新創公司，這位朋友問他，有沒有去跟執法機構推銷過Chainalysis？畢竟，這位前比特幣基地員工認為，專注於網路犯罪的辦案人員，至少會像比特幣交易所一樣，對追蹤加密貨幣的軌跡感興趣。

　　格羅納格坦承自己在執法部門完全沒有人脈，他只認識日本那些調查Mt. Gox的機構。他來自技術、科學和學術界，不知道如何進入聯邦調查員和檢察官的世界，因此，這位前比特幣基地員工伸出援手，當場寄了一封電子郵件，將格羅納格介紹給一位專門處理加密貨幣的檢察官豪恩，相信這位檢察官肯定會有興趣。

　　豪恩立即回覆了這封郵件，讓格羅納格驚訝不已。她邀請這位丹麥執行長在當天下午到司法部辦公室會面，還建議他不必穿得太正式，因為舊金山司法部辦公室規定「週四是休閒日」。

　　佛洛斯特在將近一年前，曾到司法部提醒豪恩關於福斯的事，而就在幾小時之後，格羅納格也來到同一棟大樓，跟佛洛斯特一樣前往九樓的會議室。坐在會議桌旁的是一個沉默寡言的年輕人，身穿T恤，頭戴棒球帽，身材緊實，鬍子修剪整齊，表情強悍，在一隻壯碩的手臂上有刺青。

　　格羅納格想要掩飾自己的疑慮，這時早已把豪恩「週四是休閒日」的提醒拋在腦後，這位拘謹的丹麥執行長默默地坐下，有個念頭閃過腦海：是不是走錯地方了？他是不是和嫌犯共處一室？

　　過了一會兒，豪恩走進來，笑容可掬，把格羅納格介紹給這位神祕人士甘巴里安，解釋他是國稅局探員，將一同參加這次會議。

　　就在格羅納格放下心中的疑慮時，甘巴里安立刻切入正題，詢問他們是否可以請教格羅納格對手邊案件的看法。甘巴里安站起來，開始在白板上寫下幾個比特幣地址，畫出它們之間的關聯，他畫的關係圖是從一個與絲路有關的地址開始，曾一度持有20,073枚比特幣，最後列出其中2,430枚比特幣是歸另一個地址所有，甘巴里安認為最後這個地址受到Mt. Gox所控制。他問格羅納格是否可以確認整個區塊鏈的資金流向軌跡。

　　格羅納格自告奮勇，拿出筆電開始在Chainalysis軟體中輸入地址，果然可以看到硬幣從絲路一直到Mt. Gox的所有過程，就跟甘巴里安看到的一樣。由於破產受託人提供給格羅納格的Mt. Gox使用者帳號資料庫，剛好也存在同一台電腦的硬碟上，因此他提議也可以進一步查看收款人的帳戶資訊。他不確定是否能跟美國執法部門分享Mt. Gox使用者資料庫裡的個人詳細資料，但他給了豪恩和甘巴里安一個IP位址，指出帳戶持有人在馬里蘭州。

　　甘巴里安和豪恩互看一眼，似乎很滿意。讓格羅納格震驚的是，眼前精明的檢察官和國稅局探員對於他所說的一切毫不訝異，他們不是要從他這邊

蒐集新資訊,而是要複查他們自己原先的成果。

格羅納格是對的:豪恩和甘巴里安希望多從一雙專家的眼睛,來檢視甘巴里安的區塊鏈分析。他們已經知道與那個馬里蘭州 IP 位址相關的名字,這個人用 Mt. Gox 總共兌換了 20,073 枚比特幣,當時在絲路被盜時價值大約 35 萬美元。

那個名字是布里奇斯。

＊　　＊　　＊

幾個月前,大約在 2014 年底,舊金山的調查小組準備要控告前緝毒署探員福斯,然後結案。豪恩和上司弗倫岑仍然認定,當初格林被控竊取的那些比特幣應該是福斯所為,卻苦於找不到任何證據,足以證明這起額外的 35 萬美元比特幣竊盜案。但是福斯一再勒索和洗錢,所以他們想盡快起訴他。

只有甘巴里安盯著區塊鏈上神祕的指紋,依然相信這起案件涉及第二個罪犯,如果他們只起訴福斯,不再找尋其他的蛛絲馬跡,那個人就會逍遙法外。

破獲絲路案的紐約國稅局探員奧爾福德,終於幫忙找到了足以證明甘巴里安正確無誤的訊息。奧爾福德發現一封福斯在 2013 年 1 月底寄給布里奇斯的電子郵件,那是巴爾的摩絲路專案小組準備在猶他州一家旅館房間審訊格林的兩天以前,而且也就是在那時,有人偷偷用格林的電腦吸走了絲路上價值六位數美元的比特幣。[1]

在福斯的電子郵件裡,要求布里奇斯發送一些比特幣,到福斯在絲路的其中一個帳戶,這是例行性的小額資金轉帳,如此一來,福斯可以在網站上扮演另一個不露臉的角色,持續臥底工作。布里奇斯照辦了,網站的伺服器日誌顯示,布里奇斯將錢從自己所控制的帳戶十三號(Number13),發送到福斯的絲路錢包。[2]

在那次匯款後的兩天，也就是巴爾的摩專案小組審訊格林之後的那個晚上，某個有權限進入格林板主帳戶的人，一再地重設絲路上高資產帳戶的備份密碼，接管一個又一個帳戶，然後將他們的比特幣一掃而空。在奧爾福德的協助下，甘巴里安可以在絲路的伺服器日誌中看到，這些被盜帳戶資金的第一筆付款轉入了十三號錢包，而且還加上來自格林帳戶裡原本的900枚比特幣。區塊鏈顯示，這筆錢隨後從十三號抽出，到了一個更大的錢包，那裡面有20,073枚被偷的比特幣。

換句話說，幾乎可以肯定控制十三號帳戶的人就是小偷。奧爾福德找到的電子郵件似乎顯示，就在搶劫案發生的兩天前，十三號帳戶屬於布里奇斯。

難怪他們打電話給布里奇斯調查福斯案件時，他表現出這麼強烈的敵意，甘巴里安感到十分訝異。Bitstamp的律師佛洛斯特因為福斯的問題，而去找這位特勤局探員求助，沒想到犯下這起大規模加密貨幣盜竊案的竟然就是他。

甘巴里安再次到區塊鏈上尋找讓人百口莫辯的證據，這一次，他不像之前找福斯的硬幣那樣，全靠自己在Blockchain.info上不斷點擊地址，追蹤資金，而是使用網路上找到的一個免費工具WalletExplorer，由捷克程式設計師阿列斯・楊達（Aleš Janda）所設計。楊達在設計WalletExplorer時，做的事情跟梅克雷約翰和格羅納格幾乎相同，運用分群技術，在區塊鏈上標注已知的使用者。這項工具讓甘巴里安更容易追查在1月25日從十三號帳戶流出的比特幣，追蹤中間許多令人混淆的地址，最後進入了一個WalletExplorer標注為Mt. Gox群集裡的地址。

甘巴里安從那裡開始轉為繁瑣但熟悉的文書工作，以更傳統的方式調查資金流向：他寫信給Mt. Gox的所有者和受託人（這間公司在幾個月前宣布破產），而且根據美國和日本之間的司法互助協定，要求這個倒閉的交易所交出與可疑帳戶有關的紀錄。Mt. Gox的受託人同意了，從得到的文件中顯示，被清算的比特幣是以美元交易，然後透過匯款發送到量子國際投資公司

（Quantum International Investments LLC）持有的富達（Fidelity）帳戶裡。甘巴里安發傳票給富達，該公司立即揭露量子國際投資公司的所有人：布里奇斯。布里奇斯用自己的名字和馬里蘭州的住家地址成立了一家空殼公司。

　　甘巴里安瘋狂的資金追蹤工作終於在12月底告一段落。弗倫岑記得在深夜接到甘巴里安打來的電話，感到很驚訝，在聖誕假期竟然看到手機上出現國稅局探員的名字。甘巴里安說明自己的新發現，這位資深的檢察官說，覺得脖子後面的汗毛都豎了起來。

　　弗倫岑記得當時心想：「天啊！有兩個。」

＊　＊　＊

　　2015年初，弗倫岑和甘巴里安飛往猶他州與絲路板主格林見面，格林這才發現自己在這場絲路戲劇中，幾乎被每一個參與者惡意利用。他們與格林交談，而且也與2013年1月25日參加巴爾的摩專案小組審訊格林的其他探員面談，於是開始拼湊出事情的全貌，那天晚上布里奇斯帶著格林的筆電回到自己的旅館房間後，使用格林的權限登入，瘋狂洗劫絲路帳戶。

　　弗倫岑和甘巴里安得知，那次審訊後的隔天，布里奇斯很早就飛回巴爾的摩，而不是加入團隊展開對格林第二天的訊問，這個特勤局探員聲稱必須回到東岸參加柔道比賽。就在幾小時後，其他的巴爾的摩探員聽說，恐怖海盜羅伯茲發現自己的市場發生大規模盜竊後，鎖住了格林的帳戶。包括福斯在內的巴爾的摩小組都很震驚，他們如此小心翼翼掌握到的絲路內幕人士，現在對他們來說幾乎毫無用處。

　　最令人驚訝的是，兩年後，舊金山團隊為了調查布里奇斯盜竊案，搜尋巴爾的摩專案小組的通訊內容，沒有發現任何證據顯示布里奇斯和福斯共同策畫這起事件。弗倫岑說，從各方面看來，這兩個人甚至一點都不喜歡彼此，而且似乎也沒有意識到對方的罪行，就像一對強盜悄悄進入同一棟房子的不同房間行竊，但從未撞見對方，實在是不可思議。

弗倫岑說：「這讓我大吃一驚。我們實在很難相信在同一個工作小組中，有兩名心懷不軌的聯邦探員，而且他們沒有合作。」事實上，如果不是因為福斯完全獨立、過於魯莽的犯罪行為曝光，可能根本不會發現布里奇斯的盜竊案。

＊　　＊　　＊

福斯和布里奇斯都是經驗老到的執法部門調查人員，知道自己何時會被逮捕。儘管甘巴里安本人忙於調查布里奇斯的文書工作，無法搭飛機一同前去緝捕福斯，但一組探員還是在他家中順利將他逮捕到案，沒有節外生枝。布里奇斯在面對甘巴里安和舊金山檢察官蒐集的證據時，承認拿走了絲路的比特幣，然後自首。

2015 年 3 月底，甘巴里安簽署了一份長達九十四頁的宣誓書，針對兩位前聯邦探員提出聯合刑事訴訟，最後以三頁的附加檔案為總結，裡面是福斯和布里奇斯在區塊鏈上的比特幣流向圖，這是有史以來第一次在刑事訴訟中提出這類證據。**3**

甘巴里安在追蹤福斯的比特幣時，對於區塊鏈分析確實奏效感到非常訝異，不過當時他沒有特別想到背後所帶來的更大意涵。但是，等他再次使用這個技術追蹤布里奇斯竊取的戰利品時，有個想法在他的心中逐漸成型：區塊鏈不只是一個充滿證據的聚寶盆，其可揭露的東西遠超過這兩名違法探員的罪行。上面這些經常追蹤得到的付款紀錄永久保存，這個陷阱有如完美的蜂蜜罐子，吸引了想在線上隱匿資金流向而從事犯罪活動的人。這種情況已經持續多年，現在，大量的證據擺在甘巴里安或任何願意花時間追溯且破解的執法人員面前。

甘巴里安充滿敬畏，當時心想：「這開啟了一個全新的世界，現在，我們可以回去處理一百萬種不同的犯罪。」

弗倫岑後來將福斯和布里奇斯的雙重貪汙案描述為「閃電擊中了兩

次」。但是如果再度檢視甘巴里安所看到的加密貨幣誘惑（這是個看似不必承擔後果的財務貪汙黑洞），或許就可以完全理解為什麼不止一名探員沉淪了。這兩個人就像他們所追捕的恐怖海盜羅伯茲一樣，都受到同樣的誘惑：誤信了貨幣無法追蹤的假承諾。

第19章

金庫裡的小洞

　　格羅納格與甘巴里安和豪恩見面後，隔天回到舊金山金融區蒙哥馬利街（Montgomery Street）的一家咖啡館工作，把這個閣樓式空間充當臨時辦公室。他很喜歡這個地方：每小時只要花幾美元，就能換來一個工作空間，而且可以從每張桌上的iPad點咖啡和酪梨吐司。此刻格羅納格還不知道，他在附近的司法部裡那段友善的對話，讓國稅局終於能鎖定一名偷竊的特勤局探員。

　　格羅納格為了推銷區塊鏈分析應用程式，四處奔波參加會議，只要中間有一段空檔，就會回到咖啡館來工作，把自己當作這個工具的第一個重要使用者，利用它來解決Mt. Gox之謎。

　　Mt. Gox交易所金庫的資金轉帳資料庫，仍然充滿了無法解釋的漏洞。但是格羅納格知道，區塊鏈會提供這些資金流動的獨立完整紀錄，或許他可以比較這兩套帳本以填補空白，就像考古學家在被侵蝕的石碑表面，再蓋上一幅古老的蝕刻版畫一樣。

　　因此那天下午，格羅納格開始嘗試在資料庫查詢，看看Mt. Gox交易紀錄中的地址是否可能與區塊鏈上的一致，原本有些從已知的Mt. Gox地址轉出和轉入的交易，在交易所的紀錄上神祕消失，他現在把資料補上。於是很快就製作出兩張Mt. Gox總資金時間變化表，一張是來自交易所自己不完整的紀錄，另一張是來自區塊鏈上的真實紀錄。

　　第一張圖表顯示，交易所的餘額逐年穩步上升，最高達到85萬枚比特

幣。第二張來自區塊鏈的圖表，顯示出令人較為擔憂的趨勢，從2011年10月起，由於神祕的資金流出（大部分已從Mt. Gox的紀錄中刪除），原本向上增加的餘額開始反轉，然後下滑，使得交易所的餘額慢慢減少。

格羅納格將兩張表放在一起檢視，兩者都顯示出劇烈的起伏，反映Mt. Gox持有的比特幣數量隨著時間正常變化。但是儘管有這些不規則的現象，還是可以看到兩張表之間，有個鋸齒狀的三角形資金缺口不斷擴大。

格羅納格嘗試從造假的Mt. Gox餘額中，減去區塊鏈上的真實餘額，以做出一張隨時間變化的消失交易表。他在螢幕上看到結果時，既感到恍然大悟又覺得難以置信，圖表陳述出來的故事非常清楚，讓他震驚不已。在2013年夏天結束時的前兩年裡，遺失的資金緩慢而穩定增加，總共達到65萬枚比特幣，幾乎正是Mt. Gox已知的遺失數量。

格羅納格還沒有去追蹤遺失的錢，但他已經指認出來，把它另外分開，顯示問題早在Mt. Gox公開宣布破產的前**幾年**就開始了，這像是交易所的員工清點進出金庫的所有金條，而小偷卻一直偷偷從地板的小洞把金條拉出來，幾乎是打從公司開始營運到結束為止，一個月接著一個月，沒有間斷。

＊　＊　＊

格羅納格開始寫電子郵件給破產受託人和卡佩雷斯，展示圖表給他們看，詢問他們是否能解釋這幾千筆神祕交易中的任何一筆。

卡佩雷斯回覆，一些早期交易包括Mt. Gox員工用存放在公司的比特幣買電腦的費用，但是沒有注記在資料庫裡，這種記帳法雖然不太負責，卻不能算是盜竊罪。除此之外，無論是卡佩雷斯或是其他人都無法提供答案。

格羅納格搭機返回哥本哈根後，決定使用Chainalysis應用程式來追蹤所有這些虛擬交易，仔細審視從Mt. Gox金庫中流出的資金，發現這種偷竊似乎是自動化。大多數比特幣在進入Mt. Gox地址的那一刻起，就從中被偷走，立刻吸到竊賊的錢包，這些錢包裡的資金在幾天或幾週內不斷增加。接

著，駭客會定期檢查藏匿這些被盜資金的錢包，等累積到一定的數量後，以手動的方式清空到其他地址。

格羅納格開始慢慢繪製遭駭客竊取的資金流向表，分別流到三個不同的目的地。起初是透過一家美國交易所 Trade Hill 兌現，該交易所於 2012 年 2 月關閉，在那之前，這些交易最後占 Trade Hill 交易總額的四分之一以上。[1] 在那時，格羅納格看到一件非常奇怪的事情：遺失的錢開始流回 Mt. Gox，這種作法也有點合理，既然小偷想清算被偷的比特幣，為什麼不到全球最大的加密貨幣交易所賣出呢？反正也沒有人知道這些比特幣當初就是從那裡偷來的。

然而到最後，盜賊是透過另一個更神祕的交易平台將大多數的硬幣兌現，那個平台叫做 BTC-e。

那間加密貨幣交易所幾乎與 Mt. Gox 在同時間開始營運，從 Mt. Gox 破產以來，業績蒸蒸日上，但整間公司仍是個謎，不清楚所有權人是誰，甚至也不知道經營的地點在哪裡，BTC-e 在加密貨幣經濟中是茶餘飯後的話題主角，令人起疑，在比特幣產業全球地圖上，是個不尋常的空白點。毒販甚至是暗網市場管理員，以隱匿的身分來交易比特幣，這種事時有所聞，但是要在正常、公開的網路上，經營一家看得見的加密貨幣交易所，卻完全不露面，這種事則實屬罕見。

即使如此，格羅納格在大致了解被盜資金的最終去向後，終於可以對 Mt. Gox 失竊案得出一些結論。首先是個令人震驚的發現：他使用過去兩年來，每一枚被偷的比特幣兌現時的匯率，來計算整起竊盜案的總價值，而不是用 2014 年這起案件曝光時的匯率。結果顯示，由於竊賊在偷取比特幣時，也一直在交易手上的比特幣，而不是持有然後等著增值，因此他們從搶劫中獲得的利潤，遠不及 Mt. Gox 看似損失的 5 億美元。在過去三年中，比特幣的價值膨脹了一百多倍，但 Mt. Gox 的員工並不知道，竊案主要是發生在升值**之前**，結果竊賊只賺了大約 2,000 萬美元，跟 Mt. Gox 認定的 5.3 億美元損失相比，只不過是 100 美元裡面的幾美元而已。

　　Mt. Gox 絕大部分的財富幾乎確定一去不復返，基本上竊賊像是蒐集到一些稀有硬幣，然後當作廢金屬出售。即使找到罪魁禍首，強迫他們償還給受害者，還的錢也不可能讓 Mt. Gox 恢復原狀。

　　然而，對於格羅納格來說，有另一件事跟這個不幸的計算結果同等重要，就是得知盜賊交易的地理位置。由於竊賊把從 Mt. Gox 偷來的資金放在比特幣錢包裡，再以手動方式將硬幣移出，因此格羅納格分析了竊賊移出硬幣的時間，以二十四小時為週期來繪製資金流動表。結果發現似乎全都落在某個特定的時區。這個時區位於格林威治標準時間以東兩小時，與卡佩雷斯居住的日本一般人起床時間相去甚遠。

　　格羅納格知道自己的時區測試並非無懈可擊：駭客和程式設計人員隨時都可以工作，但是整個晚上？每天晚上？這個時間讓他覺得卡佩雷斯實際上一定是無辜的，跟他之前想的一樣。

　　格羅納格心中很篤定：「好，不是卡佩雷斯做的。」

　　那麼罪魁禍首似乎是外來的駭客，耐心十足，做事有條不紊，持續追蹤和掏空 Mt. Gox，最後摧毀了全球最大的加密貨幣交易所。格羅納格有一種不祥的預感，這些駭客可能也不在西歐或美國，因為這些國家簽訂了引渡條約，如果真的是在歐美，仍有希望逮捕竊賊，甚至可能收回 Mt. Gox 的錢。

　　格羅納格在螢幕上繪製的交易時區最後都落在其中一區，那是在某個國家的西部人口最多的地區，以網路犯罪避風港聞名，而且這個國家西方執法部門無法進入，在那裡，即使是追蹤區塊鏈上資金流向的調查案件也會陷入死胡同。格羅納格現在相信，這筆錢流向了俄羅斯。

第20章

BTC-e

甘巴里安於2015年3月與格羅納格見面，就在幾週後，福斯和布里奇斯的刑事訴訟公諸於眾，其中包含一份說明，提到甘巴里安「曾諮詢一位在區塊鏈分析方面經驗豐富的專家」，算是低調的感謝格羅納格幫忙確認國稅局和司法部的調查成果。[1]之後，甘巴里安打電話給格羅納格，請他在本案開庭審理時擔任顧問和專家證人。過了不久，兩人就經常互通電子郵件，或是在Skype上聊天和確認細節。格羅納格在獲得Mt. Gox破產受託人的許可後，開始定期把Mt. Gox調查案的最新消息寄給甘巴里安。

他們最近越來越常談到的一個主題是BTC-e，這個神祕的比特幣交易平台似乎不知道在哪裡，也不知道是誰在經營。其實早在格羅納格告訴甘巴里安Mt. Gox的資金流入那個神祕的交易所之前，甘巴里安和弗倫岑就開始關注這個區塊鏈黑洞。福斯透過BTC-e將一些犯罪收益兌現，而當甘巴里安和弗倫岑調查這家公司時，發現幾乎沒有「認識你的客戶」或洗錢防制等保護措施；換句話說，任何人都可以經由BTC-e把加密貨幣兌現，完全不必回答任何問題。弗倫岑說：「你可以說你是米老鼠，住在迪士尼世界，他們就會讓你把比特幣兌換成現金。」

甘巴里安調查了公司的背景，發現關於它的起源資料錯綜複雜，令人困惑不已。交易所網站表示總部設在保加利亞（Bulgaria），但也提及業務受賽普勒斯（Cyprus）的法律管束。BTC-e背後的管理實體（managing entity）叫做廣州商業公司（Canton Business Corporation），感覺像是源自

於中國，可是註冊地點在塞席爾（Seychelles），列出的卻是俄羅斯電話號碼。[2]公司的各個網域名稱分別屬於新加坡、英屬維爾京群島（British Virgin Islands）、法國和紐西蘭等國的空殼公司。

格羅納格也開始更仔細審查BTC-e，在Chainalysis軟體中追蹤資金流向。他看到各種明顯的非法資金，最後都流入這個無政府主義、有利於犯罪的交易所，包括暗網市場兌現、被偷的比特幣，甚至還有來自勒索軟體（ransomware）的收益，勒索軟體是相對較新但快速成長的駭客詭計：駭客會讓受害者的個人電腦中毒，然後鎖住，有時候還會把硬碟加密，等受害者支付數百甚至數千美元的比特幣贖金後，才會解鎖或提供共享密鑰，讓受害者的資料解密。通常，這些勒索軟體付款最後會透過神祕的BTC-e交易所兌現。

至於暗網市場，依然是加密貨幣經濟裡犯罪活動的首選之處，自從絲路遭到摧毀，暗網市場陸陸續續重振旗鼓。就在烏布利希被捕的一個月後，「絲路2」出現了，複製原本的網站，由一個重生的恐怖海盜羅伯茲管理，同樣打著超級自由意志主義的名號。[3]在暗網上，至少共有二十多個仿效絲路的網站如雨後春筍般湧現，包括1776、地下市場（Underground Marketplace）、Cloud-9、非法市場（Outlaw Market）、九頭蛇（Hydra）和潘朵拉（Pandora）。[4]

2014年11月，就在絲路2出現的一年後，聯邦調查局和歐洲刑警組織（Europol）發起了一項「去匿名化行動」（Operation Onymous），[5]利用Tor軟體中一個罕見的安全漏洞，開始大動作取締，[6]可能是從烏布利希的筆電中，蒐集到關於絲路其他板主的情報，這些人後來加入絲路2。[7]這次的行動逮捕了絲路2的幾名員工，關閉六個市場。然而，在剔除了那群暗網市場之後，另一個名為演化（Evolution）的網站脫穎而出，[8]不僅出售毒品，還出售烏布利希認為太不道德而禁止自己的網站上出現的東西，包括被駭的資料和偷來的信用卡號碼。2015年3月，幾位演化網站的管理員失蹤，帶著使用者的託管帳戶裡幾百萬美元潛逃，[9]這時另一個市場阿哥拉（Agora）吸收

它的使用者，接著在暗網的犯罪經濟中獨占鰲頭。**10**

　　結果證明，用比特幣來交易的黑市具有驚人的適應力，而且繼續成長。卡內基美隆大學克里斯汀教授的研究小組發現，2015年2月，也就是演化網站下線之前，演化和阿哥拉每**一**天的銷售額高達40萬美元，比絲路還多賺了將近10萬美元。**11**格羅納格和甘巴里安在追蹤迅速發展的暗網毒品交易背後的資金時，發現市場上越來越多的髒錢最後流向了BTC-e，一次又一次在那裡兌現。

　　距離甘巴里安首次以追蹤比特幣作為福斯和布里奇斯起訴案的證據，已經過了好幾個月。而現在，執法人員拿區塊鏈分析當作追蹤工具，卻似乎碰上了BTC-e帶來的根本威脅：這家加密犯罪世界的核心交易所，似乎不怕收到要求提供使用者資料的傳票。如果每追蹤一筆錢，到最後的結果是當事人可以躲在完全匿名的藏身之處，那還有什麼意義呢？

＊　＊　＊

　　就在甘巴里安開始研究BTC-e時，接到華盛頓特區國稅局和聯邦調查局官員的電話。他們希望他幫忙在國稅局刑事調查部門裡，另外成立一個位於華盛頓特區的電腦犯罪部門，同時，在新的國家網路調查聯合行動小組（National Cyber Investigative Joint Task Force）裡，增設一個虛擬貨幣小隊。國家網路調查聯合行動小組的總部設在首都，成員會來自不同的機構，包括國防部（Department of Defense）、特勤局和國土安全調查處。

　　美國各地的高階執法人員開始體會到甘巴里安一直以來的感受：追蹤加密貨幣可能是一種非常強大的新型執法調查工具。甘巴里安率先在福斯和布里奇斯案件中使用加密追蹤辦案，現在他得到了多年來夢寐以求而且努力創造的工作，那就是專門追捕加密貨幣的最大犯罪首腦。

　　他毫不猶豫：跨出了一大步，帶著自己的小家庭搬到華盛頓特區。

　　然而，等甘巴里安到達華盛頓特區新的電腦犯罪部門，發現辦公室不在

他想像中的國稅局總部裡面，這個團隊的幾位探員被安置在一個不起眼的小辦公空間，裡面空蕩蕩的，裝潢色調是灰色和米色，而國稅局宏偉的華盛頓特區總部則是靠近國家廣場（National Mall），距離這裡將近兩英里。甘巴里安說：「他們雇用了一群人，把我們放在一個房間裡，給我們筆電，叫我們去追捕網路犯罪分子。」這個小組還必須自己集資來買咖啡機。

但是在接下來的幾個月裡，國稅局刑事調查部門華盛頓特區電腦犯罪小組，學會了欣賞自己局外人的角色，採用一種各路英雄好漢聚集的科技新創公司氛圍。甘巴里安捐贈了一台使用多年的桌上型電腦，由他自己組裝，作為他們的中央資料儲存庫，另一名探員在自己的辦公室隔間外面掛了一張吊床，把電視和喇叭帶來，他們工作時就可以播放嘻哈音樂影片。甘巴里安在牆上掛一張世界地圖，團隊會在上面放置彩色大頭針，標注他們大獲全勝的行動地點，以及仍逍遙法外的目標對象所在之處。他們從大廳另一間辦公室永久「借」了一台三英尺長的大型印表機，用來列印Chainalysis巨大的加密貨幣交易圖表。

2015年9月，甘巴里安受邀加入另一個跨機構的團隊，這個新的虛擬貨幣「特種部隊」，是由專門處理洗錢和國家安全議題的檢察官希亞‧法魯基（Zia Faruqui）所創立。特種部隊第一次見面的地點，是在華盛頓特區司法廣場（Judiciary Square）美國聯邦檢察官辦公室的主會議室。幾位檢察官坐在可容納三十人的木製會議桌旁，開始定出虛擬貨幣小組的使命：追蹤數位貨幣流動的軌跡，以作為他們的核心調查技術，只要查到什麼罪行就起訴。

法魯基記得甘巴里安同意大幅增加他們處理的加密貨幣案件量。檢察官深受他的熱情所感動，難得能從探員口中聽到這種立即的承諾，因為大多數探員認為，在投入任何任務之前，必須事先跟上級報備。檢察官想知道這位年輕的國稅局探員是否只是野心勃勃、愛說大話和愛炫耀。

接著，開始討論到起訴那些未經許可的匯款機構，甘巴里安再次大發議論，建議小組不僅要調查美國的非法交易所，還要一併調查擁有美國客戶的國際交易所。法魯基對於甘巴里安讀過相關法規感到印象深刻，只要一筆交

易涉及到美國人，即使是外國的交易所也要遵守美國的洗錢法。

　　法魯基說，大多數探員都認為調查未經許可的匯款機構只不過是「踩線犯規」，不是那種他們渴望接下的重大犯罪案件。但當時甘巴里安已深入調查BTC-e，似乎不僅有意願而且非常樂意接下這些未經許可的交易所案件。

　　法魯基記得當時他問自己：「這個人是誰？他是高手？還是瘋子？結果他兩者都是。」

第21章

WME

　　處理福斯和布里奇斯案的加州北區團隊成員包括弗倫岑、豪恩和甘巴里安，對他們來說，BTC-e顯然是下一個目標。但因為甘巴里安現在人在華盛頓特區，因此他與司法部電腦犯罪部門的年輕檢察官阿爾登・佩爾克（Alden Pelker）一起辦案，佩爾克過去幾個月來持續追蹤駭客在BTC-e上的使用狀況。佩爾克說：「我們在查看網路犯罪分子用來洗錢的平台時，結果總是導向BTC-e、BTC-e、BTC-e。」他們共同對這家迅速成長為全球加密犯罪中心的比特幣交易所展開調查。

　　甘巴里安知道，若要調查BTC-e，就必須找到交易所伺服器真實的所在地，第一步是追蹤在幕後操作這些機器的人。

　　儘管交易所的背景令人困惑，但是交易所電腦主機所在之地並不是在受Tor保護的暗網上，因此透過一個簡單的「路由跟蹤」（traceroute）指令應該就可以發現，只要有電腦而且能連上網路的人，都可以執行這個指令來查詢網站的IP位址，就像是在電話簿裡，找提供商業服務的公司電話號碼一樣簡單。甘巴里安檢視之後，結果發現就是這家名為Cloudflare的公司，打從一開始就誤導那些出於好奇而想得知BTC-e伺服器位置的人。Cloudflare公司提供了網路基礎設施和安全服務，讓交易所的IP不會受到甘巴里安這種人窺探。

　　Cloudflare是一家美國公司，總部位於舊金山。甘巴里安向公司提出一份法律文件，要求交出BTC-e伺服器的IP，於是很快就拿到了那些位址，裡

面透露出一件出乎他意料之外的事情。提供BTC-e基礎設施的公司不在保加利亞、賽普勒斯、塞席爾，也不在公司所有者企圖避開旁人窺視的其他偏遠地區，而是在維吉尼亞州（Virginia）北部。事實上，這些IP位址通往一個資料中心，距離甘巴里安在華盛頓特區國家網路調查聯合行動小組的辦公桌只有六英里。甘巴里安曾閃過一個念頭，認為BTC-e甚至可能是中情局私下設立的數位陷阱，但後來又排除了這個過於荒謬的推理。

甘巴里安與國家網路調查聯合行動小組的其他探員，再加上他在加州的老同事，開始一起跟這家維吉尼亞州的主機供應商公司合作，處理棘手的法律和技術流程，以取得BTC-e伺服器的使用權限，而且偷偷複製他們的資料，這是電腦鑑識（computer forensics）分析人員口中的「複製證據影像檔」。

不久後，探員就取得電腦硬碟和通訊日誌的備份，他們從BTC-e伺服器中擷取的資料顯示，有三名管理員會固定連到交易所的伺服器來管理它們，甘巴里安也可以看到每個管理員的IP位址。這些後端機器的設定是，如果不在「核可名單」上（也就是那幾個管理員電腦的IP位址），則其他所有的直接連結一律會被擋掉。然而，這些IP只會通往代理機器（proxy machine），管理員非常精明，確保即使是有權進入伺服器的人，也無法得知管理員的真實位置。

不過，調查人員不只是查看IP位址，還發傳票給主機供應商，要求提供客戶資訊，包括與帳戶相關的姓名和地址，以及利用空殼公司的名義租用伺服器的個人。這些資訊為甘巴里安指出了一個地方，他長期以來一直懷疑那裡可能就是BTC-e員工真正的家。由於之前的資訊都是在混淆視聽，所以找不到明確的線索，但是現在，正當格羅納格把焦點集中在Mt. Gox竊賊可疑的時區，這時甘巴里安也將目光投向俄羅斯。

甘巴里安看到了所有相互矛盾的地理線索，分別指向世界各國，但他一直覺得地點就是俄羅斯，畢竟在這個他度過了大半個童年的國家，經營像BTC-e這樣的非法加密貨幣交易所是最符合邏輯的事。甚至是俄羅斯人經營

的交易所，將伺服器設在美國，這樣的想法對他來說也很有道理，因為交易所需要高品質的美國基礎設施，以符合BTC-e客戶所要求的那種快速交易。他還從自己的背景中了解到，如果俄羅斯人經營的企業利潤豐厚、法律上有問題，而且關係複雜，那麼他們通常不但會害怕自己的政府，也會畏懼西方的任何政府，因此可能希望將公司轉移到國外以得到保護。

調查Mt. Gox失去的財物，以及甘巴里安深入研究BTC-e，這兩件事很快就合而為一，而且不只是地理上都指向俄羅斯這樣的結合。大約在甘巴里安的華盛頓特區小組開始偷偷探查BTC-e的基礎設施時，另一組探員向他求助：剛好就在格羅納格開始尋找Mt. Gox遺失的這筆財富時，一個由聯邦調查局和國稅局探員組成的紐約團隊，悄悄地接下Mt. Gox失竊案。甘巴里安和格羅納格都不知道，這個團隊一直在諮詢比特幣世界的另一位調查員基姆‧尼爾松（Kim Nilsson），他是住在東京的瑞典人，就像格羅納格一樣，在整個區塊鏈中追蹤了65萬枚被盜的硬幣，也同樣看到其中最大的部分流入BTC-e，[1]尼爾松將這些結果跟紐約的國稅局探員奧爾福德分享。[2]

後來這些紐約探員聽說，甘巴里安在華盛頓特區的團隊現在可以進入BTC-e的後端，這時他們想知道甘巴里安是否能幫忙找出更多資料，以了解是誰透過BTC-e把被盜的Mt. Gox比特幣兌現。

甘巴里安研究了團隊從BTC-e伺服器複製的資料後，發現一件事：在BTC-e上用來交易被竊Mt. Gox硬幣的帳戶IP位址，正好就是BTC-e伺服器的管理員連結「核可名單」上少數幾個IP位址的其中一個。換句話說，從Mt. Gox將數十萬比特幣吸進BTC-e的人不只是BTC-e一般使用者，而是一位BTC-e管理員。更確切地說，是一個使用名稱為WME的管理員。

甘巴里安回憶：「齒輪開始在我的腦海中轉動，如果有幾十萬枚比特幣需要洗錢，那麼還有什麼方式比成立自己的比特幣交易所更好呢？」

*   *   *

丹麥時間過了午夜，格羅納格的電話響起，是甘巴里安打來的，格羅納格正準備就寢，他住在哥本哈根市中心附近的卡托夫拉肯（Kartoffelrækkerne）社區，沿著這座城市的索爾特丹湖（Sortedam Lake）興建，那一帶的房屋很特別，每棟緊鄰在一起，一排一排有如梯田，像是田裡的馬鈴薯一樣擠在一起。格羅納格衣衫不整，跌跌撞撞走進浴室接起甘巴里安的電話，以免吵醒太太。

格羅納格最近寄了一封電子郵件給甘巴里安，甘巴里安沒有多加解釋，劈頭就開始要求格羅納格確認郵件中分享的一些資料。由於一些被偷的Mt. Gox硬幣又流回Mt. Gox，然後在這裡賣出，而格羅納格擁有Mt. Gox使用者資料庫的副本，所以能查看其中的資料，就像是甘巴里安這陣子偷偷複製BTC-e的資料後，也能在裡面查詢一樣。格羅納格檢視了Mt. Gox的帳戶資料後，寫了一封電子郵件給甘巴里安，指出可以看到一些被盜的硬幣，一直是由來自俄羅斯IP位址的使用者在交易。他認為這些應該是Mt. Gox竊賊的IP位址，或者是他們這群人當中，有某個人正在將被盜的Mt. Gox比特幣兌現。

格羅納格記得甘巴里安低聲回應說：「可惡、可惡、可惡、可惡，你確定嗎？」

Chainalysis的創辦人站在浴室裡，上半身沒穿衣服，告訴甘巴里安說，是的，他確信自己分享的俄羅斯IP一定屬於某個參與Mt. Gox駭客攻擊的人。

甘巴里安解釋了最近的發現：在BTC-e上交易Mt. Gox被盜硬幣的人，使用的IP位址與BTC-e一位管理員的IP位址一致，使用者名稱為WME，也就是格羅納格剛才確認過的其中一個IP位址。

這一切證據都支持甘巴里安的結論：將Mt. Gox被盜的65萬枚硬幣兌現的人，一直在**經營**BTC-e。從史上最大的比特幣搶劫案中獲利的人，也就是經營最隱密的交易所背後的管理員，而這個具有創業精神的罪犯使用的名字似乎是WME。

第22章

維尼克

　　格羅納格那晚幾乎徹夜未眠，到了隔天早上，終於在腦海中釐清整件事情的來龍去脈：這個他們稱為 WME 的人，一定是一群駭客中的一員，他們在 Mt. Gox 剛開始上線的那幾個月就發現了一個安全漏洞（儘管格羅納格從未發現這個入口點可能是什麼）。這群人利用權限從交易所竊取了一堆硬幣，其中一人，也就是 WME，在 Trade Hill 將這些硬幣兌現。但是他們越來越大膽，在接下來的幾年裡吸走越來越多的錢，於是開始擔心被抓，尤其是在 Trade Hill 垮台後，WME 開始利用 Mt. Gox 本身將被盜的資金換成美元。最後，被盜的硬幣總數過高，因此 WME 做出一個非常勇敢的商業決策：他要成立自己的交易所來兌現。

　　這些駭客的非法所得金額非常龐大，於是建立了一間完整的公司來為他們的幾百萬美元洗錢，就像犯罪集團開設自己的華爾街證券交易所，好讓偷來的資金有個兌現的地方。格羅納格曾親自經營過一家交易所，知道如果擁有幾萬或幾十萬枚比特幣的庫藏，會更容易經營一個交易平台。BTC-e 一路發展，不再只是 WME 個人的洗錢機構，而是一間獨立又賺錢的公司，更吸引了全球帶有犯罪色彩的比特幣前來交易。

　　格羅納格不禁佩服這個加密貨幣史上最厲害的非法操作。他承認：「這種作法很有創業頭腦，我會說，讓人印象有點深刻。」

＊　＊　＊

至於甘巴里安一得知WME不僅是BTC-e管理員，也是Mt. Gox其中一個駭客，沒花多久的時間就將這三個字母連結到一個真實的人。甘巴里安的虛擬貨幣小組裡，有個記性特別好的特勤局探員想起，多年前有個嫌犯曾是活躍的「卡片高手」，專門竊取和出售信用卡資訊，這個網路犯罪分子也是用WME的名稱。這名探員在特勤局大量的網路犯罪檔案資料庫中查詢，結果找到了一個名字：亞歷山大・維尼克（Alexander Vinnik）。

小組迅速透過另一個管道確認這個名字，甘巴里安發現，使用WME化名的人也是Bitcointalk論壇上的活躍使用者，即使私下經營一家公司的同時，也曾公開發表文章。[1]這個帳戶以BTC-e管理員的身分在那裡回答過問題，一樣是用俄語。WME的貼文裡附上一個電子郵件地址，用來進一步支援客戶在wm-exchanger.com網域上提出的問題，這是WebMoney Exchanger的縮寫，顯然是WME幾年前創立的另一家企業。

早在2012年，WME就在Bitcointalk發表一系列的訊息和螢幕截圖，這些內容是因為他與一家澳洲交易所CryptoXchange的員工起爭執，他們凍結了一個俄羅斯人的帳戶。WME當時甚至在貼文中，將他律師的一封信提供給這家違規的交易所，但忘了刪去一個重要的資訊，在頁面最上方的粗體字是「要求歸還亞歷山大・維尼克的資金」。[2]

BTC-e管理員的真名顯然一直都在，隱藏在眾人的目光之下。

甘巴里安的調查似乎與福斯和布里奇斯案件相反。在上次的謎團中，他本來要找出一個比特幣小偷，後來找到了兩個。這次甘巴里安和格羅納格合作，共同偵辦Mt. Gox和BTC-e案件，尋找兩起犯罪行動背後的主嫌，最後的結果竟然指向同一個俄羅斯人。現在他們有了一個名字。

*　　*　　*

對於甘巴里安來說，認出維尼克的身分後感到憂喜參半。他現在確信自己知道了全球最受歡迎的洗錢交易所背後的管理員是誰，但是那個管理員在

俄羅斯，光有一個名字無法起訴維尼克，因為很難取得訴訟所需的其他所有個人資料，更別說以某種方式逮捕他。

如果是在一個跟美國政府關係比較友好的國家，甘巴里安可以建立嫌犯的檔案，包括當事人的照片、身分證明文件、銀行紀錄和其他證據，但是俄羅斯與美國沒有司法互助協定，上述這些資料基本上都是美國執法的禁區。而且甘巴里安發現，維尼克除了那次在Bitcointalk嚴重的失誤之外，一直都對自己的數位身分非常謹慎，網路上沒有他的照片，也沒有社交媒體帳號。甘巴里安認為，維尼克似乎從來不以自己的IP位址上網，總是依賴代理伺服器或虛擬私人網路來掩蓋蹤跡。

甘巴里安承認：「他非常厲害，要指認出維尼克可能是我所做過的事情當中最困難的。」

幾個月以來，甘巴里安和虛擬貨幣團隊仔細研究來自世界各地的紀錄，以找尋線索，看看有沒有可以跟維尼克的名字連結起來的任何個人資訊。甘巴里安搜尋了幾千個IP位址，那些都是WME多年來留下的數位蹤跡，希望能找到一個位址，以提供有用的線索。

最後，在2016年的年中，也就是他們第一次偶然發現維尼克名字的整整六個月後，甘巴里安終於挖到寶藏，找到了一個維尼克從已知帳戶登錄的IP位址，這次他沒有使用虛擬私人網路。這個IP屬於俄羅斯境外的一家國際豪華飯店（他拒絕透露是哪個國家的哪家飯店），甘巴里安發傳票給這家連鎖飯店的美國公司辦公室，確認維尼克真的住過那裡。

後來，飯店交出甘巴里安花了半年時間尋找的獎品：一張維尼克在登記入住時給櫃台的護照照片，上面寫著他的姓名和出生日期。照片上是一位外貌和善的英俊男子，有著棕色短髮，左臉頰有一顆痣，看起來有點像年輕的芭蕾天王米哈伊爾‧巴里什尼科夫（Mikhail Baryshnikov）。

＊　＊　＊

　　甘巴里安第一次向格羅納格指出Bitcointalk上包含維尼克名字的貼文時，格羅納格立刻想公開他們的發現結果。他們破獲了這個案子，藉助的是格羅納格和他的新創公司所開發的比特幣追蹤軟體。他為了尋找Mt. Gox遺失的上億美元資產，付出了幾個月的努力想達成這個看似不可能的任務，結果並沒有白費時間。他知道，如果能因為這次的勝利而得到讚賞，將會為這間年輕的公司帶來非常有價值的宣傳效果。

　　但甘巴里安告訴格羅納格，必須對這項發現保密，絲毫不能走漏風聲，以免維尼克或其他BTC-e管理員得知自己的身分已經曝光了。

　　即使有了維尼克的護照影本，他們仍無法立即直接起訴他，這只是一場中看不中用的表面勝利。俄羅斯不會將自己的一位公民交給美國，如果他們想將維尼克繩之以法，就必須讓他放下戒心，以為那些針對BTC-e和Mt. Gox被盜資產的任何調查全都終止。需要誘導他進入一種安全感，希望最終能讓他出國旅行到另一個國家，他可能會在那裡落網，然後送往美國。甘巴里安不知道這件事何時才會發生。

　　格羅納格理解甘巴里安這種論點的邏輯，同意不與任何人分享維尼克的名字，甚至不告訴Mt. Gox的受託人，即使最初是這些受託人讓他參與此案。自從恐怖海盜羅伯茲被認出來，Mt. Gox的比特幣失竊案便是加密貨幣史上最大的謎團，雖然甘巴里安的調查小組和格羅納格一起解開了，卻不能告訴任何人。

第23章

安慰獎

　　雖然甘巴里安的這個案件無法結案，但是另一個案件看到了成果。2015年10月，在他搬到華盛頓特區後不久，福斯被判處七十八個月監禁，[1] 兩個月後，布里奇斯被判處七十一個月刑期，[2] 兩人都已認罪。

　　在烏布利希被判有罪的幾個月後，福斯和布里奇斯的整個故事才公開，烏布利希的辯護律師團隊聲稱，因為福斯和布里奇斯貪汙，代表烏布利希可獲得重新審判的機會（探員的犯規行為應該使得對他們客戶不利的證據無效）。但檢察官反駁，最後逮捕烏布利希到案的是紐約調查小組，巴爾的摩的探員在其中根本沒有發揮作用。福雷斯特法官在判決中裁定，就算向陪審團揭露貪汙探員的故事，也不會改變調查結果，烏布利希上訴聽證會的法官小組仍維持她的決定。[3]

　　在宣告福斯的判決時，他選擇沉默。不過布里奇斯在量刑聽證會（sentencing hearing）上發表了簡短的聲明，這位前特勤局探員告訴法庭，從他在福斯的可疑活動報告上簽名的那一刻起，就知道針對福斯的調查案最終矛頭會指向他。「我的意思是，檢舉他的人和他合作；他們顯然會來調查我。」布里奇斯說，也許誇大了自己在福斯調查案中扮演的角色，其實他比較像是路障，而不是盟友。「但我接受這一點，我在這裡完全不會撇清責任。」他道了歉然後補充說，自己現在對於犯罪行為承擔起全部的責任。[4]

　　從傳訊到宣判的中間長達幾個月，布里奇斯的法官讓他得以保釋。這項決定違反了檢察官的口頭警告，[5] 因為檢察官指出，布里奇斯被定罪後，曾

嘗試在法律上將名字改為「卡洛格羅‧艾斯波西多」（Calogero Esposito），這是他太太的姓氏，不過最後以失敗告終。改名字這個舉動本身就已經夠可疑了，他甚至還要求政府將這次改名「保密」，不要出現在公開的紀錄。儘管如此，這位前特勤局探員仍得到釋放，然後奉命在2016年1月底，自行前往新罕布夏州（New Hampshire）一所低度安全管理的監獄報到。**6**

在預定的監獄報到日前幾週，有名特勤局探員碰巧查到了一個布里奇斯的比特幣地址，之前存放他從Bitstamp奪取的1,600枚比特幣，這是可疑的犯罪所得，結果現在裡面是空的。

等甘巴里安得知這筆錢不見了（當時價值接近70萬美元），立刻打電話給格羅納格，兩人開始在區塊鏈上找尋這些不知去向的硬幣，後來發現這筆錢已轉移到一個他們現在熟悉的目的地：BTC-e。甘巴里安向十幾名特勤局探員確認過，沒有一個人可以進入被清空的比特幣錢包，他知道他們做錯了，不該將錢留在這個布里奇斯依然擁有密鑰的地址。**7**

就在布里奇斯應該要到新罕布夏州監獄的前兩天，法官給了甘巴里安一張布里奇斯家的搜索令。

於是在1月底一個安靜的早晨，當天下著雪，甘巴里安和大約二十名探員包圍了布里奇斯的家，這棟兩層樓的房子位於馬里蘭州勞雷爾（Laurel）的高級社區裡。他們敲了門，告知自己是誰，但沒有人回答，唯一的回應是一隻小狗尖聲吠叫。這些探員討論接下來該怎麼做，如果布里奇斯沒有回應，他們可能必須用力把門撞開，可是甘巴里安擔心，要是這麼做，門也許會撞到那隻正在門後對著他們大吼大叫的小狗。

又過了一會兒，除了狗叫聲，還是毫無反應，他們決定只好強行推門。就在那一刻，布里奇斯終於開了門，這位前特勤局探員站在門口，跟福斯一樣童山濯濯，留著山羊鬍子，不過身型更消瘦，甘巴里安形容，他一臉憔悴，表情看起來很驚訝。

探員搜查房子時，發現了一些非常像是要逃亡的人所做的準備工作：一台序號已刮掉的蘋果筆電（MacBook），還有兩袋行李，裝著布里奇斯的護

照、他在熱帶島嶼國家創立的三間不同離岸公司的紀錄、一支手機和一個隨身碟。甘巴里安顯然在布里奇斯實施逃跑計畫之前,就將他逮個正著。[8]

布里奇斯當場被捕,後來他坦承偷了1,600枚比特幣,也就是說,他在承認偷竊2萬多枚比特幣的罪行**之後**,竟然還肆無忌憚,繼續行竊。不久之後,法官將他的刑期再增加兩年,這次他無法獲得保釋。

* * *

格羅納格追查到Mt. Gox失蹤的上億美元,卻永遠不會公開獲得認可,他與甘巴里安一起發現了一個被指控的罪犯名字,這件事仍祕而不宣。在此同時,與奧爾福德和紐約調查小組合作的瑞典區塊鏈調查員尼爾松,在部落格發表了一篇文章,闡述自己的發現(沒有指出WME或維尼克的名字),而就在不久之前,格羅納格也得出相同的結論。[9]《華爾街日報》(*The Wall Street Journal*)大幅報導尼爾松所做的偵探工作,[10]《財星》(*Fortune*)雜誌裡的一篇特別報導中也提到,這次之所以能破案,尼爾松功不可沒。[11]此時,除了格羅納格本人、甘巴里安和美國執法部門少數一些人之外,幾乎沒有人知道格羅納格的工作成果。

但格羅納格說,不會擔心自己缺乏知名度,部分原因是到了2015年底,他贏得了一個重要的安慰獎:公司的業務蒸蒸日上。

在他第一次與豪恩和甘巴里安見面後不久,美國執法部門人員開始口耳相傳,說Chainalysis擁有一種強大的新工具,可以追蹤加密貨幣。到了5月,有兩家機構同意開始付費使用這個應用程式,大約在同一個時間,三家最大的加密貨幣交易所也開始購買這個軟體。

那年春天快結束時,第三位共同創辦人加入了公司,這位年輕的南非籍經濟學家喬納森‧萊文(Jonathan Levin)出生於英國,在格羅納格創立Chainalysis的前一年,萊文就曾經試著成立自己的區塊鏈分析新創公司Coinometrics,但從未真正步上正軌。後來一位朋友將他介紹給格羅納格,

兩人在哥本哈根見面，發現他們對比特幣的潛力有著幾乎相同的意識型態：不是無政府主義者的武器，甚至也不是自由意志主義革命人士的武器，而純粹是一種確定會改變世界金融的技術，因為他們可以利用比特幣本身的透明度，來清除不肖分子。

萊文展現出驚人的活力，而且他在整個加密貨幣社群裡的人脈更是令人印象深刻，於是成為格羅納格口中「一本活生生的通訊錄」。他散發出一種創業家自命不凡的風格，這是低調的格羅納格從不曾擁有的特質，此外，他經常到處旅行，過著沒有固定地址的背包客生活，這對於一家高度全球化的公司來說，他是理想的業務主管。

很快萊文成為Chainalysis對外的兩個主要公眾人物之一，而莫勒則退居幕後，負責公司內部不公開的工作。格羅納格和萊文很快就開始在紐約市中心的蘇活（SoHo）區，租一間如鞋盒般的迷你公寓，裡面到處都是小蟑螂，格羅納格愉快地回憶：「這是真正的紐約生活體驗。」他們以此為基地對外推銷Chainalysis，範圍擴及華爾街到華盛頓的民間單位和政府部門，以及全球越來越多的交易所和執法機構。最後是由萊文為他們所銷售的追蹤應用程式命名：Chainalysis，這個名字的前半部Chain是來自「連鎖反應」（chain reaction），另外還暗示著客戶在做調查時，應用程式有如反應爐中的催化劑（catalyst），具備了強大的能力。

到了2015年底，Chainalysis的Reactor軟體擁有至少五十家大型客戶，每年超過30萬美元穩定的收入，這種成果讓一群以點九資本（Point Nine Capital）為首的創投公司，在2016年2月樂於投資160萬美元在他們快速成長的業務。[12] 其他像Elliptic公司還有另一家CipherTrace公司，也進入區塊鏈分析產業，但是這些公司仍望塵莫及，追不上Chainalysis的腳步，尤其是在執法機構。有位檢察官對我描述，Chainalysis像是可口可樂，而其他競爭對手則是百事可樂，他言簡意賅地說：「每個人都在用。」

雖然格羅納格從未因解開Mt. Gox之謎而得到應有的榮耀，但他沒有沉淪於這件事，甚至也不在乎他留在Mt. Gox的100枚比特幣，這些比特幣

被駭客連同其他硬幣一起偷走。（按照今天的匯率，價值將高達幾百萬美元。）格羅納格說，追查Mt. Gox的財富是一種「初步體驗」，不僅讓他證明了比特幣本質上是可追蹤的，而且正如他所說，也**促使**比特幣變得更容易追蹤（成立這家後來成為第一把交椅的比特幣追蹤軟體公司）：等他知道維尼克的名字時，Chainalysis已成為全球規模最大、最有價值的區塊鏈分析公司，永久改變全世界對加密貨幣的看法。

這家公司製造出一個探照燈，能穿透比特幣經濟的面紗，而全球的執法調查人員正準備善加利用，以前所未見的方式窺視比特幣經濟陰影下的事物，揭發這個蓬勃發展的地下世界祕密運作的市場，包括毒品銷售、網路犯罪、洗錢，甚至是兒童剝削，讓參與其中的成員完全措手不及。

格羅納格對自己的貢獻相當滿意。他說：「我們修復了系統，比特幣是透明的。」

第三部 │ AlphaBay

第24章

Alpha02

羅伯特‧米勒（Robert Miller）只想加入特警隊（SWAT）。

這位年輕的緝毒署探員（米勒不是他的真名）*從訓練學院離開後，分發到該機構位於加州佛雷斯諾的外地辦公室。他從未去過佛雷斯諾，但是寄予厚望，希望這地方讓他有機會參與夢寐以求的那種執法行動：實地逮捕、執行搜索令，以及他所說的「敲門」。這項工作吸引他的是可以身體力行、腎上腺素激增、逃離公文充斥的官僚機構、親自去「抓壞人」。

米勒在2012年加入緝毒署時，發現自己並不是訓練學院裡最孔武有力的學員，也不是射擊場上最厲害的射手，但教練都稱讚他天生判斷力佳，做事認真仔細，在學院裡的模擬毒窟突擊訓練，他總是一絲不苟地清理自己的角落，注意一般人忽略的地方。

佛雷斯諾似乎為米勒渴望的那種行動提供了機會，這座位於加州中部的農業城市，陽光普照，塵土飛揚，長期以來一直是古柯鹼、海洛因、大麻和甲基安非他命等毒品走私者的走廊，因為來自南部邊境的運毒販，會經過這裡前往西北和東海岸與買家聯繫。探員經常會以偽裝身分購買毒品然後抓人，也會沿著99號高速公路跟蹤載滿毒品的卡車，追查、突襲和逮捕毒販。

接著，米勒的訓練告一段落，搬到佛雷斯諾後不久，正準備投入美國的毒品戰爭時，雙腳和肩膀卻在攀岩時受傷，兩處都需要手術，對米勒而言，

---

* 我還更改了一些與米勒相關的個人詳細資料，如此一來，更能讓他的身分保密。

沒有特警隊，也沒有他所謂的「敲門」了，至少未來兩年的時間都不可能，必須等到身體復原才行。

因此米勒被分發到監視的任務，從車上監視嫌犯，或是坐在佛雷斯諾辦公室的竊聽室裡，聽嫌犯講電話，讀他們的簡訊，連續幾週，有時候是幾個月。這項工作常常讓人感到枯燥乏味，他回憶：「百分之九十九的時間都很無聊，只有百分之一的時間很興奮。」

在2013年的某個時間點，米勒有位監視任務的同伴提議，可以嘗試處理一種新案件，她聽說有個蓬勃發展的暗網毒品市場叫做絲路，這個點子如何？但是當米勒向緝毒署上級詢問這個網站，得到的回覆是目前負責處理該案件的是一個紐約團隊，以及巴爾的摩專案小組。不久之後，他在購物中心停車場的車裡執行監視任務時，手機出現一則訊息說，這個惡名昭彰的市場已被撤除。

米勒的監視和電話竊聽生活過了兩年後，2016年初的某一天，這位年輕的探員正準備在竊聽室裡度過生命中的另一個小時，監聽另一名毒品嫌犯，此時上司走進來，問他是否想加入另一個團隊。當地一位美國聯邦助理檢察官格蘭特・瑞本（Grant Rabenn），成立了一個專門打擊暗網的小組，正向聚集在佛雷斯諾市中心廣場法院公園（Courthouse Park）周圍所有的聯邦機構徵求志願者：國稅局、國土安全調查處和緝毒署。辦公室裡有人記得米勒之前想展開對絲路的調查。

米勒知道，這項任務幾乎與特警隊相反，但至少是個新嘗試。他說：「好的，我要去。」

* * *

米勒一加入佛雷斯諾的暗網行動部隊，很快就發現這個組合並不是要摧毀下一個恐怖海盜羅伯茲。帶頭的年輕檢察官瑞本設立的目標較為平實：他們將在暗網上追捕洗錢的個人和毒販，不是針對首腦和主謀。瑞本說：「我

們不是在紐約南區，而是在加州中央谷地（Central Valley）裡一個塵土飛揚的小鎮。我們先擊出安打，再嘗試全壘打。」

這個標準不高的起點對米勒來說很好，他當時甚至還不知道暗網毒品交易如何運作。瑞本要求米勒開始以臥底身分購買海洛因時，米勒最先連比特幣都不知道如何購買，更不用說買毒品了。他開了兩個半小時的車到聖荷西（San Jose），找了一台實體的比特幣自動櫃員機，就可以將美元兌換成比特幣，而不是透過線上交易所。在那一刻，米勒發現扣除交易費用後，買到的加密貨幣幾乎不如他預期的那麼多，因此只能購買半克的海洛因，而原本他打算為第一次的臥底行動買兩克海洛因。

但慢慢地，隨著米勒在暗網中探查，仔細研究各種市場，從絲路時代結束之後的線上毒品經濟中學到了不少，他很快就發現這個地下世界現在是由一個平台稱霸：AlphaBay。

AlphaBay於2014年底首次出現，想在這個日益茁壯的暗網犯罪交易市場中分一杯羹。但是這個以Alpha02為名的網站管理員，似乎比許多競爭市場背後的管理員更精明，Alpha02向來以極為傑出的「卡片高手」聞名，也就是專門偷取信用卡和詐欺的網路犯罪駭客。他成為Tor Carding論壇的重要參與者，這是個聚焦於網路犯罪的暗網，讓駭客可以交易被偷的資料，他甚至賣掉了自己十六頁的「卡片大學指南」（University of Carding Guide），教初學者交易的訣竅，例如要知道如何利用哪些信用卡才會最有利可圖、如何接管受害者的電子商務帳戶，或是如何在銀行的客服代表身上運用「社交工程」（social-engineer）技巧，用假的電話號碼打去哄騙他們核准詐欺的交易。[1]

Alpha02在指南中吹噓自己輝煌的戰績，例如用一個受害者帳戶買了1萬美元的高階遊戲設備，這些行徑不同於當時更多高手和專業的網路罪犯動輒數百萬美元的搶劫案，但也許足以向AlphaBay最早的使用者展現他的本事。

事實上，AlphaBay剛開始上線的幾個月，也就是2014年底和2015年

初，幾乎完全是以網路犯罪產品為主，例如被偷的帳號登錄密碼和信用卡資料，而不是毒品。雖然Alpha02網站最初是以交易卡片資料起家，但是賣家提供的產品類型迅速擴增，涵蓋了暗網中更有利可圖的違禁品：搖頭丸、大麻、甲基安非他命、古柯鹼和海洛因。

很快就可以明顯看出，Alpha02的願景比一般的卡片市場管理員更遠大，他的目標是整合暗網中專門針對網路犯罪和毒品的不同領域。

對於在暗網上面經營的商家來說，以網路犯罪起家的AlphaBay，不會受限於絲路的任何意識型態，因為絲路至少在理論上，限制賣家只能提供「不會造成受害者」的產品。AlphaBay上面除了規定禁止虐待兒童的材料和雇用殺手謀殺外，Alpha02只對賣家定下一條規則，不得出售從俄羅斯或其他前蘇聯國家竊取的資料或帳戶，而且不得用惡意軟體感染這些國家的電腦。這種嚴格的禁令，在那個地區的網路犯罪分子中很常見，通常是為了避免俄羅斯執法部門找麻煩，也就是一種「不要在你睡覺的地方上大號」的原則。對於米勒和其他探查這個網站的聯邦探員和檢察官來說，這個規則暗示著AlphaBay及其神祕的創辦人很可能在俄羅斯，在網站使用者論壇的訊息裡，Alpha02的簽名加強了這個印象：「Будьте в безопасности, братья」這句俄語的意思是：「兄弟們，注意安全。」[2]

DeepDotWeb是專門提供暗網新聞和目錄的網站，Alpha02在2015年4月接受採訪，向使用者保證，他和他的網站所在之處，不是像絲路一樣會遭到查緝的地方。他寫道：「我十分確定我的操作安全（opsec，他用的是縮寫，全名為operational security）無虞。」還補充說：「我住在離岸國家，我很安全。」[3]

打從一開始，Alpha02就宣稱AlphaBay的「目標是成為最大的eBay式地下市場」，他幾乎沒有發表像恐怖海盜羅伯茲一樣華麗的自由意志主義言論，而似乎決心專注在利潤上。[4]在那次的DeepDotWeb採訪中，Alpha02以公司新聞稿的形式寫著：「我們確定創立了一個穩定、快速的市場網路應用程式，而且從一開始就考慮到安全性。」他補充：「我們希望向所有的使

用者（賣家和買家）保證，我們最在乎的事就是他們的安全、隱私和匿名性。」

Alpha02缺乏政治上感召人心的說詞，但他似乎用技術上的熱誠和寫程式的能力來彌補。Alpha02大肆宣揚各種功能，包括拍賣式的競標、可以幫詐欺者從被偷的資料中仔細篩選受害者的搜尋工具，甚至提出了讓使用者放心的多重簽名交易機制，跟其他舊網站相比，執法人員或是不肖的員工將很難竊取託管中的使用者資金。

他在寫給DeepDotWeb的內容提到：「我們希望成為市場龍頭，提供所有可以想像得到的功能。」[5]他在AlphaBay的每個頁面都簽上：「由Alpha02精心設計。」

2015年5月，福雷斯特法官對烏布利希判處兩個無期徒刑，目的是為了嚇阻未來的暗網毒品買家、賣家和管理員，在AlphaBay崛起時，這種史無前例的懲罰效果似乎正好適得其反。《英國犯罪學期刊》（*The British Journal of Criminology*）的一項研究發現，烏布利希被判刑的消息傳出後的幾天，當時最大的暗網阿哥拉的銷售額增加了一倍多，每天至少35萬美元。[6]這項研究的作者提出了一個論點，試著解釋這種出乎意料的結果，他說福雷斯特這種令人震驚而嚴厲的刑期，只是讓人對暗網毒品交易產生了新的認識，似乎不但沒有讓使用者退避三舍，反而為全球蓬勃發展的加密貨幣黑市做了大量的廣告宣傳。[7]

至於Alpha02，完全沒有被這個消息嚇到。在烏布利希判決結果出爐後，他接受Vice旗下科技新聞網站「Motherboard」的記者約瑟夫・考克斯（Joseph Cox）採訪，瞬間擺出一副革命的姿態，接下恐怖海盜羅伯茲的火把，他寫道：「法院可以阻止一個人，但無法阻止一種意識型態，暗網市場將永遠存在，直到毒品戰爭停下來為止。」[8]

但AlphaBay的老闆在回答其他問題時，似乎讓意識型態的薄紗滑落，他提出一個看似更真實的動機，更符合務實的投機者一開始打的如意算盤。他寫道：「我們必須繼續做生意，我們都需要錢才能吃飯。」

* * *

到了2015年秋天，AlphaBay已成為暗網上最大的市場，阿哥拉的管理員在前一年8月讓網站下線，因為管理員擔心Tor有一個漏洞，可能會讓他們的伺服器位置曝光。[9]AlphaBay樂於吸收阿哥拉幾萬個買家和賣家，而這個暗網寶座的繼承者似乎沒有這樣的安全漏洞，事實上，越來越多的聯邦探員在監視AlphaBay，例如米勒以及他於全球各地執法機構裡具有技術背景的同事，但這個網站看似沒有任何程式設計或操作安全上的失誤，他們完全找不到一絲一毫的線索，根本無從得知伺服器的所在之處，更不用說是創辦人了。

在AlphaBay成為暗網的第一把交椅之前不久，Alpha02將自己在網站上的使用者名稱更改為「管理員」，宣布除了AlphaBay的員工之外，不再接受任何人發送給他的私人訊息，而且將網站大部分的通訊工作交給副手兼安全主管負責，這個人物的化名是DeSnake。[10]

這種轉變與多年前的恐怖海盜羅伯茲截然不同，恐怖海盜是在絲路廣受歡迎之後，才允許自己的網路人格展現出來。等到Alpha02獲得了令人垂涎不已的暗網首腦王冠，他似乎不像恐怖海盜羅伯茲一樣對名聲或政治感興趣。Alpha02的名號已達到目的，在網站萌芽階段提供可信度，現在他打算像世界各地謹慎的犯罪頭目一樣，功成身退，躲在暗處，盡可能以匿名的方式悄悄地讓財富落袋為安。

在Alpha02更名時，這筆財富正以前所未見的速度增加：到了2015年10月，AlphaBay至少擁有二十萬名使用者和兩萬一千多種毒品品項，[11]而絲路在高峰期只有一萬兩千種。[12]卡內基美隆大學克里斯汀教授的研究團隊指出，在2016年的年中左右，AlphaBay的銷售額超過阿哥拉每天35萬美元的高峰，換句話說，AlphaBay不僅成為暗網上最大的黑市，而且是有史以來最大的加密貨幣黑市，仍然繼續瘋狂擴張版圖。

對於佛雷斯諾的檢察官瑞本而言，Alpha02現在顯然是暗網上的頭號通

緝犯，他說這號人物在數位犯罪調查員眼中，有如惡名昭彰的奧薩瑪・賓拉登（Osama bin Laden）。瑞本說，由於網站的使用者數量暴增，在每次專門討論網路犯罪的執法會議、每次跨機構的會議、每次培訓場合中，AlphaBay和Alpha02開始成為焦點。Alpha02成為越來越多機構的頭號目標，但是潛藏在這些機構人員心中的恐懼也越來越大，也許這一次他們碰上了強勁的對手，這個暗網主謀可能總是會領先他們一步。

　　瑞本記得當時自問：「難道這個人純粹只是天才，知道如何避免犯下所有可能的錯誤嗎？這個人破解程式碼了嗎？這個人是否找到了一個完美的國家，讓他能擁有適合的資訊技術基礎架構來經營市場，而且他能賄賂那裡的官員，這樣我們就永遠動不了他嗎？」

　　「隨著日子一天一天過去，越來越覺得這個人可能與眾不同，你會開始懷疑：這是暗網上面的麥可・喬丹（Michael Jordan）嗎？」瑞本說。

第25章

內幕消息

　　瑞本和他的佛雷斯諾小隊並沒有攻下AlphaBay的野心。他簡單地說：「對於我們這樣的人來說，不期待去追查那樣的網站。」話雖如此，不代表他和行動部隊沒有去追捕暗網上大量的小型罪犯。儘管瑞本對如何破解區塊鏈的祕密一無所知，但是他從一開始，就覺得自己能摘到加密犯罪世界中唾手可得的果實，如同他一直以來秉持著一個原則，讓他能在短暫而大事不斷的檢察官生涯中，處理那麼多案件，那就是：追蹤資金的流向。

　　瑞本成為美國聯邦助理檢察官之前，曾在洗錢生態系統的另一端工作多年，那是一家華盛頓特區的精品式律師事務所（boutique law firm，**譯注：專門從事一個或少數幾個執業領域的律師事務所**），專為白領階級罪犯處理刑事案件。這位年輕的律師有著橄欖色皮膚，一頭黑髮和好萊塢式（Hollywood）的笑容，法學院畢業後，先到一家頂尖的律師事務所做法規審查的工作，他為了擺脫這種枯燥乏味的生活而跳槽，最後卻成了那些被指控賄賂外國政府的俄羅斯大老闆和企業高階主管的代表。他形容他們是「非常有趣的有錢人，想要隱藏他們的資產，逃避審查」，或是像「詹姆士・龐德（James Bond）那樣的角色，帶著裝滿現金的手提箱在世界各地飛行。」

　　這個隱藏的世界裡，有著金額高達幾十億、甚至是幾兆美元的無形交易，瑞本在驚鴻一瞥之下深受吸引，他真的太著迷了，因此對於那些可能會授權給他的高階犯罪分子，他很少感到良心不安。但是瑞本也發現，在桌子另一邊的聯邦檢察官提出自己的案件、為公共利益努力的工作方式，讓他打

從心裡欽佩和羨慕。因此，他開始申請到司法部工作，終於在佛雷斯諾找到一份工作，他說在南加州長大時，隱約聽說過這個城市，但他可能在地圖上永遠找不到。

2011年，瑞本一到佛雷斯諾的司法部辦公室，就發現這正是他一直以來嚮往的地方：「狂野的西部」，幾乎沒有階級制度或官僚主義，他只要專注於洗錢案件就好，剩下的自由發揮。在接下來的幾年裡，他和佛雷斯諾當地的探員，深入調查和起訴的大量犯罪活動，全都透露出隱祕的金錢線索：詐欺和勒索、剝削兒童、貪汙的警察，當然還包括利用佛雷斯諾當作毒品販毒行動的重要樞紐，經由此地再將毒品送往全國其他地方。瑞本洋溢著孩子般的熱情，提到那些年起訴的案件多如牛毛：「我們採取快速進攻的跑轟戰術（run and gun），那是非常棒的經驗。」

根據《銀行保密法》（Bank Secrecy Act），銀行必須提交可疑活動報告，而這些源源不絕的報告通常成為瑞本處理洗錢案件的開端。到了2013年的年中，他發現涉及加密貨幣交易所資金轉帳問題的報告越來越多，銀行懷疑這些是拿骯髒的數位貨幣來兌現。因此，這位年輕的檢察官花了幾十個小時觀看YouTube影片，以了解這種稱為比特幣的新貨幣，它的運作機制，以及似乎可以當作匿名的地下世界裡線上商業活動使用的貨幣。

瑞本很快就意識到，暗網提供了一個處理大型案件的機會，原本這種規模的案件不可能出現在佛雷斯諾，但只要能誘使一個暗網毒販寄送包裹到加州東區，這樣的犯罪就正式發生在他的管轄範圍內。他說：「只是起訴在99號高速公路上運毒的毒販，我覺得還不夠滿意。」如果他能在線上安排臥底人員買毒品，然後指認出賣家，就可以逮捕全國各地的毒販。「我要做的就是向他們訂購毒品，接著我們就可以去追捕他們，而這就是我們所做的事。」

*　*　*

2014年瑞本開始為他的暗網追查小組招兵買馬，從佛雷斯諾當地的國土

安全調查處和國稅局刑事調查辦公室招募調查人員加入，很快就組成了一個小團隊，他稱他們為「與眾不同的醜小鴨」，這些探員更愛動腦，樂於將大量的時間投入在電腦螢幕前處理案件，而不是像中央谷地的同事經常踹門。

瑞本仍然專注於追蹤資金的流向，但他堅持由下而上的方式來辦案：他和他的探員不是針對在上位的首腦（那是甘巴里安的團隊對BTC-e的作法），而是瞄準一般型態的加密洗錢。例如有個LocalBitcoins網站，宣稱客戶能見到本人，面對面以現金購買比特幣，他們所推銷的服務稱為場外交易或點對點交易所。

瑞本認為這些個人交易所，一定是暗網毒品交易的真人版自動櫃員機，因為他們根本不像傳統銀行一樣，必須遵守「認識你的客戶」這項規定。為了測試這樣的想法是否正確，瑞本和一名佛雷斯諾的國稅局探員，與一個這樣的比特幣兌換人員相約，他們找來一名臥底探員，在加州貝克斯菲爾德（Bakersfield）的水牛城狂野雞翅（Buffalo Wild Wings）餐廳跟對方會面。臥底客戶解釋自己是類固醇經銷商，想將價值數十萬美元的比特幣兌現，他當場兌換了其中大部分的比特幣，將換來的現金裝滿公事包。在第一次見面之後，國稅局探員與這個人建立進一步的祕密交易，他說這些加密貨幣是賣藥賺來的錢，請對方透過郵件寄送現金來兌換。於是瑞本和國稅局利用這個證據取得搜索令，他們在兌換人員家裡發現了一張電子表格，簡直是如獲至寶，上面列出所有客戶的資料，包括許多客戶的地址。

瑞本的佛雷斯諾團隊一次又一次執行這種形式的洗錢突擊行動，有時扮演買家，有時扮演賣家。在一次行動中，臥底探員扮演了兌換人員的角色，與一個科羅拉多州（Colorado）的男人會面，用六位數的美元兌換他販售幾百磅大麻累積的比特幣，接著指控他犯下毒品罪。在另一次行動中，他們在加州北部沙加緬度（Sacramento）的機場，追蹤到一個身價驚人的LocalBitcoin兌換人員，他也是一名有執照的飛行員，經常開著賽斯納（Cessna）私人飛機在全國各地飛行，親自運送放在飛機上的現金袋，以兌換比特幣。

佛雷斯諾的偵探開始研究這些兌換人員的通訊錄，想找出線索，以瞄

準暗網上更大的目標對象，他們從加州中部美熹德（Merced）的一個男人開始，他透過點對點交易兌現了數百萬美元。有個國土安全部探員獲准在嫌犯的卡車上，安裝全球衛星定位系統（Global Positioning System, GPS）追蹤裝置，跟蹤他到附近的郵局，準備寄送三個包裹，探員攔截下來，發現其中裝有大麻。後來探員搜查這個人的房子，破解他筆電上的密碼「asshole209」，這個數字正好是他所在之地加州莫德斯托（Modesto）的區碼，此外，他們還發現他從絲路時代起，就一直在販售古柯鹼，事實上，他是該網站的第三大美國毒販。他們從兌換人員的名單中，指認出另一個販賣大麻、古柯鹼和搖腳丸的洛杉磯（Los Angeles）男人，結果發現他還加入一個大規模的大麻組織，這個組織在暗網上出售價值700萬美元的大麻，他將非法所得混在合法的大麻業務收益中。

　　瑞本和他的團隊以點對點交易所為目標，戰功彪炳，持續破獲許多案件。但是到了他從竊聽室招募緝毒署的米勒時，開始思索是否真的需要如此大費周章來逮捕罪犯。當時，他們已採取多次臥底行動購買毒品，瑞本開始猜想，許多他們鎖定的毒販在操作安全方面都太草率，因此說不定只要去買產品，然後從包裝或賣家的線上資料找線索就好。

　　米勒開始了新任務，蒐集AlphaBay上面頂級海洛因和吩坦尼（fentanyl）賣家的使用者名稱，一一跟他們買毒品。這些包裹是用銀色的聚酯薄膜和塑膠袋包裝三層密封起來，拿到之後，米勒和團隊成員仔細檢查貨物和賣家的操作安全是否有疏失，結果發現有個賣家犯下了基本的錯誤：他將自己的PGP金鑰（這是讓他能與客戶交換加密訊息唯一的檔案）與他在PGP金鑰伺服器上的電子郵件地址連結，裡面儲存了使用者身分的目錄。

　　米勒和瑞本很快就從這封電子郵件中，找到賣家的社交媒體帳號和真實姓名，得知他在紐約，隨後米勒在收到的一包海洛因上發現指紋，與另一名紐約男子的指紋相符。最後，緝毒署探員與郵務稽查員合作，取得郵局自助服務亭的攝影機拍下的照片，顯示第二個紐約人在郵件中寄了一批毒品。米勒和一組探員飛到美國東岸，搜查這兩個人的家，逮捕他們到案。

　　米勒運用同樣簡單的PGP技巧，找到另一個暗網鴉片賣家的真實姓名（結果原來那是他暗網名稱的一部分，只是倒著寫），再度使用郵局自助服務亭的攝影機，取得他運送毒品的證據。這次米勒和一群探員是在舊金山突襲這個人的家，米勒說，他們在桌上以及打開的塑膠容器中，發現大量的吩坦尼和海洛因粉末。

　　瑞本的團隊現在接連獲勝，辦理重大案件，甚至也開始聲名大噪。米勒從舊金山一名嫌犯那裡訂購一包鴉片寄到佛雷斯諾，這時嫌犯還提醒米勒，在中央谷地外，似乎有一群特別積極的聯邦調查局人員正在鎖定暗網上的使用者，最好要小心一點，米勒聽了這番話之後覺得十分有趣。

　　但米勒和瑞本沒有自欺欺人：佛雷斯諾的行動部隊擊敗的只是小嘍囉，不是大頭目，Alpha02似乎依舊遠在天邊，他的市場繼續成長。逮捕網站的一些賣家不會使那個黑市倒下，就像緝毒署在99號高速公路上追捕另一個毒品走私犯，也不可能會打垮墨西哥的販毒集團。

＊　＊　＊

　　2016年12月，米勒再次準備要嘗試新事物。他已經逮捕了暗網上不少人，但是他不喜歡文書工作，也不喜歡連續好幾個禮拜坐在螢幕前面，那時他的肩膀和腳都恢復得差不多了，畢竟加入特警隊也許還為時不晚。

　　接著，有天下午，米勒買好午餐回到辦公室，手裡拿著In-N-Out漢堡的袋子，這時發現自己收到了一封電子郵件，寄件人是個神祕的陌生人。

　　這封電子郵件解釋，寄件人一直在Google搜尋暗網逮捕行動，尋找執法部門聯絡人，試過聯邦調查局的檢舉專線，但沒有人回應，試過國土安全部，也徒勞無功，最後是在佛雷斯諾團隊對一名AlphaBay毒販的刑事起訴書裡，找到米勒的聯絡方式。

　　所以這個陌生人決定嘗試跟米勒聯絡，現在他準備分享一個關於Alpha02身分的關鍵內幕消息。

第26章

卡茲

　　大約在2015年初，也就是那個致命的內幕消息出現的一年多以前，一位來自魁北克省（Quebec）三河市（Trois-Rivières）的加拿大科技業企業家打算到泰國旅行，我稱他為保羅‧戴斯賈丁斯（Paul Desjardins）。有位朋友建議他在泰國的那段時間，可以跟一位來自家鄉的聯絡人見面，那個人現在住在曼谷，名叫亞歷山大‧卡茲（Alexandre Cazes）。

　　卡茲在曼谷的家是一間平凡的中型房屋，位於泰國首都裡一個封閉式社區，戴斯賈丁斯去拜訪時，發現卡茲似乎過得很好。這個二十多歲的加拿大人有著一張娃娃臉，他跟戴斯賈丁斯說自己很早就投資比特幣，大賺了一筆。

　　卡茲在財務上最大的問題，似乎是他現在擁有的現金多到無法自己處理，他稍微提到曾把比特幣賣給曼谷的俄羅斯黑手黨聯絡人，但因為他是外國人，如果把這一大筆兌換來的泰銖存入銀行，恐怕會引起當地監理機構高度的關注。因此，他只好將一疊一疊的紙鈔放在家中，甚至藏在牆壁裡。

　　戴斯賈丁斯回憶：「到處都是錢，隨便打開一個抽屜，就會看到錢。」

　　儘管卡茲有資產流動性的問題，而且提到俄羅斯犯罪集團時有點令人擔憂，但是戴斯賈丁斯並沒看到什麼證據，足以顯示這個奇怪的新朋友參與公然犯罪的情事。他不吸毒，似乎也不太喝啤酒，友善而聰明，只是社交上冷淡了些，情感上「非常冷漠」，跟人互動時的舉止比較像是在做表面功夫，不太自然，感覺不是發自內心這樣做。戴斯賈丁斯說：「全都是電腦邏輯，

『0和1』。」他確實注意到，這個新朋友雖然慷慨、和善，但是對於女人和性的看法非常保守，幾乎是歧視女人。

第一次登門拜訪期間，兩人討論了戴斯賈丁斯想成立一個新電子商務網站的點子，卡茲似乎很感興趣，戴斯賈丁斯提議他們可以一起合作。

卡茲在那一年聖誕節左右回到魁北克，與戴斯賈丁斯再度會面，這一次聽取了完整的業務介紹。兩人討論不到十五分鐘的細節後，卡茲決定加入，毫不猶豫就花了15萬美元，為他們的企業買下一個網域名稱，甚至懶得跟賣家討價還價，讓戴斯賈丁斯留下深刻的印象。

戴斯賈丁斯因為跟另一家公司發生爭執，累積了六位數的法律費用，卡茲也幫忙付清，讓戴斯賈丁斯又驚又喜。他本來打算聘請一個程式設計師團隊，後來發現卡茲也是一位程式設計專家，而且卡茲很快就證明了光憑自己一個人，就有能力為剛起步的網站完成大部分的程式設計工作。

在他們努力開展業務的過程中，戴斯賈丁斯看到卡茲的財富遠遠超出他最初的估計，他得知合夥人正準備在賽普勒斯買別墅，而且也在安地卡島（Antigua）做某種房地產投資。戴斯賈丁斯第二次到曼谷拜訪卡茲時，這個朋友兼商業夥伴開著一輛深灰色的藍寶堅尼大牛超跑（Lamborghini Aventador）到機場接他。

戴斯賈丁斯說，超跑內沒有空間可以放大型手提箱，卡茲告訴戴斯賈丁斯，無論如何都要坐進車子裡，硬是把行李塞進來，最後只好放在戴斯賈丁斯的腿上。

戴斯賈丁斯記得看到手提箱刮傷了藍寶堅尼的內部裝潢，但卡茲似乎並不在意，事實上，讓戴斯賈丁斯感到震驚的是，卡茲跟車子好像沒有太多的情感連結，甚至不知道如何使用音響。他認為卡茲擁有它，彷彿只是出於一種應該擁有的感覺，這是一種社交上炫富的最佳方式。

他們離開機場時，卡茲問戴斯賈丁斯是否坐過藍寶堅尼，他回答說沒有。

幾秒鐘之內，戴斯賈丁斯幾乎是平躺在大牛超跑的乘客座位上，而他的

古怪朋友以每小時至少一百五十英里的速度在曼谷高速公路上飆車。

＊　＊　＊

2016年11月底，就在感恩節前夕，瑞本在辦公室裡為案件收尾，準備過節，這時接到米勒的電話說：「嗨，瑞本，我想有件大事我們應該要談一談。」

他們約在距離佛雷斯諾法院一條街外的星巴克（Starbucks）見面。米勒解釋了檢舉人告訴他的事情：在AlphaBay剛上線的時候，也就是早在數十萬使用者加入或受到執法部門放大檢視之前，市場的創辦人犯下一個幾乎是可笑的嚴重安全錯誤。當時每個在網站論壇上註冊的人，都會收到一封歡迎電子郵件，透過網站上受Tor保護的伺服器發送。但是由於伺服器在設定上出現了一個配置錯誤，郵件的後設資料（metadata，**譯注：用來詮釋資料屬性的資訊，有助於標出資料儲存的位置、文件紀錄、尋找資源、相關評價等**）清楚顯示出發送者的電子郵件地址Pimp_alex_91@hotmail.com，以及設置在荷蘭的伺服器IP位址。

這個令人震驚的錯誤很快就修復了，但卻是在這位習慣仔細檢查暗網的檢舉人註冊且收到歡迎電子郵件之後。這兩年來AlphaBay成長為史上最大的暗網市場，而這位消息人士一直都將這些資料存在檔案裡。

現在他把資料交給米勒，曾經一度是瑞本眼中的「暗網麥可・喬丹」，似乎也可能犯下基本的操作安全錯誤，帶來了永久的後果。

瑞本冷靜地接受米勒揭露的資訊，他記得：之前也聽到非常興奮的探員提供消息，這些令人難以置信的線索最後都不了了之，或只是惡作劇。他想，如果他在佛雷斯諾的小團隊有這些線索，那麼美國政府某個地方的某個人一定也有，而且會比他們領先好幾步。但他發現米勒是個做事仔細、心思周密的探員，這個關於Alpha02潛在身分的線索實在太重要了，不容忽視，所以他們決定不顧一切先採用再說。

　　事實上，消息人士還提供更多的情報，全都只需透過Google稍微搜尋一下就可以證實：Pimp_alex_91@hotmail.com地址也出現在法語社交媒體網站Skyrock.com上。在那個網站上，有個名叫「亞歷克斯」（Alex）的人發表自己2008和2009年的照片，身穿寬鬆的上衣，有著美鈔和珠寶的圖案，戴著嶄新的棒球帽，脖子上掛著一個銀色的大墜子。[1]有張照片帶著一種首張饒舌專輯封面的風格，最上方寫下他的嘻哈名字「散拍音樂之心」（RAG MIND），他的衣服上寫的是「騙錢之王」（HUSTLE KING）。[2]

　　這個男生在網站上「單身」那一區張貼了約會檔案，提到家鄉位於法屬加拿大魁北克省的三河市，當時年紀為十七歲，換句話說，電子郵件地址中的「91」是他的出生年分，如果這確實是AlphaBay的創辦人，那麼他在創立網站時是二十三歲。

　　這個年輕的法裔加拿大籍嘻哈迷，跟他們心中對於首腦Alpha02的想法完全不同，提到俄羅斯的內容和那些俄文全都是障眼法嗎？至少從檢舉人電子郵件中提供的IP位址判斷，這個網站論壇的主機似乎是設在西歐。

　　米勒和瑞本一開始不太相信「亞歷克斯」角色就是Alpha02這樣的結論，但是他們越深入搜查，可信度變得越來越高：這個年輕的魁北克人，幾年前在一個名為Comment Ça Marche（這句法語的意思是「如何運作」）的法語技術論壇上，使用他的Pimp_alex_91電子郵件地址，在訊息上簽了全名：亞歷山大・卡茲。[3]

　　調查人員搜尋這個名字時，在LinkedIn上發現了比較新的個人資料，顯然是成人版的卡茲，不再穿嘻哈服裝，宣傳自己是一名網路程式設計師，也是魁北克託管和網路設計公司EBX Technology的創辦人。他在網站上的照片，看起來是個平凡的商人，穿著灰色西裝和白襯衫，沒有打領帶，他有著一張圓臉，下巴中間有個凹洞，前額的頭髮略顯稀疏，表情天真無邪。[4]

　　卡茲將他所在的位置列為加拿大不列顛哥倫比亞省（British Columbia），但他們從社交媒體聯絡資料中，可以看出他其實住在泰國，這不是佛雷斯諾的後院，但也不完全是Alpha02聲稱自己所藏身的「離岸國家」。在社交媒

體上，進一步找到卡茲未婚妻的臉書（Facebook）帳號，這個泰國美女名叫蘇妮薩‧塔普蘇旺（Sunisa Thapsuwan）。從一張親戚個人資料上的照片，可以看到卡茲穿西裝，戴太陽鏡，站在一輛深灰色藍寶堅尼大牛超跑旁邊，幾乎不像是一個小型網路託管服務公司創辦人典型的交通工具。

　　除了那些公開的網路線索之外，檢察官瑞本和緝毒署探員米勒開始深入挖掘，使用檔案搜尋工具來查找其他資料，這時兩人才終於真的相信之前得到的情報確實相關。他們在 Comment Ça Marche 和另一個程式設計論壇 Dream in Code 上面，找到了卡茲稍早的檔案文件，幾年前，他似乎用了一個毫無疑問的使用者名稱在那裡發表貼文：Alpha02。[5]

　　Alpha02 曾試著消除他的足跡，從論壇中刪除消息，更改現在惡名昭彰的使用者名稱，但證據已被網際網路檔案館（Internet Archive）保存下來，這個非營利數位圖書館專為後代蒐集和複製網頁資料。卡茲的操作安全失誤就像烏布利希一樣，永久刻在網際網路的長期記憶中。

＊　＊　＊

　　幾天之內，瑞本和米勒相信他們的 Alpha02 線索是真的，也知道這個案子規模太大，無法獨自承攬。

　　他們決定將調查結果帶到沙加緬度的聯邦調查局外地辦事處，往北只要幾小時的車程，這個地方比起佛雷斯諾的小辦事處，擁有更多的電腦犯罪專業知識和資源。結果發現沙加緬度的聯邦調查局探員正在調查 AlphaBay，事實上，他們打從網站設立後，就一直在追蹤。儘管如此，米勒的情報對他們來說是新資訊。

　　瑞本請辦公室的美國聯邦助理檢察官保羅‧賀米沙施（Paul Hemesath）擔任調查夥伴，兩人多年來私交友好，賀米沙施年紀較長，做事更加慎重，散發出大學教授的氣質，冷靜的分析剛好可以跟瑞本咄咄逼人的「跑轟戰術」互補。賀米沙施接著向華盛頓特區司法部總部的電腦犯罪與智慧財產權

部門（Computer Crime and Intellectual Property Section）求助，這個辦公室裡有一小群專門處理網路犯罪的探員和電腦鑑識分析人員。

等到他們的團隊陣容越來越堅強，米勒和瑞本開始採取「消除衝突」的微妙過程，釐清全國有沒有其他機構和專案小組目前也在調查卡茲。他們知道，必須先確認自己沒有撈過界，以免影響別人的調查，但他們也不想將案件白白讓給另一組探員，交出千載難逢的線索。

不久之後，他們就發現自己跟一個小組發生衝突：巴爾的摩，處理絲路案件的福斯和布里奇斯就是來自這個團隊，當瑞本打電話到同一間辦公室，對方說他們正在追蹤Alpha02。巴爾的摩小組的作法就像絲路案件一樣，把重點放在讓臥底探員滲透AlphaBay的員工，希望能進一步接近市場首腦。

瑞本可以感覺到這是個失敗的策略，因為AlphaBay的十幾位板主和管理員就像絲路一樣，根本不知道老闆的身分，甚至連彼此都不認識，每個人只是利用化名，隱藏在Tor連結後面。如果最上層的老闆像Alpha02如此謹慎，而且使用匿名，那麼就無法從底層「看出」一個陰謀。此外，瑞本告訴巴爾的摩小組，得到一個關於最上層人物的內幕消息，擔心巴爾的摩小組對市場的滲透只會打草驚蛇，嚇到Alpha02，導致員工像之前許多市場一樣上演「退場騙局」（exit scam）：帶著使用者的錢逃走，然後銷毀證據，結果更難起訴這些人。

巴爾的摩拒絕讓步。瑞本在福斯和布里奇斯被起訴後，得知巴爾的摩小組的名聲，沒有意願跟他們合作，於是，兩組人馬決定面對面，釐清彼此的分歧，彷彿絲路案件又重播一次。2017年初，米勒飛往維吉尼亞州，在這次會議上為他們的案子據理力爭，瑞本當時則是打電話過去，他描述：「坐在房間裡的每個人都在大呼小叫。」

最終，他們決定兩個團隊同時調查AlphaBay。對於瑞本的加州團隊來說，代表他們的調查現在是一場競賽，不只隨時要擔心黑市首腦可能會帶著數百萬美元的利潤逃走，而且這個年輕的佛雷斯諾檢察官還要提防另一個團隊，因為對方的策略遲早會引發首腦退出。

　　同時，瑞本繼續詢問全國各地的檢察官同事，甚至是外國執法機構，確認他們是否也在追蹤這個頭號嫌犯。他一次又一次聽到某個城市的某個團隊正在調查AlphaBay，但是都沒有取得真正的進展，似乎沒有人認出卡茲這個名字。

　　瑞本開始意識到，在暗網最重要的全球搜捕行動中，儘管困難重重，不過他的佛雷斯諾小團隊目前一馬當先。

第27章

泰國

　　如果卡茲大老遠搬到半個地球以外的曼谷，是為了到西方執法機構無法控制的地方來經營 AlphaBay，那麼從某些方面來說，這個外國目的地是完全錯誤的選擇。

　　半個多世紀以來，美國政府在泰國擁有極大的影響力。甚至早在緝毒署於 1973 年成立之前，一個名為毒品及危險藥物管理局（Bureau of Narcotics and Dangerous Drugs）的美國機構，已在曼谷設立外地辦事處。[1]長期以來，美國探員一直奉派前往當地，以阻止所謂的中國白粉海洛因，從橫跨泰國、寮國和緬甸部分地區的金三角（Golden Triangle）鴉片種植區流出。1950 年代後期，這個三角區生產了全球一半的海洛因，[2] 1960 和 1970 年代，在越南為上癮的美國士兵提供毒品，這個問題使得取締泰國毒品貿易，成為緝毒署最早和最優先的處理事項。[3]五十年後，曼谷仍然是全球最大、最活躍的緝毒署辦事處，而且是這個美國執法機構在整個東亞業務的區域總部，裡面的海外探員人數遠超過其他地方。

　　對於珍・桑契絲（Jen Sanchez）來說，這也是一項美好的任務：美麗的天氣、低廉的生活成本、令人難以置信的食物，而且不會特別危險，至少跟緝毒署其他危險地區比起來相對安全。

　　桑契絲在緝毒署服務了二十六年，這名資深探員現在大約五十五歲，白髮齊肩，不愛廢話，滿口粗話，她覺得自己得到了夢寐以求的曼谷職位。她先是在墨西哥城（Mexico City）專門處理洗錢案件多年，之後到德州工作一

段時間，結果讓三名墨西哥州長被捕，罪名是從哲塔斯（Zetas）販毒集團收受賄賂，而且從他們自己的州政府挪用大量公款。在那個稱為「政治樞紐行動」（Operation Politico Junction）的案件中，她追蹤不肖州長為了洗錢用骯髒資金購買的企業，以及豪宅、高級轎車，甚至私人飛機。桑契絲所簽署的宣誓書裡，總共扣押了價值超過9,000萬美元的資產。正如她謙虛地說：「我為自己的薪水買單。」

2016年12月，桑契絲已經在泰國待了九個月，主要是幫忙追蹤該國南部伊斯蘭（Islamic）暴力運動的資金來源。曼谷的緝毒署辦公室位於美國大使館內，這是一棟白色石頭建築，四周都是熱帶樹木，有一條運河環繞著主建築物和草坪，在晚上六英尺長的巨蜥會從樹葉中冒出來。有一天，主管告訴她有一名訪客來臨，這位緝毒署官員準備向他們介紹虛擬貨幣。

桑契絲對虛擬貨幣一無所知，由於再過幾年就要退休，也不會特別想去一探究竟。但是她認為，她的工作就是參與任何跟金錢有關的事，所以她在整場演講過程中都很客氣地聆聽。

直到那次會議快結束時，來訪的探員才真正引起了她的注意：他幾乎只是順帶提到，緝毒署最近發現全球最大的暗網市場管理員的線索，而且這個人似乎就在泰國。

桑契絲聽過絲路，她問對方這個網站是否和那個傳說中的黑市一樣大？探員回答，規模至少是絲路的三、四倍，而且還在持續成長。桑契絲心想：「哇靠！史上最大的暗網首腦就在她的地盤？」光是洗錢的規模就會大到難以想像。

「他絕對會有**大筆資產**。」她記得自己當時心想，她要去追查，而且找出來。

奉命處理AlphaBay案件的是曼谷另一組探員。桑契絲自己的主管比較感興趣的，似乎是在芭達雅（Pattaya）的觀光海灘上逮捕小型毒販，而不是投入大型的長期調查，這一點讓她經常很沮喪。但桑契絲認為這可能是緝毒署在泰國史上規模最大的資產扣押行動（不管是虛擬還是非虛擬的資產），

她不會讓自己置身事外。等到演講一結束，來訪的探員離開後，桑契絲就走進主管的辦公室，用手指頭指著他，告訴他，她想要AlphaBay的案子。

* * *

結果桑契絲如願以償，新主管是一位四十七歲的緝毒署探員維爾弗雷多‧古茲曼（Wilfredo Guzman），出生於波多黎各。古茲曼的職業生涯始於夜晚在波多黎各海岸附近的直升機上，尋找載有毒品的快艇，在一系列大規模的加勒比海（Caribbean）和南美案件之後，他在該機構裡一路晉升。多年前，曾在傳奇探員哈維爾‧潘納（Javier Peña）手下工作，潘納在1970年代調查和逮捕了巴布羅‧艾斯科巴（Pablo Escobar），結果成為網飛（Netflix）影集《毒梟》（Narcos）的主角。古茲曼團隊在2010年幫助多明尼加共和國和波多黎各政府，追查當地頭號通緝要犯荷西‧菲格羅亞‧阿戈斯托（José Figueroa Agosto），將這個毒梟逮捕到案。

現在，古茲曼擔任曼谷辦事處的主管，首要之務是與泰國皇家警察轄下的緝毒局（Narcotics Suppression Bureau）保持密切關係。若要達到這個目標，就必須常常參與通宵的應酬，包括辛辣的泰國菜、喝醉酒的宴會、與泰國緝毒局人員去KTV唱歌，在舞台上跟曼谷的高階警官一起大唱約翰‧丹佛（John Denver）的歌曲。

泰國皇家警察在追查販毒和貪汙方面一向紀錄不良，對於機構內的某些人員來說，搜查小毒販被公認為是這份工作的福利。一位泰國皇家警察官員提迪山‧烏塔納芬（Thitisan Utthanaphon），因為擁有許多來路不明的跑車而得到喬‧法拉利（Joe Ferrari）的綽號。[4]後來有一段影片流出，在其中他與六名警察將一個疑似販賣甲基安非他命的嫌犯活活悶死。

因此，佛雷斯諾的緝毒署探員米勒請曼谷辦事處的古茲曼幫忙追捕卡茲時，古茲曼將此案交給在泰國緝毒局裡最信任的聯絡人彼索‧厄波亞伯（Pisal Erb-Arb）上校，這是該機構曼谷情報中心（Bangkok Intelligence

Center）的負責人。厄波亞伯是一位五十多歲的軍官，做事幹練，宛如慈父，經常以禿頭的中年父親形象，低調地親自執行臥底任務。他組成的一個小團隊，在緝毒署裡享有難得的好名聲：他們以乾淨俐落、照章行事的調查風格，以及厄波亞伯提拔女性探員的罕見作法而聞名。

古茲曼、厄波亞伯和泰國緝毒局團隊，幾乎立即開始追蹤這個新目標。從卡茲的名字和電話號碼開始，詳細列出他的財產：有一間房子位於安靜的封閉社區裡，他偶爾會過去，他們把這個地方稱為他的「單身公寓」或「安全藏身處」。另一間房子是在太太的名下，位於小鎮另一邊的另一個封閉社區，似乎是他工作和睡覺的地方。他還買下第三間房子，目前正在裝潢，這棟價值300萬美元的豪宅在曼谷，距離前面兩間比較遠。

調查人員很快就掌握到卡茲在城市裡的一舉一動，讓泰國人特別著迷的是發現他的藍寶堅尼，一輛價值將近100萬美元的超跑，以及一輛保時捷帕納美拉（Porsche Panamera）和一台BMW重型機車。只要曼谷交通順暢，不管他以什麼交通工具代步，時速都超過一百英里。

因此追蹤卡茲可說是一大挑戰：他經常開著跑車，在筆直的高速公路上甩開跟蹤的探員，不然就是騎著重機，在汽車和嘟嘟車（tuk-tuk）之間蛇行，一下子就不見蹤影。厄波亞伯用了一點小手段，在卡茲的保時捷上安裝全球衛星定位系統追蹤器，他假裝成醉漢倒在停車場的汽車旁邊，然後將設備裝在底盤。警察嘗試在藍寶堅尼安裝類似的追蹤訊號，但發現這輛車在街道上行駛時底盤太低，因此他們的小道具不適合，於是改成追蹤卡茲的iPhone，透過行動通信基地台，以三角定位的方式得知他的位置。

厄波亞伯的團隊開始勾勒出卡茲的日常生活細節時，對於一切看起來都很光明正大而感到相當震驚。正如一位探員所說，他是個「宅男」，整天都沒有出門。如果真的在白天離開家，就是去銀行、到市中心上泰語課，或者帶太太去餐廳或購物中心。厄波亞伯以泰國人慣用的表達方式，描述卡茲過的是「放鬆耍廢」的休閒生活。

古茲曼和泰國警方很快就發現，卡茲在非數位的日常生活中，確實有個

非常重要的祕密：他很花心，經常在晚上冒險去接約會對象，從便利商店、購物中心和語言班，把她們帶到他的單身公寓或汽車旅館，相處時間都非常短暫。到了晚上，卡茲會回到家裡跟太太在一起。

所謂的出國買春（sexpat），就是外國人利用財富來實現他們多重伴侶關係的幻想，在泰國已是司空見慣。雖然卡茲的婚外情可能不光彩，但是法律沒有禁止這些風流韻事。

儘管如此，根本不需要多說什麼，泰國人就確信卡茲一定是某種幫派老大。有一次，監視小組尾隨他的藍寶堅尼來到Sirocco餐廳，位於曼谷蓮花大飯店（Lebua）的頂樓六十三樓，號稱是全球最高的「露天」餐廳，獲得米其林二星，菜單上的葡萄酒定價2,400美元。[5]

卡茲和一群朋友離開餐廳後，警察進來跟Sirocco的管理階層交談，要求提供餐廳一整天的收據，以免暴露來意。他們發現，卡茲在這頓飯中，加上葡萄酒和豐厚的小費，總共為這群人花了至少130萬泰銖（將近4萬美元），不少探員經常追蹤花錢如流水的毒梟，但是卡茲出手闊綽的程度連他們都嘆為觀止。

對泰國緝毒局探員來說，從未親自接觸毒品或直接犯下罪行的毒梟並不是什麼新鮮事，他們熟悉的觀念是嫌犯的手越乾淨，在販毒集團中的職位可能就越高。但是那些等級較高的核心人物至少會**見到**實際動手犯罪的同夥，或者跟自己差一、兩級的人。

相較之下，卡茲的犯罪行為完全是經由不透明的暗網。在現實世界中，他的手比他們見過的任何首腦都要乾淨。

＊　＊　＊

桑契絲跟泰國人一樣，在暗網調查方面的經驗都不多，她從未使用過Tor，也沒有造訪過絲路的網站，但是等她開始了解AlphaBay網站上，現在

每天讓人成癮的毒品交易規模之大，範圍之廣，立刻勃然大怒。在那時，美國的鴉片類藥物危機正達到高峰，光是 2016 年，就有四萬兩千名美國人因鴉片類藥物使用過量致死，創下史上最高的紀錄。[6] 死亡人數暴增的部分原因是吩坦尼的供給量突然變多，吩坦尼是一種鴉片衍生物，效力比嗎啡強一百倍。這個二十五歲的法裔加拿大人，竟然敢在這裡公開經營一個超大型的露天海洛因和吩坦尼市集？只要一想到他們放任 AlphaBay 每天上線營運，任何人，甚至是小孩子，都可以從網站購買吩坦尼，然後透過郵件拿到，在幾小時內因服用過量而死，就會讓她提心吊膽。

她在跟佛雷斯諾的米勒通電話時，發誓要在六個月之內讓 AlphaBay 下線，讓卡茲入獄。她記得當時跟米勒說：「我要收拾他，他準備進監獄，我們要把他關在佛羅倫斯的超級監獄（Florence supermax，**譯注：位於美國科羅拉多州，是管控最嚴格的監獄**），我要這孩子滾開。」她說的正是烏布利希目前在服無期徒刑的監獄。

不過一談到打擊數位毒品，桑契絲的熱情遠大於技術。各個不同的機構為了追捕卡茲而組成一個團隊，包括瑞本、米勒、賀米沙施和沙加緬度聯邦調查局辦公室人員，大家召開許多次電話會議。在第一次電話會議中，一名聯邦調查局探員闡述 AlphaBay 的運作機制、使用加密貨幣的支付方式，以及託管系統，桑契絲打斷他，詢問這個網站使用的是哪一家支付服務商，這時鴉雀無聲，桑契絲又問了一次，她想知道是哪家服務商持有比特幣，如此一來她可以發傳票，然後扣押 AlphaBay 的資金，這就是她以前多次處理犯罪支付的方式。

又是一陣較長的沉默，於是桑契絲開始生氣了，為什麼這些探員拒絕告訴她關於這個案件最基本的事實？最後，沙加緬度聯邦調查局首席探員打岔，婉轉地向桑契絲解釋比特幣和區塊鏈的基礎知識：沒有支付服務商、沒有銀行、沒有中間人。瑞本這時意識到，原來團隊的一些成員不了解這種比特幣的基本概念，他說：「我們都嚇壞了。」

　　對於像桑契絲這種老派的洗錢探員來說，加密貨幣仍代表著鑑識會計上嚴重的障礙，正符合那些犯罪使用者的期望。但到2017年初，越來越多新的調查人員對比特幣抱持的看法已截然不同，正是這些區塊鏈追蹤者在擊敗Alpha02的競賽中，帶來了下一個重大突破。

第28章

鮪魚

　　由於Alpha02成為暗網上的頭號通緝犯，因此他的市場也變成全球頂級加密貨幣追蹤公司Chainalysis最迫切的難題。越來越多的執法機構加入Chainalysis的客戶名單，到了2015年底，公司的第三位共同創辦人萊文經常聽他們說，想知道Chainalysis的核心工具Reactor是否能幫忙指認出所有的AlphaBay錢包，也就是隱藏在區塊鏈中大量的黑市地址。

　　儘管恐怖海盜羅伯茲承諾，會透過轉向器讓絲路使用者的比特幣達到所謂的空白狀態，但是當時在幾千萬筆交易中，還是相對容易辨認出來：如果使用者將比特幣發送到自己的絲路帳戶錢包，通常會跟其他使用者的錢聚集在一起，最後儲存在少數集中的地址之一，就是這種特色，讓梅克雷約翰能如此輕鬆地發現我2013年在絲路上購買了大麻。

　　萊文說，雖然光是追蹤買家硬幣的路線，很難找到任何特定的絲路毒販，但是很容易看出這筆錢跟絲路有關。只要將幾筆測試交易發送到絲路的任何帳戶，市場的錢包系統很快就會將你的硬幣與其他人綁在一起，然後歸屬於其他絲路地址的一個群集，就像是一個裝滿現金的公事包，裡面有個自動導引裝置，只要跟蹤公事包就會找到罪犯的藏身處。

　　可是當萊文將測試交易發送到AlphaBay的帳戶時，發現這個市場的運作方式不同，似乎小心翼翼，避免聚集使用者的資金，而是存放在許多不連貫的小地址中。到了2016年4月，AlphaBay向使用者宣傳，它就像絲路一樣，以比特幣轉向器的方式運作：把錢存入一個AlphaBay帳戶，據說會切

斷任何進入或離開市場的連結，讓人無法追蹤。AlphaBay員工在2016年發給網站使用者的一篇貼文中寫道：「沒有任何等級的區塊鏈分析可以證明你的硬幣來自AlphaBay，因為我們使用了自己的混淆技術。如果有人問起你的比特幣，你現在可以斬釘截鐵，推諉說不知情。」[1]

萊文說，這些說法有部分是正確的。大多數時候，他將硬幣放入AlphaBay後再取出，仍然追蹤得到。但與絲路不同的是，AlphaBay的不知情聲明不只是行銷上的宣傳手法，因為它從未將硬幣蒐集到容易識別的大錢包裡，所以確實很難將AlphaBay的買家和賣家與區塊鏈上其他非犯罪使用者區分開來。

意思是說，對於Chainalysis而言，要在2016年幾億筆的比特幣交易中將AlphaBay錢包標示出來，這項任務很快成為公司有史以來最困難的問題。萊文說：「任何關注暗網加密調查的人，都將AlphaBay視為頭號目標。」與他們之前碰到的任何市場相比，這也是一個公然挑戰Chainalysis識別能力的對手。

到目前為止，Chainalysis擁有大約三十名員工，不過公司內最有經驗的區塊鏈分析人員，仍是共同創辦人萊文、格羅納格和莫勒，以及捷克籍的程式設計師楊達，他是WalletExplorer的創辦人，後來該公司被Chainalysis收購。這個小團隊開始努力面對挑戰。

首先，他們執行了區塊鏈觀察實驗，這跟梅克雷約翰幾年前在加州大學聖地牙哥分校辦公室做的實驗是同一種，只是現在已達到工業規模的等級。連續幾個月來，使用AlphaBay錢包執行幾百次測試交易，仍從未真正從市場上購買任何東西，只是將資金轉進和轉出帳戶，觀察這些交易在區塊鏈上形成的模式，希望可以找到線索，讓他們能在浩瀚的比特幣會計分類帳本中發現一些模式。

在這個遊戲階段，梅克雷約翰早期實驗中率先採用的兩種分群技術已經不夠用了。因此，Chainalysis的幾位創辦人目前正在尋找，AlphaBay轉移使用者資金的方式究竟有什麼獨特之處，這些特性不屬於原本的比特幣協定，

而是由 Alpha02 和其他替 AlphaBay 錢包寫程式的人，精挑細選後設計的功能。每次那個軟體重寫時，Chainalysis 團隊都必須再次更換鏡頭，重新尋找一些特質，以用來辨識留下的軌跡。

　　萊文拒絕透露 Chainalysis 所發現的大部分線索，某種他所謂的「特製祕方」（在採訪 Chainalysis 分析人員時，這個詞出現的頻率越來越高）。但是萊文舉了一個例子，每個錢包在「確認」交易的速度和支付的費用之間，都必須做出取捨。

　　為了說服比特幣網路記錄交易，錢包必須提供費用，錢包願意支付的費用越高，就越能激勵其他節點快速重播這筆交易，如此一來，全球所有比特幣的節點最後會同意這筆交易發生了。大多數錢包允許使用者按照速度跟成本的比例設置自己的費用，然而，暗網市場通常使用自己設定的配置。

　　Chainalysis 開始看到，AlphaBay 對費用獨特的設定方式，是依據交易規模大小而調整。雖然發現了這項規則，但仍無法提供完整的解決方案，因為沒辦法一次將所有的 AlphaBay 地址另外區隔開來，萊文說，這代表了一件事，就是可以讓他們描繪出市場中錯綜複雜的支付網路。正如梅克雷約翰的分群技巧一樣，每次只要一發現像費用規則這樣的新手法，就能在其他原本隱藏的地址中，指認出一批新地址，讓他們的檔案變得更完整。

　　到 2016 年底，Chainalysis 已經將至少二百五十萬個地址標注為 AlphaBay 的錢包。但即使這幾年來挖掘那麼多資料，拼湊出整個 AlphaBay 龐大的資金結構，仍只不過是個起點，對於使用 Chainalysis 服務的執法機構來說，未來的任務是能在這些大量的數字中，追蹤其中一筆資金，然後連結到某個真人的銀行帳戶。

＊　＊　＊

　　過去五年來，甘巴里安持續監控比特幣，一路看著它崛起，成為網路犯罪工具和暗網貨幣，現在他絕不是聯邦探員中唯一關注區塊鏈的人。到

2016年底，有兩位同樣位於華盛頓特區的聯邦調查局分析人員，被公認為是美國政府最優秀的加密貨幣追蹤團隊。這兩名女性多年來悄悄地密切注意加密貨幣的流向，追蹤線上的詐騙分子和黑市賣家，但她們只是私底下提供線索給其他的調查人員，這些資料並沒有出現在刑事訴訟的宣誓書或法庭證據中。

兩人都非常重視自己的隱私，所以我在這裡稱她們為阿莉（Ali）和艾琳（Erin）。就在米勒收到Alpha02內幕消息的前幾天，阿莉正好決定她們兩位分析人員應該嘗試以前沒有人做過的事：光憑區塊鏈分析去追蹤暗網管理員。

阿莉和艾琳在不同的辦公室為不同的調查小組工作，阿莉通常專門處理暗網案件，而艾琳則是專注在較傳統的網路駭客犯罪。但是她們都很關注數位洗錢，都深受加密貨幣吸引，建立起長達數年的友誼，於是組成了兩人團隊，缺一不可，心靈融合，有如一個熱愛比特幣的大腦裡面的兩個腦葉。

阿莉的工作地點位於維吉尼亞州尚蒂利（Chantilly）環形公路旁不美觀的辦公園區內，在那個冬日，她從聯邦調查局衛星辦公室離開，開了半小時的車穿過華盛頓特區，來到聯邦調查局總部艾琳的辦公桌旁。阿莉的個性比較熱情，企圖心旺盛，艾琳則是比較低調，注重細節，現在阿莉想跟合作夥伴分享一個想法，希望兩人全力以赴，先把所有的工作擱置一旁。艾琳還來不及抗議，阿莉就打斷了她的工作，拿一張椅子擠在艾琳旁邊，急急忙忙拿起滑鼠開始點擊電腦螢幕上的比特幣地址。

阿莉發現：每次只要有一個暗網市場管理員以退場騙局的方式，帶著他的使用者在暗網市場錢包裡所有的資金潛逃，暗網上的論壇就會湧入一群使用者，有的對被盜的資金悲痛不已，有的則是提醒其他人，存放在市場上的加密貨幣數量，當下夠用就好，不應該多放。

但是阿莉心想，有一個人在考慮要將加密貨幣存放在哪裡時，永遠都不必擔心退場騙局：那就是暗網管理員本人。阿莉問艾琳：「誰對於把錢留在市場上最有信心？當然是負責管理的人。」

　　就算其他市場上的退場騙局頻傳，讓所有大戶嚇到撤出資金，但有些持有比特幣數量最多、時間最久的人仍泰然自若，如果她們只去搜尋這些黑市地址，不知道結果會如何？因為最大筆、最穩定的錢可能只屬於網站老闆。

　　艾琳承認這是個好主意，但是在確認了幾個需要查看的地址後，就把阿莉趕出辦公室，繼續投入其他工作。畢竟，沒有人要求她們追蹤 Alpha02，她們還有情報報告要寫，而且有更實際、近在眼前的目標要追捕。

　　然而第二天，阿莉開始每隔幾分鐘就打電話給艾琳，連珠砲似地跟她分享最新消息：阿莉首先調查與 AlphaBay 群集相關的所有錢包中，存放時間最長、比特幣總數最多的地址，觀察這些錢最後是從 AlphaBay 的什麼地方轉出，就能透過 Chainalysis 的 Reactor 軟體，在錯綜複雜的市場裡追蹤資金動向（聯邦調查局和大多數美國執法機構一樣，當時都是 Chainalysis 的客戶）。

　　她從一個地址接著再找到另一個地址，然後很興奮地在電話中跟艾琳說：「它還在繼續！」

　　阿莉的熱情很快就影響了艾琳，於是艾琳也深入調查其他擺放許久的管理員佣金。兩人的辦公室一個在華盛頓特區，一個在維吉尼亞州邊境，經常打電話聯絡，開始花很多時間一一瀏覽 Reactor 當中幾百個 AlphaBay 地址，希望能找到 Alpha02 的蹤跡。

　　不管擁有這一大筆不法所得的人是誰，至少某些情況下都必須煞費苦心，在區塊鏈上隱藏足跡。這些資金有時候會流入所謂的混合器（mixer）產生的地址群集，這項服務是由 Helix 和 Bitcoin Fog 等混幣服務商提供，暗網上可以看到他們的宣傳廣告。這些比特幣洗錢服務商的作法是，接受使用者的硬幣，然後跟其他使用者的資金混在資金池裡，再從池中取出，將所有硬幣以新地址還給原先的發送人。理論上，這麼做會切斷連結，讓任何追蹤人員都找不到證據，就像一個銀行搶匪溜進電影院，拿下了滑雪面具，跟人群一起走出去，躲避跟蹤的警察。

　　阿莉和艾琳在追蹤 Alpha02 的利潤時，有時候確實會陷入瓶頸，但在其

他情況下，她們能出奇制勝，看出他刻意模糊焦點的詭計。兩位聯邦調查局分析人員都沒有透露出如何破解Alpha02使用的混合器，不過Chainalysis裡面的那些加密追蹤人員提供了線索。

萊文解釋，混合器的優劣取決於「匿名集」（anonymity set），是指一群使用者將硬幣混合在一起而無法被追蹤。雖然混合器會向客戶提出各種保證，但是只要到區塊鏈上檢查成果，就會發現其實許多混合器所提供的匿名集，並不足以大到真的會讓調查人員感到困惑。如果洗錢的金額越高，這些硬幣重新出現在混合器的另一端時，就越容易辨認出來。

而好的混合器在還錢給所有者時，會將大量硬幣分成一筆一筆不顯眼的小額付款。但是有時候，大筆資金會受限於每筆付款的交易費用，因此比較不能分割成一點一點不引人注目的金額。

當然，混合器並不是唯一想擊敗區塊鏈分析的工具。有一種錢包軟體提供了CoinJoin的功能，可以結合來自不同使用者的交易，讓人看不出是誰匯款給誰。但是格羅納格暗示（他沒有進一步解釋），Chainalysis也經常能打敗這種技術，尤其是發送人嘗試隱藏一筆明顯的鉅額資金時，更是如此。

事實上，Chainalysis不需要向使用者提供資金在區塊鏈上路徑的**證據**，而是提供了可能性。瑞本很坦白地解釋，向加密貨幣交易所發傳票以取得使用者身分資料的門檻很低，他們只要根據常識多加猜測就能得知結果。

這一切代表的意思是，儘管犯罪分子想盡辦法，但是來自混合器和使用CoinJoin的錢包後留下的可疑地址，就經常**足以讓調查人員看到可能的線索**（就算不是百分之百確定），進而繼續追蹤目標對象的足跡。結果是即使搶匪帶著整袋的戰利品，想在擁擠的電影院上演逃脫詭計也無法得逞，因為警察駐守在每個出口緊盯著拿大袋子出來的人。

*　*　*

阿莉和艾琳越來越相信，她們目前追蹤的是Alpha02的個人交易，她們

為這些查到的重要比特幣地址取了綽號，將一串無意義的字元變成念得出來的詞彙，例如，以1Lcyn4t開頭的地址，她們私底下會暱稱為「來欣福」（Lye sin fort），以3MboAt開頭叫做「安寶特」（Em boat）。兩位分析人員花了許多時間檢查和討論這些名字，結果在她們的腦海中這些地址也開始出現自己的「個性」。（艾琳說：「這樣其實不太健康。」）

在所有取了綽號的地址當中，有一個最與眾不同的地址出現在兩位分析人員的對話中，她們拒絕透露這個綽號，以免有人反過來找出真的地址，得知她們的訣竅。因此在本書裡，我們姑且稱為「鮪魚」（Tunafish）。

阿莉和艾琳一開始推測有幾個地址可能屬於Alpha02，而追蹤一段時間後，發現鮪魚是在那一長串地址的最末端。然而，它具有特殊的意義：直接連結到交易所。這是她們第一次感到非常興奮，發現兩人一路追蹤疑似AlphaBay的管理員佣金，沒想到竟然找到了那筆可能是Alpha02拿去換成傳統貨幣的交易。她們知道，這些兌現的地方是區塊鏈與實體金融世界的交會處，在這裡可以將交易與一個真實的人劃上等號。

就在此時，正當她們即將為Alpha02背後的資金查出名字時，阿莉聽到有個關於嫌犯身分的傳言在全國執法人員中盛行。她長期分析暗網，多年來一直與沙加緬度專門處理網路犯罪的聯邦調查局探員保持密切聯繫，這次率先對AlphaBay展開調查的也是這名探員。因此，沙加緬度辦公室一加入瑞本的佛雷斯諾團隊聯手辦案，這名探員第一批要打電話聯絡的名單上就有阿莉。他告訴她，他們終於知道Alpha02這個線上角色的真實身分，他把名字給了阿莉。

沙加緬度探員知道阿莉已經在追蹤AlphaBay的區塊鏈足跡，於是邀請她加入日益壯大的調查團隊。阿莉來到艾琳的聯邦調查局總部辦公室，在走廊上逼她也要加入。

阿莉跟她說：「這會是個大案子，我們需要一起做這件事。」艾琳同意了。

現在追捕Alpha02不再只是她們著迷的嗜好，也是官方調查的一部分。

阿莉和艾琳向團隊中一位華盛頓特區美國聯邦助理檢察官解釋，她們發現了鮪魚：這位網路犯罪檢察官露易莎・瑪莉詠（Louisa Marion）的辦案經驗相當豐富，她、瑞本和賀米沙施立即發出傳票，要求鮪魚地址兌現的交易所提供身分識別紀錄。

這項法律上的請求花了幾週的時間才取得結果。最後，在2017年1月初的某天晚上，阿莉正在上法學院夜間課程，接到了沙加緬度聯邦調查局探員的電話說：傳票結果回來了。

探員告訴她，鮪魚地址在交易所帳戶上的名字是亞歷山大・卡茲。

第29章

裸密歐

　　來自佛雷斯諾和沙加緬度的兩位助理檢察官瑞本和賀米沙施，在追蹤米勒最初收到的線索時（這個電子郵件地址Pimp_alex_91最先讓調查人員把矛頭指向卡茲），經常互問對方，真的找對人了嗎？這個好到令人難以置信的內幕消息會不會是某種刻意的誤導？是不是有人故意洩露地址，甚至是選了Alpha02這個名字來陷害卡茲，讓他當替死鬼？瑞本記得當時心想：「噩夢般的場景是，消息人士為我們設下了圈套。」

　　在檢舉人跟米勒分享的那封AlphaBay歡迎電子郵件裡，不只提供一個電子郵件地址，也提供了荷蘭IP的位址，這是另一個寶貴的線索，但調查人員還不敢大動作調查：他們擔心如果去跟IP位址背後的荷蘭託管服務提供商聯絡，公司可能會告知Alpha02，說他們正在窺探他網站的基礎設施，結果會打草驚蛇。

　　然而，當調查人員看到阿莉和艾琳追蹤區塊鏈得到的傳票結果，名字一模一樣，立即信心大增：他們調查的方向正確無誤。

　　在接下來的幾週和幾個月內，阿莉和艾琳繼續在AlphaBay群集中，追蹤更多的高資產地址，連結到一個又一個加密貨幣交易所。她們開始認出看起來像是卡茲的身分識別線索，甚至是他的比特幣洗錢慣用手法，在某些情況下，他會試圖掩飾他所擁有的比特幣，這個企圖本身就成為一種像指紋的證據。

　　這兩位分析人員透過卡茲的佣金，總共追蹤到十幾個加密貨幣交易所，

接著檢察官逐一發出傳票，找到以卡茲和太太的名義開立的帳戶。得到這些結果後，他們發現一個長達多年的模式：卡茲會在一間交易所開立一個帳戶，用來兌換AlphaBay的大筆利潤。到了某個時間點，通常是在他兌現交易的幾個月內，交易所會懷疑這些大規模的加密貨幣交易來源，要求他提供更多「認識你的客戶」的相關資訊。

卡茲會發訊息解釋，他只是個比特幣的早期投資者（從福斯到烏布利希，每個加密犯罪分子都述說著同一套含糊的故事）。在某些情況下，AlphaBay創辦人聲稱在2011年或2012年，從Mt. Gox買了幾千枚硬幣，因為他知道很難檢查這家已停業的交易所紀錄。在其他情況下，卡茲會聲稱是從「私人賣家」那裡，以每一枚1美元的匯率買來的。「從那時起，我幾乎一直像炒股一樣買進和賣出硬幣，但是從未兌現。」他在寫給交易所的一封電子郵件中解釋。

然而，到了2017年，合法的比特幣企業學會了要對這些無從證實的故事提高警覺，在大多數情況下，他們會關閉或凍結卡茲的帳戶，因此他必須轉到另一個交易所。在此同時，阿莉和艾琳透過追蹤一連串的區塊鏈連結，可以看到卡茲財富的真正來源。

在接下來的幾年裡，參與AlphaBay案件的調查人員爭論，在另一種情況下，也就是如果他們從未得到Pimp_alex_91的內幕消息，光是靠追蹤加密貨幣能否破案？卡茲的名字出現在這些交易所帳戶上，是否足以讓他們追蹤到他的蹤跡？或者他們是不是只會將其視為另一個模糊的線索，因為太忙而放棄追查？

然而，在米勒一收到關於Alpha02的內幕消息後，兩位聯邦調查局分析人員的區塊鏈工作，就讓調查小組的牆上不再只是原本的幾條線索，而是成為越來越站得住腳的推論。每張交易所的傳票結果，都會在卡茲和AlphaBay的財富之間畫上一條線。

瑞本說：「當我們看到幾百萬美元的加密貨幣，從似乎與AlphaBay相關的錢包流向他，這時我十分確信我們找到了對的人。到了這一步，就可以開

始準備提起訴訟。」

＊　　＊　　＊

2017年3月，一向積極的瑞本準備好要控告卡茲經營AlphaBay網站，但是他的夥伴賀米沙施檢察官比較謹慎，想取得更多證據。他們依舊忙著發傳票，要了解卡茲的加密貨幣交易帳戶以及他所有的線上活動，包括電子郵件到金融交易，這些活動加在一起後，開始描繪出卡茲在線上完整的樣貌。直到4月，他們才發現那個數位生活的一個新要素，從中可看出卡茲平常的想法，而這一點是他們從不曾想過的細節。

調查資料引導他們到一個線上論壇「羅許V」（Roosh V）。團隊很快就發現，這個網站是一種超級陽剛、「大男人主義」（alpha male）的把妹達人社群，充滿歧視女性、另類右派（alt-right）種族主義和反多元性別族群（anti-LGBTQ）等令人震驚的言論，由部落客戴瑞希・「羅許」・瓦利札德（Daryush "Roosh" Valizadeh）於2008年創立，有幾萬名註冊的使用者，這些男人相互指導如何讓性生活發揮到極致，過著「大男人」的生活方式。[1]

佛雷斯諾團隊在那個論壇上發現了一個奇怪的人，他在2014年底加入羅許V，取名為「裸密歐」（Rawmeo），這個化名似乎是在暗示他熱愛沒有保護措施的性行為（rawdogging）。裸密歐發了一千多則貼文，在論壇上獲得「真正的玩家」等級。他形容自己在泰國過著奢華的生活，擁有大量的比特幣，還有一家網路託管和設計公司，所有特徵都與卡茲的公眾形象吻合。當檢察官小組發傳票查看卡茲的PayPal帳戶，證實了這一點：卡茲用他的帳戶為羅許V的高階訂閱服務支付費用，裸密歐是他眾多角色中的其中一個。

在某些方面，裸密歐代表的是卡茲心裡與Alpha02相反的那一面，Alpha02是個暗網首腦，對他而言一切就是生意：他與AlphaBay社群的交流僅控制在最低限度，頂多偶爾發表關於網站功能的無趣聲明。相較之下，裸密歐這個人物色彩鮮明，可以盡情發表言論，這是一個發洩管道，讓卡茲能

享受不同凡響的成就，展現自我，感受到別人崇拜的眼光，就像恐怖海盜羅伯茲帶給烏布利希的感覺一樣。但是，儘管恐怖海盜羅伯茲因為倡導自由意志主義和個人自由的激進風格，吸引了不少的追隨者，不過裸密歐堅持的似乎是一種沒那麼理想化的哲學，正如他所說：「在乎的事情越少，越占上風。」

結果發現，卡茲是羅許V論壇上特定一區裡貼文最多的人，那區的標題是「我剛打完炮」，他描述自己如何經常跟泰國女人搭訕，用他的藍寶堅尼或保時捷吸引她們，然後嘗試跟她們上床，盡可能不要投入感情。他把這些女人描述為「他的後宮」或「盤子」，這是羅許V論壇上常見的比喻，指一個雜技演員能同時轉越多盤子越好，從來不會過度關注某一個，以免分心而讓其中一個盤子掉下來。

裸密歐的每則貼文都以冗長的簽名檔結尾，他在簽名檔中概述自己的生活方式，以及讚揚男人濫交但同時推崇處女情結的矛盾論調：「生活在泰國，享受生活，賺錢，對西方女人不感興趣，不在乎千禧世代的問題，沉迷於沒有保護措施的性行為。#不要婚姻不要鑽石#破處不結婚#真男人不跟單親媽媽約會（#NoHymenNoDiamond#PoppedCherryDontMarry#RealMenDontDateSingleMoms）。」

卡茲像許多把妹達人追隨者一樣，信奉一套嚴格的「性市場價值」（sexual market value, SMV）系統，可以透過計算來決定一個男人在性方面的資產。「性市場價值的四大指標是名聲、外貌、金錢、遊戲，我會把名聲列為第一。」他寫道。

他描述如何對上鉤的泰國女人解釋，他的社會階層比她們高，而且能得到他的注意是她們的榮幸，即使只是短暫的時光。「一旦她開始表現出『強勢的個性』，我就得讓她走。」他在談到一位女性時寫道。在另一則貼文中，他建議這些大男人找單親媽媽享受性愛，但不要建立長期關係。「對這段關係在開始之前就戴綠帽子，這件事我不感興趣，但是就快感來說，這可能是好事。只要散發出一種『父親般』的感覺，你就成功了。」他寫道。

　　卡茲像許多羅許 V 成員一樣，對於被控強姦的假威脅很著迷，他炫耀自己的解決方案，對他這個高度重視隱私的人來說，無疑是俯首認罪，很令人震驚。他寫道：「**每次**跟一個新的女人上床，我就會在房間裡，用隱藏的攝影機偷偷錄下整個過程，存在一個加密的硬碟，一出現麻煩隨時可以派上用場，如果沒有壞事發生，就沒有人會知道影片的存在，我尊重這些女人的隱私。」

　　在其他貼文中，裸密歐解釋他已婚，其實很愛目前懷了第一個孩子的太太，他形容她擁有「一個太太必須具備的一切：處女、保存完好的身體、大學學歷、完整的家庭、社交圈中沒有多元性別族群的朋友、為我下廚、不抱怨」（會在無意間拋出論壇上常見的那種恐同論點）。他說在財務上對她嚴格控管，把他的大部分資金存在加密貨幣中，有需要時才兌現，而且從來不透露他全部的淨資產。

　　在某些方面，卡茲的裸密歐角色，就跟 AlphaBay 的老闆一樣注重隱私，他完全劃分了自己的生活，將他的風流韻事與家庭生活隔開，幾乎就像他將 Alpha02 角色與真實世界的身分切割開來一樣。他寫道：「我就是我們所說的**職業騙子**。」不讓太太知道他用來跟其他人上床的第二個家，用假身分證以免那些「盤子」得知他的真實姓名，以不同的角色跟人聯絡時，甚至會用不同的電話號碼。原本就算用戶換了 SIM 卡後，電信業者還是可以透過國際行動裝置辨識碼（International Mobile Equipment Identity, IMEI）把兩個號碼連到同一個設備，不過裸密歐炫耀說，他有辦法改掉辨識碼。

　　他寫道：「我在我的盤子面前有完全不同的身分，我的兩個生活不可能有交集。」

＊　＊　＊

　　現在全球奉命處理 AlphaBay 案件的探員中，花最多時間在裸密歐上面的是曼谷緝毒署辦公室的桑契絲。她一讀再讀他在羅許 V 論壇上的每則訊

息，彷彿病態般的沉迷其中，他對性生活鉅細靡遺的描述讓她錯愕，他虛偽的評論讓她驚訝。「我高度支持道德，而不是金錢。」這個龐大的毒品和網路犯罪商品市場的祕密首腦寫道，解釋他決定不為「社會正義戰士」的客戶設計網頁，或是將房地產出租給多元性別族群的夫妻舉辦婚禮。「遵循我們的原則很重要，即使代表著損失金錢。」

桑契絲是一名專門處理洗錢案件的探員，她在AlphaBay案件中的核心任務不是記錄卡茲的婚外情，而是追蹤他在泰國和全球各地的金融資產。她發揮專業的精神，非常詳細地列出他在曼谷的四個家，包括單身公寓、主要的住所、另一個給姻親住的地方，以及正在裝潢的豪宅，此外，還有在普吉島（Phuket）價值600萬美元的五房海濱別墅、兩輛跑車、機車，甚至是買給太太的Mini Cooper。儘管她多年來持續追蹤貪汙的政客和有組織的犯罪分子，但是對卡茲大手筆的奢侈行徑仍感到大吃一驚。在一封電子郵件中，他對這家最喜歡的頂樓餐廳Sirocco抱怨，有一項服務讓他很失望，裡面順帶提到他光是在過去兩個月內，就在這家餐廳花了大約12萬美元。

另一次是他們執行日常監視工作時，桑契絲的主管古茲曼和泰國警方看到卡茲進入快遞公司Mail Boxes Etc.的店裡寄送一包文件，警察在他離開後攔截下來，在裡面發現一份賽普勒斯的經濟公民資格申請書。他試著在幾個國家藏匿財富，或許也希望能找到避風港，以免泰國當局追蹤到他的足跡，而賽普勒斯就是其中之一。這些文件提供了卡茲的資產詳細帳目，不僅幫桑契絲追蹤到泰國、列支敦斯登（Liechtenstein）和瑞士的銀行及加密貨幣交易所帳戶，還有賽普勒斯數百萬美元的房地產投資。後來，她又在加勒比海島國安地卡及巴布達（Antigua and Barbuda）找到了另一筆房產。

但是桑契絲在追蹤資產時，發現自己越來越沉迷於卡茲在羅許V論壇上的角色，以及這個角色為他個人生活所提供的看法。她發現一個重要的事實，裸密歐發表的貼文，恰好透露出卡茲的上線**時間**，羅許V的使用者個人資料上有一個灰色小人像，就在使用者名稱旁邊，如果使用者在網站上活動，這個小人像會變成綠色。當她看到裸密歐名字旁邊的小人像發亮，就知

道她正在即時觀察著（實際上是監控）卡茲仍自認為私密的生活。

在某些情況下，桑契絲的線上監視以及實際觀察卡茲的探員小組，現在可以將他的真實世界行為和線上告解室搭配在一起。古茲曼和泰國警察跟蹤卡茲，追蹤手機位置，會看到他在便利商店接一名年輕女子，把她帶到單身公寓後就不見蹤影。到了第二天，桑契絲就會看到卡茲在羅許 V 上面詳細描述他跟那個女人的性行為，幾乎毫無例外，他們現在彷彿不僅能看到卡茲的行動，還能看到他內心深處的祕密。

至少是進入他腦海中的**一個**祕密角落。卡茲非常謹慎，從不在羅許 V 上揭露自己的另一個身為 AlphaBay 創辦人的私密生活，但是桑契絲開始相信，他在論壇上的文章仍展示出一幅深刻的心理畫像。舉例來說，他在一篇貼文中寫到童年以及父母分居對他產生的影響。卡茲寫道：「我爸爸非常大男人，但是他缺席了，他試著聘請最好的律師來爭取監護權，而基於公平原則，我每個月可以見到他四天。他在我大約十九個月大的時候，被媽媽甩了，因為她找到一個更刺激的人，不過一年後她被甩了。」

卡茲抱怨說，因為他從小就沒有機會和爸爸一起生活，所以一直到十八歲都缺乏陽剛的生活體驗，他列出以下基本的男性活動：「使用電鋸、騎機車、開卡丁車、接近女生、更換輪胎。所有這些事情都必須從頭開始學習。」他感嘆道。

對桑契絲來說，這是 Alpha02 的起源故事，但她讀到時，會覺得是一個男人想要過度補償的自傳簡化版，把自己缺乏男子氣概的原因歸咎於媽媽，在成年生活中渴望成為終極版的「大男人」。

從調查人員挖出的另一份自傳文件中，似乎傳達出卡茲這輩子始終認為自己是局外人的感覺，他比周圍大多數人都聰明，但努力在社會上找到自己的位置。卡茲向格瑞那達（Grenada）政府提交了一份官方表格，這是另一個他尋求經濟公民身分的國家，在其中描述了他的工作經歷，簡明扼要地述說他的生平事蹟，從在三河市的小學開始寫起，說他一年級念完直接跳級到三年級，「因為在班上比其他同學『優秀』許多」，還提到後來在大學時中

輟，以及想找一份正常的工作。

例如他寫道，大一時曾在麥當勞（McDonald's）打工幾個月，但「因為無法融入這個團體」而遭到解雇。他指出，隔了一年，他被另一家魁北克連鎖餐廳解雇，原因是「在工作中飲食過量」。卡茲在一家保險公司找到了另一份工作，幾個月後離職，「因為工資太低，工作時間太長。」他寫道，再次被一家加拿大電信公司解雇，原因又是「無法融入這個團體」。而在兩個學期中間的另一份暑期工作只持續了一個月，因為「一個股東討厭我沒有拿到文憑就得到這份工作，他們發現我跟他太太來往時，就把我炒魷魚了。」他寫道。

＊　＊　＊

桑契絲承認，整理卡茲這些私人生活的片段，有時候看起來幾乎像是在偷窺。但這不全然都是無關緊要的東西，調查人員偶爾會在他所有淫穢和不誠實的貼文中，發現關於案件的寶貴資訊。

在羅許Ｖ上的一則貼文中，就出現了這樣的資訊，當時論壇成員正在討論Windows和Mac作業系統，卡茲是一位才華橫溢的程式設計師和資訊科技管理人員，永遠不會錯過與同行一較高下的機會，馬上跳進來插嘴，描述他的個人電腦設定：他說自己使用Linux，這是「凱迪拉克」（Cadillac）等級的作業系統。此外，他描述自己如何使用Linux統一金鑰設定（Linux Unified Key Setup, LUKS），這是一種Linux專屬的免費加密工具，只要他把筆電蓋起來，整個硬碟就會加密，非常安全。如果沒有他的密碼，即使是世界上最強大的超級電腦，也無法在幾百年內破解這種加密。

對於目前緊跟在卡茲後面的調查團隊來說，這個資訊帶來巨大的影響：他們從絲路調查案中學到的是，若真的要讓一個暗網垮台，必須具備三個核心要素，他們需要扣押AlphaBay的伺服器、逮捕管理員、得到進入管理員筆電的權限，才能取得可證明當事人確實有罪的證據。

　　現在，他們的目標是那台筆電裡的祕密，他們對於接下來會發生什麼事一清二楚。就像烏布利希在公共場所工作時，聯邦調查局從桌子對面搶走了他的筆電一樣，他們知道，如果想在未加密的狀態下取得筆電，就必須在卡茲使用時拿到。

　　這就出現了一個艱鉅的挑戰：根據他們對卡茲實體活動的監視，發現他除了家裡之外，似乎從未在其他地方登錄電腦，看起來他從格倫公園公共圖書館汲取了教訓。

　　團隊調查了 AlphaBay 六個月，Alpha02 已經在他們的掌握中，幾乎伸手可及，但是，如果他們不能在現場、公開的情況下，將他的筆電拿到手，那麼最能證明他有罪的祕密將永遠鎖在裡面。

第30章

漢薩

2017年5月，AlphaBay調查人員的核心團隊，包括瑞本、賀米沙施、米勒和司法部電腦犯罪部門檢察官瑪莉詠，聚集在沙加緬度的美國聯邦檢察官辦公室開會，審查他們這陣子蒐集的大量證據。當天的問題是：他們準備好要起訴卡茲了嗎？

在大約一小時的會議中，探員和檢察官討論一大堆的銀行文件、加密貨幣交易所紀錄和社交媒體線索，這時，賀米沙施仍然彎著腰，默默地在筆電上打字。會議桌旁的一些人心想，這位向來以教授怪癖聞名的沙加緬度檢察官，是不是在開會時竟然不顧他人，逕自做其他工作或回覆電子郵件。

接著賀米沙施突然打斷大家，展示他剛才整理好的資料：他把筆電連到牆上的大螢幕，給房間內的人看一張圖片。這是一張流程圖，列出一堆節點和線條，每個節點代表一個證據，不同的線代表來自Chainalysis的Reactor軟體的區塊鏈連結、他們追查的傳統付款、他們連結到目標對象的使用者名稱和電子郵件地址。左邊是卡茲的名字（真實世界裡的人），右邊是Alpha02。有些線條錯綜複雜，穿過多個節點，但是每條線都是以卡茲開始，延伸到他混亂的線上生活，然後匯集到他的暗網角色。

這並不是有力的證據，因為他們仍需要在卡茲使用鍵盤時抓住他。但是小組成員看了看圖表，總結一下卡茲整體的操作安全失誤以及他在區塊鏈上留下無法消除的痕跡，全員一致同意，他不是替死鬼，這些都不是巧合，他們找到了Alpha02，準備起訴他。

＊　＊　＊

那年春天大約同一時間，往東五千多英里的地方，在荷蘭中部綠樹成蔭的小鎮德伯珍（Driebergen），有一座四層樓高的長型黑色辦公大樓，兩旁是森林和高速公路。一個祕密開始在大樓裡的荷蘭國家警察中散播開來：美國人準備要撤除AlphaBay。

美國團隊得到AlphaBay的荷蘭IP位址內幕消息時，聯邦調查局相當謹慎，提醒荷蘭人，可能很快就需要他們合作，幫忙監視和最後扣押那個設在他們國家的黑市伺服器。

美國希望擊潰全球最大的暗網市場消息，很快就傳到一組荷蘭探員的耳朵，對他們來說，這代表有趣的巧合，他們已經深入調查一個正在快速成長為全球**第二大**的暗網市場網站，開始思考是否有機會整合這一系列的事件然後善加利用。

自2016年秋天起，荷蘭國家警察德伯珍辦公室新成立的暗網專門調查人員團隊，就持續在追捕一個暗網毒品市場漢薩（Hansa），雖然規模遠比AlphaBay小得多，但仍擁有幾千個賣家和幾萬種想像得到的毒品品項。荷蘭之所以開始調查漢薩，是因為資安公司必特防毒（Bitdefender）提供一個內幕消息給歐洲的警察合作機構歐洲刑警組織。[1]該公司在荷蘭資料中心裡，似乎發現了漢薩的伺服器，儘管漢薩市場平常運作的主伺服器受到Tor保護，目前尚未發現主伺服器，但這台機器看起來是管理員留下的舊機器（必特防毒從未透露如何發現伺服器未受保護的IP位址）。

荷蘭人在那台電腦上安裝監控設備時，發現管理員已經將它連到另一台荷蘭伺服器以及德國其他兩台伺服器，加起來總共四台伺服器。他們在德國聯邦警察的協助下，迅速制定一個計畫，準備扣押所有四台機器。荷蘭調查人員打算採用他們所謂的「短打」方式：藉由取得那些電腦，希望以最少的調查資源快速關閉網站，如果幸運的話，他們能獲得足夠的資料來指認和逮捕管理員。

　　然而，等荷蘭警方取得德國的伺服器後，看到其中包含的內容，才意識到這次的短打是不可多得的機會。荷蘭人在這些機器上，發現了漢薩大量的敏感資料寶庫，包括市場的原始碼、完整的使用者名稱和密碼、所有市場交易的資料庫，以及使用者之間大部分經過加密的訊息，甚至還有兩個管理員的PGP私鑰，用以將管理員收到的訊息解密，而且在他們發送的訊息驗證身分。

　　遭扣押的漢薩資料庫只列出網站使用者的化名，而這些使用者與網站的連結都已透過Tor匿名，因此充其量只是一份簡單的客戶化名通訊錄。不過這些資料裡有另一個獎品：漢薩的兩位管理員之間大量的聊天紀錄，名字分別為HL和羅恩史旺森（RonSwanson），這個寶庫裡有一萬七千條訊息，在其中一些對話中，他們甚至還提到彼此的法定全名，其中一位透露住家住址。在社交媒體稍微快速搜尋一下，就能更清楚了解他們的生活：一個三十歲，住在德國席根（Siegen），另一個三十一歲，住在科隆（Cologne）。

　　2016年秋天，就在伺服器被扣押後不久，有一天，兩名荷蘭調查人員在德伯珍警察大樓二樓的辦公桌前，仔細研究這些豐富的資料，其中一位尼爾斯·安德森羅德（Nils Andersen-Röed）是荷蘭國家警察新成立的暗網團隊探員，另一位不願透露姓名的是荷蘭檢察官的技術顧問。兩人看到螢幕上高度敏感的訊息都欣喜不已，想知道如何能有效利用這個意外得來的罕見資料。

　　安德森羅德想到這兩個管理員的PGP密鑰，開玩笑地提出一個論點：他指出，有了這兩個密鑰，他們可以進入暗網論壇，冒充這兩個德國管理員，以漢薩市場創辦人的身分寫訊息，然後「簽名」，基本上他們可以**成為**管理員。

　　兩人針對這個冒充的想法展開討論，對話內容變得越來越嚴肅，他們在過去五年內，一再看到暗網市場的興衰，感到厭煩不已：一旦執法部門摧毀一個暗網市場，或是管理員帶著使用者的錢逃跑，就會出現另一個新市場取而代之，彷彿一場無止盡的打地鼠遊戲。

　　一位調查人員對另一位說：「我們應該在這方面採取更進一步的行動，不要只是撤除一個市場，然後再繼續撤除下一個市場。我們現在的狀況很獨特，應該能做點不一樣的事情。」

　　不久之後，成為漢薩老闆的想法不再是笑話，如果他們不光是逮捕管理員和查封網站，而是偷偷霸占市場，不知道會怎麼樣？若是他們控制了暗網上這個如此活躍的網站，說不定可以獲得某些權力，以指認漢薩的使用者，包括其中最大型的毒販。

　　這兩個荷蘭人做著白日夢，討論到如果等他們最後揭露這個臥底行動，對社群會造成多麼深遠的心理衝擊：再也沒有人能完全信任暗網管理員，因為不知道管理員究竟是不是替聯邦調查局工作的臥底探員。

＊　＊　＊

　　兩名荷蘭調查人員跟荷蘭國家警察團隊的其他成員，以及幫忙扣押伺服器的德國聯邦警察分享這個想法，後來又得知另一個幸運的消息：德國人已經在追蹤這兩個可疑的漢薩管理員，不是因為他們創辦的龐大毒品市場，而是他們另外經營的一個盜版書籍網站。

　　荷蘭警方發現正好可以善用這種情況，絲毫沒有衝突：德國人為盜版書籍網站逮捕這些人的時候，荷蘭人就有絕佳的機會偷偷趁虛而入，代替他們的位置，以最不引人注意、也不會造成營運中斷的方式經營漢薩。荷蘭國家高科技犯罪小組（Dutch National High Tech Crime Unit）很快就奉命接管這項行動，小組負責人格特・拉斯（Gert Ras）說：「我們可以利用這次逮捕機會，而且必須擺脫真正的管理員，然後自己成為管理員。」[2]

　　然而，就在這個大膽的計畫開始具體成型時，面臨一個基本的問題，他們當初為了扣押漢薩位於荷蘭和德國伺服器採取的「短打」方式，展現了摧毀市場的意圖，因此等到調查人員取得設在荷蘭的市場核心伺服器時，驚慌失措的管理員已將伺服器轉到一個未知的資料中心，又跟 Tor 的全球大批匿

名機器混在一起。拉斯表情嚴肅，輕描淡寫地說：「那是一次挫敗。」

　　那時，荷蘭警察大可以減少損失，准許德國人逮捕漢薩的管理人員（畢竟，荷蘭警察知道兩人的名字和位置），然後指控他們經營一個龐大的毒品市場，因為證據確鑿。但是荷蘭警察沒這麼做，反而決定繼續執行祕密接管計畫，意思是他們不僅必須找到管理員，還要找到剛剛從雷達上消失的伺服器。

　　在接下來的幾個月裡，他們耐心地尋找那些機器，追查任何可以幫助他們重新建立蹤跡的線索。直到2017年4月，也就是採取「短打」策略的六個多月後，他們才再次得到線索，這一次是來自區塊鏈。

　　在被扣押的德國伺服器上，兩位管理員相互發送了幾千則訊息，其中有一小部分提到比特幣支付。荷蘭警方將這些地址輸入Chainalysis的Reactor軟體時，可以看到這些交易指向BitPay上面的一個帳戶，BitPay是一家支付服務商，讓使用者可以使用加密貨幣購買傳統商品和服務。在這種情況下，與大多數暗網支付不同的是，**有**一個中間人可以追查：荷蘭人發傳票給BitPay的荷蘭辦公室，發現管理員將比特幣匯入，為的是向一家立陶宛的主機服務提供商租用伺服器。

　　因此，一組荷蘭調查人員飛往立陶宛的首都維爾紐斯（Vilnius），向當地警方解釋他們獨特的接管計畫。荷蘭警方督察長佩特拉・漢里克曼（Petra Haandrikman）成為漢薩行動的小組負責人，她說：「他們簡直是目瞪口呆。」她記得他們的回應是：「你們想做**什麼**？」但他們同意合作。荷蘭警察現在讓漢薩的基礎設施重新回到視線範圍內。

　　大約在那個時候，就在他們的漢薩劫持計畫再度可能成真時，荷蘭人得知美國在調查AlphaBay，這次美國人瞄準的是更大的目標。荷蘭人討論這件事對過去一年來籌畫多時的行動可能產生的意義。

　　他們的接管想法儼然是最有野心的臥底行動，將目標放在整個暗網毒品世界。他們認為，也許能延續之前的好運，再往前邁出一步。

＊　＊　＊

5月的某一天，美國AlphaBay調查小組代表團一早抵達海牙（The Hague）機場，這是位於荷蘭北海岸的一座城市，距離德伯珍以西四十英里處。他們因為搭乘夜間航班，下飛機後睡眼惺忪，在時差造成的不適和飢腸轆轆之下，到一家位於地窖的荷蘭式煎餅餐廳吃早餐。

賀米沙施從來都沒辦法在飛機上睡覺，因此利用這段時間為這次逮捕AlphaBay行動命名，整理了一份可能清單，念給小組聽，其中包括區塊重磅行動（Operation Blockbuster）、區塊封街行動（Operation Block Party）、傻瓜鏈行動（Operation Chain of Fools），這幾個是從追蹤區塊鏈而得到的證據來命名，另外像是暹羅夢行動（Operation Siamese Dream）、不那麼暗網行動（Operation Not-So-Darknet）和不戴套行動（Operation Rawdogger）。（賀米沙施承認：「事後回想起來，其中有些名字不太恰當。」）睡眠不足的小組否決了賀米沙施所有的提議，開始腦力激盪，最後，他們決定使用一個雙關語，結合了AlphaBay的名字與他們正在圍攻網路的概念，同時加入刺破暗網面紗的意涵：刺刀行動（Operation Bayonet）。

幾小時後，這群人到達歐洲刑警組織總部，這棟堡壘般的建築外牆是青灰色，入口前面有一條護城河。他們準備向一個國際執法機構小組，介紹這個新命名的調查案件中取得的進展，團隊成員坐在寬敞的會議室裡，每位代表的桌上都放著名牌和麥克風，就像是一群暗網偷窺者召開的聯合國大會（UN General Assembly）。

這次會議是例行活動，主要是為了防止各個機構互相妨礙。美國人先開始介紹AlphaBay的最新進展：他們相信AlphaBay的伺服器和管理員卡茲可以手到擒來，打算數日內以封緘（under seal）的方式祕密起訴卡茲，隨後跟泰國警方合作將他逮捕到案。

在短暫的休息時間後，輪到荷蘭代表發言。荷蘭檢察官辦公室的技術顧問，匆匆忙忙把美國人的報告內容告訴幾位荷蘭檢察官，幾分鐘前在得到他

們的同意之下，此時提出了一個建議。他解釋，荷蘭警方在德國聯邦警察的協助下，已準備好逮捕漢薩的管理員，控制市場，然後偷偷經營。

他們現在可以看到美國人距離撤除AlphaBay只有一步之遙。荷蘭技術顧問提議，如果雙方把行動合而為一，不知道會如何？

他解釋，美國人在搗毀AlphaBay之前，需要做的事就只是先等待荷蘭接管漢薩，接著，美國人逮捕Alpha02和扣押他的伺服器後，先不要正式對外宣布獲勝的消息。如果一切按照計畫進行，大量的暗網使用者會退而求其次，從被查封的市場逃到位居第二的選擇，由荷蘭警方控制的市場。

然後，只要荷蘭人有機會用前所未有的方式窺探暗網經濟的內部運作（可以從剛戴上王冠的新首腦特權地位來窺探），這時再同時公開宣布漢薩和AlphaBay行動。兩個突擊行動加起來，會是荷蘭技術顧問口中的「連環出擊」。

美國代表的眼睛都為之一亮，聯邦調查局分析人員阿莉記得，她對於這個野心勃勃的計畫感到相當興奮，檢察官瑪莉詠的腦袋則是興奮地衡量風險和報酬，這麼做到底合法嗎？合乎道德嗎？

賀米沙施仍有嚴重的時差，記得當時對於荷蘭人在AlphaBay行動中增加的複雜度，一方面印象深刻，一方面戒慎恐懼。在之前的調查中，曾有執法部門祕密控制暗網，例如2014年，由澳洲聯邦警察經營一個販賣兒童性虐待材料的「戀愛特區」（Love Zone）網站，為期六個月。[3]戀愛特區這樣的案例在經營上的確很成功，但也引發爭議，記者和法學專家後來指出，執法部門為了更深入滲透他們所瞄準的地下社群，結果基本上也犯下了跟被調查對象一樣的罪行。[4]

現在荷蘭人建議如法炮製，但目標是全球第二大線上毒品市場，毫無前例可循。

賀米沙施說：「就假扮暗網毒品市場而言，這是第一隻送上太空的猴子。」

先撇開法律或道德層面不談，他在思考這件事會不會有點「異想天

開」，光是協調美國各地的探員已經夠困難了，現在他們還要協調荷蘭、德國和六個美國機構，再加上泰國的執法人員，真的可行嗎？

　　儘管如此，這兩項調查幾乎同時都能得到意外的成果，這件事實在是不可思議，他們什麼時候還能有機會再度嘗試類似的事情呢？

　　「把握時機，期待最好的結果，誰知道會如何呢？我們就放手一搏吧！」賀米沙施說。

第31章

接管

　　幾週後，一組泰國警察在6月初抵達沙加緬度的萬怡酒店（Courtyard Marriott）。為了消除「刺刀行動」中在亞洲曼谷那一端可能產生的任何分歧，桑契絲的主管古茲曼指派她帶代表團從曼谷搭機前往加州，跟美國團隊協商。她對於自己被任命為「保姆」這件事，私底下不太高興，因為在這趟行程的前幾天，泰國團隊從原本的三名專家增加到八名警察，其中一些人從未坐過飛機，更別說跨越半個地球了。

　　泰國警方在美國聯邦檢察官辦公室會見美國探員、分析人員和檢察官，房間裡至少有二十多人。兩國分享彼此的簡報內容，來自華盛頓特區的阿莉和艾琳為泰國人介紹比特幣基本原理，以及她們追蹤到的卡茲加密貨幣現金流。泰國人分享這幾個月來在跟蹤卡茲的實體活動中發現的一切，警方隨後解釋泰國法律制度的細節，如果一切順利，將卡茲逮捕到案後，美國探員可以或不可以對他做些什麼。

　　在休息期間，桑契絲帶著泰國團隊四處逛逛：去高爾夫球場、購物中心（警察差不多買下Coach暢貨中心裡所有的商品），以及租廂型車到舊金山遊覽。習慣熱帶氣候的泰國人，在漁人碼頭（Fisherman's Wharf）幾乎快凍僵了，他們實在是疲憊不堪，因此去金門大橋（Golden Gate Bridge）來回的路上都呼呼大睡。有一天，聯邦調查局帶泰國人參觀該局在沙加緬度外地辦事處的爆裂物實驗室，拆彈機器人讓他們印象深刻。後來賀米沙施拿出宏達電虛擬實境頭戴裝置，兩國探員輪流走在一個數位無底洞裡的木板上，以虛擬

寶劍跟殭屍對戰。

在探員不忙著觀光和投入培養團隊默契的活動時，就很認真討論突襲暗網首腦的具體細節。有一次，案件的首席聯邦調查局探員提出一個迫在眉睫的狀況，就是卡茲筆電的加密問題。桑契絲和泰國人解釋，根據他們的監視，卡茲幾乎從未在自己家以外的地方開機，探員一致同意：必須在他的家中逮捕他，而且那時他得登入AlphaBay，要讓他措手不及，無法在被捕前蓋上筆電。

幾乎跟電腦一樣重要的就是卡茲的iPhone，聯邦調查局告訴泰國人，取得手機時需要未上鎖，否則也會因加密而無法讀取資料，畢竟，那支手機裡面可能有卡茲的加密貨幣錢包或其他關鍵資料的密鑰。如何完成這項艱鉅的任務，拿到這兩個設備和裡面的資訊，這個問題依然無解。

接著桑契絲開口：她問聯邦調查局探員，如果能更了解卡茲每天的行程，每一小時所做的事，是否會有幫助。她解釋，畢竟他把一切都公開在羅許V上。聯邦調查局探員請她繼續說下去。

因此，桑契絲為大家介紹卡茲本人詳細描述的日常行程：清晨起床，查看電子郵件和社交媒體，包括羅許V論壇，在家健身到接近中午，和太太做愛，然後用筆電處理事務直到傍晚，只會在下午稍微休息一下，吃頓簡單的午餐，七點時會結束工作，外出吃晚餐，開著藍寶堅尼找女人。他會在十一點前回家睡覺，幾乎沒有例外。

然後，桑契絲在大量研究羅許V論壇貼文後，提供了另一個觀察結果：她可以在論壇看到卡茲確切的上線時間，裸密歐名字旁邊的小綠燈，不只為他們提供卡茲即時的想法，還可以作為一項指標，看出他的筆電何時打開，以及Alpha02何時最容易受到攻擊。

* * *

2017年6月20日快接近中午時，六名荷蘭警察擠在德伯珍的一間會議

室，他們從那天一早就心急如焚地等待。最後，其中一位調查人員的電話響起，打來的是一名德國聯邦警察。德國人剛剛在兩名漢薩管理員家中逮捕他們，兩人都被拘留，刺刀行動的連環出擊第一階段現在可以開始。

　　幾週以來，荷蘭國家高科技犯罪小組一直在為這一刻做準備，他們使用從德國伺服器中取得的漢薩原始碼，來重建自己的離線練習版市場，以熟悉建構和管理的方式。他們甚至還創造自己的遊戲版比特幣，也有自己的區塊鏈，這是加密貨幣開發人員所謂的「測試網」（testnet），如此一來，就能私下試驗該網站如何處理貨幣交易。

　　現在真正的管理員被逮捕了，他們必須接管和經營漢薩貨真價實的版本，幾百萬美元在幾萬個使用者之間移轉，而且必須無縫接軌完成這項工作，不能讓網站離線，更不能被網站的使用者或員工發現這兩位管理員是冒牌貨，現在的經營者其實是一群臥底的荷蘭警察。

　　荷蘭小組收到德國人的信號後，立即打電話給他們派往立陶宛資料中心的兩位探員，那是漢薩的主伺服器所在之處。這些探員從放置機器的機架中，取出一個硬碟，以取得備份資料。德伯珍和立陶宛的團隊隨後開始在自己的電腦上，接著是在荷蘭資料中心的伺服器上，瘋狂地逐一複製市場上的每個數位組件，重新建構一模一樣的網站，但現在的控制權在他們手上。

　　接下來的兩天，荷蘭調查員從一大早就坐在鍵盤前，一直到深夜，只吃披薩喝紅牛（Red Bull）補充體力。剛開始，有人在會議桌上打翻氣泡飲料，差點弄濕了一台儲存漢薩所有資料的筆電，幸好有一名調查員趕快衝過去搶救。還有一次是一行指令出現拼字錯誤，導致網站當機了幾分鐘，讓人捏一把冷汗，後來終於恢復正常。

　　最後，在逮捕管理員後的第三天凌晨三點左右，荷蘭調查員馬里納斯‧布克洛（Marinus Boekelo）正在解決網站重建的最後一個問題，也就是每當有人使用頁面最上方的搜尋欄位時，就會導致螢幕上出現錯誤訊息。布克洛低聲抱怨：「可惡，可惡，可惡！」彎身靠近筆電，雙手放在臉頰兩側，試圖一一修復。

　　然而片刻之後，他看起來如釋重負，身體往後靠，錯誤訊息消失了，解決最後一個嚴重的錯誤。

　　將近七十二小時後，他們讓網站順利運行，現在完全由他們控制，仍在會議室裡的少數幾位工作人員雀躍不已。除了一個暫時的故障導致兩、三分鐘的當機之外，使用者幾乎看不出網站已搬到荷蘭資料中心。

　　荷蘭警方擔心，這次接管最明顯的跡象是，最近三天來，兩位漢薩管理員完全無聲無息，接管團隊必須立刻跟網站的四名板主重新恢復溝通，所有的板主都在等著兩位管理員下達指令，以解決他們無法自行處理的買家和賣家之間的任何糾紛。警方可以看到管理員使用加密訊息系統 Tox Chat 跟漢薩的員工聯絡（警方扣押的伺服器裡只包含了之前少部分的通訊紀錄），但是他們沒有登錄聊天帳戶的密碼。

　　所以他們試了一個簡單的解決方法：向真正的管理員求助。這兩個德國人為了能從輕判刑，很快就答應配合，將自己的 Tox Chat 密碼交給德國警方，再由德國警方交給荷蘭人。德伯珍的團隊隨後恢復了黑市老闆和員工之間日常喋喋不休的談話，有了真正的管理員合作，再加上 Tox Chat 的日誌，他們就能順利接手網站的業務。他們只在一開始犯了一個錯誤，付給一位板主的比特幣薪水金額不正確，因為換算時弄錯貨幣，臥底警察改正錯誤，把差額還給員工，一切就都沒事了。

　　荷蘭團隊為了管理員離線三天，想出一個掩人耳目的故事：如果有人問起，他們會說是要讓市場升級，因此埋首於編寫程式。但事實上根本沒有人問，由於市場內部組織結構層級嚴謹，再加上暗網作業的保密性，因此員工只知道同事的使用者名稱和共享的聊天紀錄，意思是身穿警察制服的管理員用不著解釋為什麼缺席。

　　似乎也不必惡補一下同事間的笑話或茶餘飯後的八卦，他們發現這件事之後，鬆了一口氣。一名調查員回憶：「原來他們彼此不討論任何私人問題，純粹是公事公辦。」

　　不過，掩人耳目的升級故事並不全然是謊言，在重建網站時，荷蘭警方

確實解決了一些錯誤，重新編寫一部分的程式碼以提高效率。原本網站是由兩個過勞的管理員經營，但現在是由六名探員組成的團隊，輪流擔任管理員，他們發現網站客戶普遍認為市場的日常營運大幅改善。

有一位年輕的荷蘭探員多年前曾是資訊服務台人員，發現幫忙經營漢薩的這份新工作跟以前的職務非常相似，他會參考由管理員事先在線上控制面板中寫好的一系列答案，然後有效解決關於網站毒品交易的爭議。臥底探員甚至救了一位心存感激、視力受損的毒販，協助他如何讓螢幕閱讀器軟體與Tor瀏覽器整合在一起。

先撇開道德上的困境不談，團隊不禁為自己的高度專業引以為傲。「品質確實提升了，每個人都對自己得到的服務水準非常滿意。」荷蘭國家高科技犯罪小組負責人拉斯說。[1]

* * *

在擔任漢薩老闆的第一天，團隊仔細觀察網站的內部運作，幾乎不敢相信他們竟然在神不知鬼不覺的情況下接管了網站。但是等他們清楚自己似乎可以無限期控制漢薩時，逐漸適應這件事，開始在德伯珍的小會議室輪值以管理網站，把這裡變成一個二十四小時的戰情室。

他們在一面牆上放了一個六十五英寸的螢幕，有人開始用計時器精確測量他們控制市場的時間，然後一步一步靜靜的準備啟動事先設下的陷阱。

漢薩就跟其他令人滿意的暗網毒品市場一樣，若非為了促成可靠的毒品交易，否則盡可能不要得知使用者的個人資訊，只以「雜湊」（hashes）加密的形式儲存使用者帳號的密碼，讓密碼變成一長串難以破解的字元，網站就不必保護大量敏感的登錄證明資料。漢薩還提供使用者使用PGP為所有的訊息自動加密，包括最重要的資訊，就是買家在下訂單時與賣家分享的郵寄地址。理論上，這一切措施代表的意思是，網站本身完全無法進入使用者的帳戶或知道使用者的私人祕密，例如住家的位置。

　　現在，警察開始在無形中破壞這些保護措施，在買家和賣家登錄時，開始記錄漢薩所有的使用者名稱和密碼，此外，將使用者於網站上發送的每則訊息，在加密前就先全部偷偷存檔。因此，他們很快從訂單中蒐集了幾百、然後是幾千個買家地址，將整個市場的業務變成一個可即時監控的玻璃水族箱。

　　根據荷蘭法律，警方必須記錄且試圖在他們所控制的市場上攔截每一筆毒品訂單。因此，原本只有六名臥底探員在小會議室裡工作，現在人數很快就增加到同一層樓的幾十人，他們的任務是親手記下每一筆購買毒品的交易，把送往荷蘭的銷售資料轉交給荷蘭警方，警方就可以沒收透過國內郵件運送的海洛因、古柯鹼和甲基安非他命包裹。非荷蘭的訂單則送交歐洲刑警組織，由他們負責將與日俱增的毒品交易資料交給各國的執法機構。

　　至此，荷蘭警方已經完成執法部門未曾嘗試過的事情：在網站使用者不知情的情況下，即時搜尋、追捕和切割暗網毒品市場。但刺刀行動才剛開始，荷蘭人以及從沙加緬度到曼谷的合作夥伴，還要瞄準另外更大的獵物。

第32章

「高階分析」

2017年6月22日，這時已接管了漢薩兩天，離計畫中AlphaBay逮捕行動的日期剩不到兩週，甘巴里安以及Chainalysis的兩位共同創辦人格羅納格和萊文，也正好在荷蘭。他們搭機飛往海牙參加一個歐洲刑警組織會議，專門討論虛擬貨幣調查，若從海牙到達荷蘭人控制漢薩的德伯珍辦事處，要穿越大半個荷蘭。

到了此時，刺刀行動的所有環節已就定位，荷蘭人接管漢薩的工作持續進行，一個以AlphaBay為目標的美國團隊，打算最快能在7月5日開始監控該市場的荷蘭伺服器，在卡茲登錄時用快照的方式截圖，以獲取網站上的內容。只有等到泰國人在曼谷逮捕卡茲之後，他們才會讓AlphaBay下線，如果太早動手可能會打草驚蛇，導致他破壞證據或逃跑。美國的檢察官隨後會審問卡茲，迅速將他引渡回國。就連加拿大皇家騎警（Royal Canadian Mounted Police, RCMP）也被捲入此案，同時搜查卡茲母親在魁北克的家。

雖然這股國際偵探工作的旋風加速，但甘巴里安依舊是局外人。由於他仍會回家鄉佛雷斯諾探望父母，因此很早就從佛雷斯諾一位私交甚好的國稅局刑事調查員那裡，得知AlphaBay案件，他持續關注調查案的進展，不過從來沒有被分配到這個案子。

儘管如此，他還是忍不住，偶爾會出於好奇研究一下這個史上最大的暗網市場。由於格羅納格已經將Chainalysis與國稅局的日常關係業務，大部分都移交給萊文，因此幾個月來，甘巴里安透過區塊鏈追蹤AlphaBay，纏著

萊文不放，要跟他分享一些新想法，像是如何讓AlphaBay錢包失去優勢，或是追蹤高度非法的資金軌跡。萊文說，甘巴里安「真的是堅持不懈」。

那年春天，甘巴里安和萊文共同想出一個點子：一種新的實驗方法，以檢視AlphaBay對加密貨幣的使用，AlphaBay案件中的檢察官只用一個術語「高階分析」（advanced analysis）模糊帶過。甘巴里安和萊文希望可以利用它來發掘出重大的結果：AlphaBay比特幣錢包的伺服器主機所在的IP位址。

按照所有傳統觀點，應該不可能透過監控區塊鏈得知那個資料點（data point），畢竟，區塊鏈是比特幣地址之間的交易帳本，不記錄IP位址。幾年前，Chainalysis曾在早期嘗試建立節點，以監控這些IP標識碼，結果引發了巨大的爭議，從那之後，比特幣協議已更新，使得從交易訊息中攔截IP位址變得更加困難。

到了2017年春天，AlphaBay調查人員確信自己得知一個AlphaBay的IP位址，就是那個在米勒的情報來源中，歡迎加入AlphaBay電子郵件裡所洩露的荷蘭位址，但甘巴里安認為另外再驗證一下這個關鍵證據沒什麼壞處。而從萊文的角度來說，他多年來一直在親自動手研究AlphaBay，渴望嘗試一種新的調查技術，如果奏效，Chainalysis就可以將它賣給其他客戶。

因此，在那個6月早晨，萊文坐在海牙公寓裡的一張辦公桌前，面對著這座沿海城市寧靜的西岸風景，幾條街外就是海灘，緊鄰著一個漁港，與狂風肆虐的北海（North Sea）相連。萊文和格羅納格向Airbnb租了這間公寓，兩人住在一起，一個睡臥室，另一個睡沙發，若考量到他們的資金和不斷膨脹的現金流，同住的決定多半是出於習慣，而非財務上的需要。

因為等會兒要開會，所以萊文和格羅納格都很早起，萊文利用這段空檔檢查他和甘巴里安「高階分析」的實驗結果。萊文和甘巴里安都沒有透露這個方法如何運作。（事實上，在我們的多次對話中，他們從未像這次一樣，對加密貨幣追蹤交易技術如此保密到家。）

即使少了大肆的吹噓，答案還是出現在萊文的螢幕上：一個AlphaBay的IP位址，或者更確切地說，是幾個可能屬於該網站的錢包伺服器IP位

址，其中有一個可能性最高。經過快速搜尋後，發現最顯眼的IP其實不在荷蘭，而是位於立陶宛的一個資料中心。

萊文記得自己當時的反應比較不像是恍然大悟，而是短暫的認可。「嗯。」他心想，AlphaBay的主機是在波羅的海一個資料中心，他在心裡告訴自己，下次見到甘巴里安要記得說立陶宛IP的事。

他對這個發現結果沒有特別的急迫感，因為他是個沒有安全許可的承包商，沒有取得調查AlphaBay祕密的特權。他不知道協議好的AlphaBay逮捕計畫將於十多天後執行，但卻把目標伺服器所存放的國家弄錯了。

萊文剛好會在那天晚上見到甘巴里安，一整天的歐洲刑警組織會議結束後，萊文晚餐時坐在甘巴里安旁邊。十幾名探員、分析人員、檢察官和承包商聚在Flavor's的一張長桌旁，這家肋排和牛排餐廳距離歐洲刑警組織總部只有幾條街，牆上掛滿了中世紀晚宴的畫作。他們剛點了飲料，萊文就想到要跟甘巴里安說，他們的實驗想法顯然奏效，他給甘巴里安看手機上的三個IP位址，指出最有可能的是在立陶宛。

這位國稅局探員沉默片刻，拿出自己的手機，對著萊文螢幕上的IP位址拍照，然後站起來，面無表情，沒有多加解釋就快步走出餐廳。

萊文目瞪口呆地看著他離開，甘巴里安甚至連自己的啤酒錢都沒付。

*　　*　　*

甘巴里安跑了八條街，穿過住宅區的街道，經過海牙藝術博物館，到達歐洲刑警組織總部旁邊的萬豪酒店（Marriott），這是他和會議裡許多國際探員下榻的地方。他直接到頂樓，在這裡可以俯瞰索爾格維利特公園（Park Sorghvliet）一片漆黑的森林，環繞四周的是國際政府大樓。他在一間空會議室的桌上，打開筆電，確認萊文發現的IP位址確實是在立陶宛的一個資料中心，然後開始打電話給加州的檢察官瑞本和賀米沙施，以及負責此案的華盛頓特區網路犯罪檢察官佩爾克，還有在海牙參加歐洲刑警組織會議的聯

邦調查局比特幣追蹤分析人員艾琳，告訴他們，他和Chainalysis發現了看起來像是AlphaBay中央伺服器的真實位置，不在荷蘭，而是往東一千英里處。

艾琳很快就來到甘巴里安在酒店的會議室，賀米沙施和瑞本則在電話線上，那時加州時間是清晨。不久之後，萊文到了，接著是格羅納格，他原本正在參加另一場商務晚宴，這群人從當天晚上一直到凌晨，為了整理扣押AlphaBay基礎設施的後勤事務而瘋狂工作，原本他們以為是在荷蘭，結果是在立陶宛，而距離7月5日的最後期限只剩下幾天。有一名荷蘭酒店員工一度走進休息室，想告訴這群人會議室要關門了，嚴格說起來甘巴里安根本不是AlphaBay行動的一員，此時卻出於本能向那個人出示徽章，而這枚徽章在美國以外毫無實際的權限，不過荷蘭人嚇得落荒而逃，留下他們繼續工作。

甘巴里安和Chainalysis的「高階分析」，幾乎在最後一刻讓刺刀行動免於犯下原本令人尷尬的錯誤。調查人員後來得知，幾個月來一直關注的荷蘭IP位址，為他們指出的資料中心只是該網站的舊伺服器所在之處，而不是他們正在尋找的聖杯。AlphaBay就像漢薩一樣，顯然在某個時間點從一家荷蘭託管服務提供商轉到了立陶宛，如果沒有甘巴里安在牛排餐廳拍下萊文手機上的立陶宛IP位址，調查人員只會突擊一個相當於廢棄的藏身處，而AlphaBay實際的犯罪總部則毫髮無傷。

在刺刀行動故事中，令人讚嘆的「高階分析」技術背後的機制是個空白點，一個內部神祕運作的黑盒子，調查人員拒絕打開。甘巴里安和其他官員後來解釋，這是因為他們將在未來幾年繼續使用這種技術，一次又一次指認出暗網服務的比特幣錢包IP位址，執法機構想要盡可能用久一點，希望暗網管理員、比特幣開發人員，或任何有能力修復這個漏洞的人，最好都看不透他們的訣竅。

「我們用它來追捕真正的壞人，我不想讓它見光死。」甘巴里安後來透露，他們執法單位以「見光死」表示如果一種祕密技術曝光後，就無法再使用。「我知道如果真的洩漏出去，我們做的事情可能會大打折扣。」

　　不過，對於熟悉Chainalysis早期發展的人來說，很難不從公司的過往揣測出這種「高階分析」的運作方式。畢竟，這家新創公司剛成立幾個月後，就利用一種能辨識比特幣使用者IP位址的技術，在比特幣社群短暫引起軒然大波，他們多年後的祕密技術也達到一樣的效果。

　　當時格羅納格和莫勒曾設置一組自己的比特幣節點伺服器，利用比特幣使用者在交易訊息中廣播IP位址的方式，以打造出一張比特幣使用者地理位置的全球地圖。因此，是不是也能以某種方式將那個技術更新和調整，進而瞄準特定使用者的比特幣錢包然後定位呢？就算這些交易是從執行Tor匿名網路的電腦發送出來，是不是也會無所遁形？

　　就刺刀行動而言，重要的是甘巴里安和萊文在關鍵時刻，為這個經過溝通協調的大型國際調查案件修正了方向，不到一天內立刻讓一種新的祕密武器派上用場。但祕密武器不會永遠祕而不宣。

第33章

雅典娜

　　在6月的最後幾天，美國人陸續抵達曼谷，宛如各個執法機關在熱帶地區齊聚一堂開會，與會成員約二十位，包括來自聯邦調查局、緝毒署、司法部、國稅局、加拿大皇家騎警的探員、分析人員、電腦鑑識專家和檢察官，甚至再加上兩名同樣在調查AlphaBay的巴爾的摩國土安全部探員。這次沙加緬度團隊的辦案進度，也和之前擊潰絲路傳奇的小組一樣，到後來大幅領先巴爾的摩，因為巴爾的摩的探員依舊是透過滲透網站來追捕Alpha02。但為了建立和平關係，即使瑞本反對，沙加緬度聯合團隊最後還是請對手巴爾的摩小組盡釋前嫌，一同加入逮捕行動。

　　小組的十多名成員於五星級豪華酒店雅典娜（Athenee）登記入住，這家酒店距離美國大使館幾條街，宣稱是蓋在一位19世紀暹羅公主曾擁有的土地上，裡面共有八間餐廳，頂樓有花園和游泳池。[1]瑞本指出，這絕對是他用政府的每日住宿津貼訂到的最佳酒店。

　　離預定的突擊行動只剩幾天的時間，瑞本、賀米沙施和華盛頓特區檢察官瑪莉詠，仍然忙著在五個國家執法機構的官僚系統居中協調，包括美國、泰國、加拿大、荷蘭，再加上現在的立陶宛，因為他們擬定一項新計畫，準備扣押AlphaBay在立陶宛的中央伺服器。這個小組還多次與泰國人在小鎮另一邊的緝毒局總部會面，聚集在那棟大樓的八樓會議室，討論逮捕卡茲的細節。

　　核心問題仍未解決：如何轉移卡茲的注意力，讓他在手機未上鎖、筆電

打開且未加密的情況下，引誘他出門。放火燃燒屋外的大型垃圾桶嗎？他們認為太危險了。派一名女性臥底探員，開始在他的房子外面大哭大叫嗎？卡茲可能不予理會，或是在檢查噪音來源之前就先關上筆電。

如果臥底探員假扮成郵差敲門，讓卡茲來簽收包裹，不知道會怎麼樣？他們的結論是這個方式可能有效。

在這個計畫最後的瘋狂階段中，核心小組每天仍設法到雅典娜酒店的休息室，享受壽司吃到飽的歡樂時光。就在其中一晚的聚會中，泰國警方在泰國流行的Line應用程式上的群組聊天室裡，看到了一件令人驚訝的事情。泰國人平常會利用群組聊天室，持續向彼此以及美國緝毒署更新對卡茲實體監視的最新訊息，那天，厄波亞伯上校和團隊在傍晚外出跟蹤他們的目標時，發現他開著保時捷帕納美拉往曼谷市中心的方向。桑契絲住在雅典娜酒店附近，離她在美國大使館大樓裡的辦公室也不遠，剛回到家就看到一張泰國警察拍的照片彈出來，上面是一輛白色保時捷，停在一間看起來很豪華時髦的酒店門口。

「搞什麼鬼？」她心想，腎上腺素突然飆升：那不就是大部分美國小組成員入住的雅典娜酒店嗎？

就在同一時刻，在雅典娜的休息室裡，瑞本記得同一輛保時捷出現在他的視線裡，立刻想起這輛白色帕納美拉是卡茲的其中一輛名車。他指給賀米沙施、緝毒署的米勒和一名聯邦調查局探員看，他們幾個都坐在大廳的一張桌子旁，半開玩笑地建議聯邦調查局探員去確認一下。

這名探員自告奮勇，準備走出休息室，此時正好有一個人影從雅典娜酒店的前門走進來，讓瑞本大驚失色。

就是他，卡茲，直接走向瑞本、米勒和賀米沙施的桌子。

瑞本當場愣住了，他回憶說：「就像看到鬼一樣。」他不可置信地朝著似乎同樣呆若木雞的賀米沙施看了一眼。

瑞本花了九個月的時間投入於追蹤Alpha02，這個第一次與卡茲面對面接觸的畫面，至今仍深深地烙印在他的腦海中。瑞本回憶，卡茲穿著一套合

身的藍色西裝，價格似乎相當昂貴，白襯衫下方的釦子解開，像是一個非常富有而不打領帶的人。然而瑞本也觀察到卡茲的動作感覺呆呆的，不太自然，在這身打扮下顯得虛弱且蒼白，他看起來「比較像是一個又矮又胖的程式設計師，刻意打扮成搖滾明星，而不是真的搖滾明星。」瑞本說。

這名聯邦調查局探員腦筋動得很快，避免跟卡茲眼神接觸，直接從他身邊走到門口。卡茲穿過房間只有短短幾秒鐘，但是對瑞本來說彷彿是慢動作畫面，此時他的腦海閃過一些想法：卡茲怎麼知道他們是誰？怎麼知道他們在跟蹤他？怎麼知道他們住在曼谷的哪家酒店？有沒有人洩密？他們的會議是不是太引人注目，結果搞砸了他們的操作安全？到頭來這個犯罪主謀是不是比他們更勝一籌？

在這短短的片刻裡，瑞本想像卡茲會走到他們的桌子，坐在他們旁邊，一臉得意的說：「去死吧！你們這群混帳，我知道你們在這裡，你們不會得逞的。」

瑞本不知道自己會如何回應，他們可以當場逮捕卡茲，但如此一來，無法取得進入他筆電的權限，或是他控制AlphaBay的任何有力證據。就在他們即將獲勝之際，這次的計畫似乎失敗了。

「喔！該死，這下子沒搞頭了。」瑞本暗自下了結論，陷入一種茫然的恐慌。

接著，卡茲走到離他們的桌子大約五英尺時，轉身坐在他們旁邊的桌子，對面是兩位身穿西裝和戴著圓頂小帽的以色列商人。

美國人面面相覷，困惑不已。過了一會兒，聯邦調查局探員回來，一派輕鬆的坐下，他和米勒開始悄悄地向桌旁的人發出信號，暗示其他人應該離開。

瑞本恢復鎮定後，第一次讓現在這個想法從腦海中閃過：也許一切照舊，剛才只是他一生中最嚇人的巧合。

檢察官盡力展現出自然的舉止，陸續離開，走上彎曲的樓梯到酒店夾層，而聯邦調查局探員和米勒則在隔壁桌偷聽卡茲的談話。瑞本和賀米沙施

在樓上睜大眼睛，如釋重負。仍然在桌旁的聯邦調查局和緝毒署探員開始傳簡訊，報告卡茲的會議內容：他正在跟以色列人討論加勒比海地區的一項房地產投資交易。

兩位檢察官簡直不敢相信，他們要來曼谷逮捕的那個人，竟然在一個偶然的機會，正好到他們入住的酒店開會，而且坐在旁邊的桌子。他至今仍不知道他們在跟蹤他。

等到恐慌消退後，他們現在看到一群泰國警察，包括穿著便服的厄波亞伯上校本人，已經在酒店休息室對面的另一張桌子周圍就定位，小心翼翼地注視著卡茲，甚至偷偷互拍，而卡茲就在照片的背景裡。AlphaBay的創辦人仍不知不覺，沒有注意到他們。

就在瑞本和賀米沙施暗自竊喜時，聯邦調查局探員也來到夾層加入他們，拿出手機，開始在Google上搜尋，想計算剛才發生的事情機率是多少。曼谷到底有多少間旅館？他很快給他們看答案：至少一萬間。

第34章

逮捕行動

在普通的日子裡，位於曼谷西邊新建的大佛城私人住宅區（Private House Buddhamonthon），提供了一個寧靜的休息處所，讓人可以稍加喘息，遠離市中心的喧囂，將交通阻塞和車子排放的柴油廢氣排除在外。卡茲居住的這個半郊區無尾巷，種滿了黃色喇叭花，這裡的田園風光只伴隨著棕櫚葉和香蕉樹在微風中沙沙作響的聲音，以及熱帶鳥類吱吱喳喳的叫聲。但是在7月5日早上，如果留意這條街的人，會發現這一天似乎異常繁忙。

有名園丁在修剪樹葉，有名電工忙著處理附近的接線盒。在這條街的盡頭，有一間樣品屋以及私人住宅區房地產開發商公司的銷售辦公室，一男一女正在參觀房子，詢問入住社區細節。他們的司機坐在外面的車上等，另一輛車裡有兩個女人正緩緩開入無尾巷，顯然是轉錯彎，看起來迷路了。

事實上，在這個熱鬧的場景中，每個角色都是臥底探員。厄波亞伯的緝毒局團隊，在目前仍不知情的目標對象四周，召集了一整個班底的演員，忙著扮演各自的角色，等待最後啟動刺刀行動的信號。

在這齣默劇裡，只有緝毒署的古茲曼不是泰國人，他穿著嗆辣紅椒搖滾樂團（Red Hot Chili Peppers）T恤以及牛仔褲，站在無尾巷盡頭的房地產樣品屋內，假裝是一個有錢的外國買家，帶著泰國太太來看房。當天早上古茲曼主要的工作，是讓這位有禮貌的房地產經紀人分散注意力，古茲曼用僅有的泰語詞彙，連續提出大量的問題，包括樣品屋的格局、臥室的數量、車庫的大小，以及他能想到的所有屋內細節。這一切都是為了讓假扮太太的探員

冒險到樓上的窗戶,查看卡茲的房子和隔壁的車道,因為他們預計在那裡展開行動。

另一組泰國緝毒局警察,連同美國緝毒署的米勒,以及一群聯邦調查局探員和分析人員,仍待在厄波亞伯的家中,那天早上整個團隊都聚集在那裡。厄波亞伯上校剛好住在離卡茲家幾英里的地方,他本人和一群身穿制服的警察,現在將車子停在離卡茲家幾條街外的地方。往東北方車程約一小時,就是緝毒局總部,包括瑞本、賀米沙施、瑪莉詠、桑契絲等另一組人馬,聚集在八樓會議室裡,一面牆上掛著泰國王室成員的肖像,另一面牆上安裝著一台又一台螢幕。

戰情室裡的螢幕顯示無尾巷的畫面,這是來自附近的監視器,以及等待古茲曼的「司機」車上的行車記錄器。長桌中間有一台會議電話,與地面上的泰國團隊和另一個立陶宛探員團隊連線,立陶宛團隊的任務是負責留下AlphaBay伺服器的圖像,也就是將伺服器內容拍下快照,然後在卡茲被捕後讓它離線。

瑞本記得那個戰情室裡的氣氛一片靜默、汗流浹背、緊張焦慮,而不是渴望或期待。他自己知道,要做到真的像逮捕烏布利希那樣的機率實在不高,也就是在卡茲正好登錄的情況下拿到筆電,更不用說是手機了。雖然在過去幾個月內,他們開過許多次國際會議,以及電話中溝通協調,再加上瑞本一貫的強烈熱情,但他發現自己默默地推測這項計畫可能會失敗。

桑契絲坐在桌子對面,登錄羅許V論壇,查看裸密歐的個人資料,向小組確認他在線上活動:卡茲在鍵盤前。時間到了。

接著,他們幾乎是馬上遇到障礙,會議電話裡傳來一個聲音:「天啊!我們把它關了。」

這是來自立陶宛團隊的消息,不知怎的,那裡的探員在尚未完全留下AlphaBay伺服器圖像之前,不小心把它撤除了。卡茲很快就會得知AlphaBay被關了,可能是因為違規。他只要蓋上筆電,遊戲就結束了。

此刻別無選擇:會議室裡的團隊像發瘋似的告訴地面上的探員,必須逮

捕卡茲，**現在**就採取行動。

厄波亞伯透過警方無線電，下達指令給在無尾巷口灰色豐田（Toyota）Camry車上的兩名女探員。就在前一天，緝毒局厄波亞伯上校和團隊取消郵遞包裹計畫，當地郵局提醒他們，卡茲從來沒有親自簽收過包裹，出來的經常是他太太。所以他們不得不在最後一刻想出替代方案，他們的備用計畫現在聚焦於那台不起眼的豐田汽車上。

車上的女司機綽號阿能（Nueng），是名四十六歲的探員，身材瘦小，留著男孩般的短髮，她感覺自己的心在胸口怦怦跳。她知道，整個逮捕卡茲的全球行動現在取決於她接下來幾分鐘內所做的事。

阿能慢慢把車開到無尾巷的盡頭，想營造司機很緊張的印象。她隔著擋風玻璃，向樣品屋外的一名保全人員（這是在場少數**並非**臥底探員的人之一）示意她要迴轉，她聽到保全人員大喊直接倒車出去，說街道太窄，無法三點式調頭（three-point turn）。

阿能很快地小聲念出一句傳統的佛教祈禱文，幾乎聽不到聲音，這段調整後的快速祈禱文是向神聖的三位一體懇求，也就是佛陀、祂的教義以及所有為祂服務的僧尼：「親愛的佛陀，請保佑我成功。親愛的佛法，請保佑我成功。親愛的僧伽（Sangha），請保佑我成功。」她小聲說著。

然後倒車，向左轉動方向盤，幾乎是以慢動作，輕輕地把豐田的擋泥板往卡茲家的前門一撞。

一聲響亮的**鏗鏘聲**穿過無尾巷，接著是金屬在水泥上的磨擦聲，大門被撞彎了，拖離軌道。

無尾巷盡頭的保全人員勃然大怒，開始對阿能大吼大叫，他**剛才**不是叫她直接倒車嗎？

阿能和車裡的另一名探員下車，阿能站在街上，抓抓頭，一臉自認倒楣樣，向保全人員道歉，解釋說她還在學開車。就在那時，房子前方二樓窗戶的垂直百葉窗打開一部分，從監視畫面中出現一個清晰可見的細節，讓緝毒局總部的戰情室裡掀起一股興奮的浪潮。

　　他們之前去樣品屋時，得知房子的格局，知道這間是主臥室。卡茲是不是離開了電腦？

　　過了一會兒，卡茲的太太塔普蘇旺從房子前門出來，在彎曲的大門周圍探出頭來。這個身材嬌小的泰國女人，身懷六甲，穿著一件長睡衣，很好心地安慰阿能說沒關係，阿能和朋友可以離開了。但是阿能執意扮演好自己的角色，盡可能大聲喊叫，想讓屋裡的卡茲聽到，她必須為損害付出代價。

　　「我要賠錢！」她懇求說：「我不想要下輩子為此付出代價！」腎上腺素讓她的雙手顫抖不已，彷彿一個窮人因為害怕虧欠富人而陷入焦慮。

　　塔普蘇旺抬頭看著打開的窗戶，阿能聽到卡茲對太太說了一些她聽不懂的話。「也許妳先生可以下來評估損失？」阿能提出有用的建議。

　　不久之後，卡茲出現了，光著上身，沒穿鞋子，看起來蒼白而虛弱，只穿著一件寬鬆的運動短褲；他曾在羅許V上吹噓說，早上健身時「不愛穿內褲」。看來他那天開始工作後，顯然維持一樣的裝扮。他的一隻手上拿著iPhone。

　　阿能在心裡默默地慶祝了一下。「我逮到你了。」她想。

　　她回憶說，暗網管理員卡茲的網站剛剛下線，現在正處理房屋前車道上的小型交通事故，但是他看起來相對鎮定，一點都不擔心。後來從他的電子郵件中看到，幾秒鐘前，他曾多次向立陶宛託管服務提供商傳送訊息，說明他的伺服器無緣無故斷線，但他對大門口的這一幕似乎沒有起疑。厄波亞伯之所以選擇這兩位女性擔綱重任，有部分原因是推測卡茲歧視女性，因此可能想不到她們會是臥底探員。卡茲朝她們走過來時，阿能和搭檔進到車內，把它開到樣品屋的車道上，假裝是為了不要擋路。

　　卡茲轉向大門，看看能否將它拉回到軌道上，把手機塞進短褲的鬆緊帶。此時，古茲曼的汽車司機，也就是綽號阿龐（Pong）的中年探員走過來，站在卡茲身邊，似乎是在幫忙評估狀況。

　　接著，卡茲猛拉大門時，阿龐伸手將iPhone從卡茲的腰帶拿出來，看似怕它掉下來。卡茲朝他看了一眼，或許是想感謝他，阿龐拉著卡茲的手臂，

示意他到旁邊一下，卡茲看起來很困惑，跟他一起走到街上。

　　情況突然加速發展。另一名叫做M的年輕探員，身材結實，體格強壯，從阿龐和古茲曼的車裡出來，他一直躲在後座。他經過他們身邊時，阿龐在卡茲的背後把手機交給M。就在轉交的那一刻，卡茲往街上看過去，而不是他家的方向，他看到另一名警察，就是那位電工，現在穿著警察背心，直接衝向他。

　　卡茲轉身，立刻進入戰鬥或逃跑模式，拚命地想要往前門跑。阿龐和M抓住卡茲，跟他搏鬥了不到一秒。iPhone摔在地上，另一名警察撿起來。很快地，有一名警察抓住卡茲，然後又來了另一名警察，他們和阿龐一起將他的手臂夾在背後，將他的頭夾在腋下，M從混戰中掙脫出來，跑進大門。

　　M的任務成敗關鍵的時刻到了，他衝進屋子，經過卡茲的太太，這時她一動也不動地站在客廳，接著M上樓，要一次拿到兩樣東西。M事先研究過樣品屋的格局，認為卡茲家裡的辦公室應該是在樓上主臥室的對面，他衝破那裡的門，發現一對年輕的外國人在客房睡覺，兩名意外的訪客是從魁北克來拜訪卡茲。

　　M急忙喊道：「抱歉！抱歉！」然後轉身跑進主臥室。在房間遠遠的另一端，就在那裡，在一張便宜的白桌子上：卡茲的筆電，一台外接螢幕的黑色華碩個人電腦，遊戲鍵A、S、D和W亮著紅燈。

　　電腦是開的。

　　桌子的右邊是一個更奇特的技術裝置，一個精美的大型黑色立方體，大約與腰同高，正面是玻璃，裡面裝滿互連的電腦零組件和整齊的藍色管線。M沒有停下來思考這台科幻機器可能會是什麼，他的任務是筆電，幾乎是快速衝進房間，伸手把一根手指放在觸控板上。接著坐在卡茲的辦公椅，一隻手握著電腦的滑鼠，終於鬆了一口氣。

　　過了一會兒，M的聲音在警用無線電中響起：「警察、警察，電腦沒有鎖上。」他用泰語說。

　　在緝毒局辦公室的戰情室裡，有人透過電話宣布他們取得了開機的筆

在主臥室裡（他們現在知道這也是卡茲在家裡的辦公室），有一組聯邦調查局電腦專家開始研究他的筆電，發現他以管理員身分登錄AlphaBay。在電腦的桌面上，他們發現了一個文件，就像烏布利希一樣，卡茲也在其中記錄了自己的淨值，房屋和汽車等資產加起來超過1,250萬美元、現金330萬美元、加密貨幣超過750萬美元，總財富超過2,330萬美元。

輪到阿莉使用機器時，她立即開始檢查裡面的加密貨幣錢包，以及相關的地址。她在做這件事時，興奮地拿起電話打給艾琳，艾琳正和瑞本、賀米沙施、瑪莉詠和桑契絲坐在距離這裡一小時車程的緝毒局戰情室裡。

「鮪魚！」她劈頭大喊。（這正是阿莉和艾琳對這個地址的祕密暗稱。）

「我需要更多資訊。」艾琳淡淡地回答。

「就在這裡，我拿到了它的密鑰。」阿莉說。

她可以看到，在自己面前的是第一個能確認Alpha02身分的獨特寶藏，出現在區塊鏈彩虹指向的地方，彩虹弧線繞過大半個地球，來到了卡茲在曼谷的家。

第 35 章

囚禁

　　卡茲被捕後的那幾天，生活在一種舒適的煉獄中。

　　泰國人把他關在曼谷緝毒局總部大樓的八樓裡，在過去的幾個月，他們就在同樣的地方監視他，準備逮捕他。卡茲晚上在警察的監視下睡沙發，白天的時間不是在會議室桌子旁，就是在黑色皮革按摩椅上，在會議室裡等著他的是文書作業和許多問題，不過他在還沒跟律師交談之前，幾乎完全拒絕回答。只要是他開口要求的食物，都可以如願以償：主要是當地的外賣，或者有時候是來自連鎖速食餐廳保羅（Paul）的法國食物。

　　與一般典型的泰國監獄裡受到的待遇相比，卡茲現在的處境相對舒適，因為瑞本、賀米沙施、瑪莉詠想要說服他同意兩種關鍵的合作形式。他們希望他簽署引渡協議，如此一來，不需要漫長的法律攻防戰，就能讓他離開曼谷，遣送到佛雷斯諾。美國人還想更進一步，希望他同意作為線人，之後能與他們合作。

　　將全球最大的暗網市場首腦交給桑契絲口中的「美國隊」，會是令人難以置信的一大成就。檢察官認為，畢竟卡茲是線上地下市場的關鍵人物，或許可以提供一些關於 AlphaBay 共犯或其他人的寶貴訊息。在他的協助下，他們可以為共犯設下哪種陷阱呢？

　　在緝毒署探員中，桑契絲接到的任務是與卡茲交談，誘使他同意接受引渡。卡茲被捕後，桑契絲對這位暗網首腦的感覺變得五味雜陳，她曾一度因為卡茲販售鴉片類藥物和歧視女性的另一個自我而覺得反感。桑契絲之前在

墨西哥和德州的職位中，經常能讓嫌犯轉成線人，這件事需要高度的說服力和特殊的人格特質才辦得到，她對自己的能力引以為傲。她現在對卡茲採取類似的作法：即使那一年稍早時，她曾義正嚴詞地對米勒說，要把Alpha02送進超級監獄，但是對於這個被捕的年輕法裔加拿大人，她的心中仍有一種母性油然而生，在輕蔑中夾雜著溫暖，甚至是同情。

桑契絲無權與卡茲交涉跟他合作的事宜，也無權向他承諾未來，但她說自己試著對他表現出善意，幫助他振作起來。他問她關於太太和腹中孩子的事，她向他保證他們很安全，他的太太也被逮捕，不過很快就獲釋返家。

「我會照顧你。」她一再地跟卡茲說，但他似乎不相信。

＊　　＊　　＊

在緝毒局辦公室同一層的戰情室裡，距離接受調查的被告只隔了幾道牆，美國人繼續在卡茲的電腦上搜尋證據。他們原本以為iPhone藏著比特幣密鑰，而在厄波亞伯使用詭計解鎖之後，發現裡面只有個人資料，與AlphaBay完全無關。立陶宛伺服器一開始對他們也毫無用處，因為撤除後，它以加密狀態重新啟動，他們無從得知其中的祕密，只有在幾個月後才終於設法讓這台機器解密。

至於卡茲辦公桌旁那台巨大的立方體電腦，結果證明是一台價值6萬美元的個人電腦，卡茲組裝的唯一目的顯然是打電玩遊戲，還取了個綽號「藍珍珠」（Blue Pearl）。調查人員後來在電腦硬體論壇Overclock.net上發現了一則貼文，卡茲在其中描述「只用全世界最強大的裝備」來建構史詩級的遊戲裝備，配備著自己的內部藍色水冷散熱系統。[1]除了透過AlphaBay支付機器費用，這台機器似乎與AlphaBay無關。

另一方面，筆電是提供證據的金礦，這麼說一點都不誇張。除了登錄到AlphaBay以及那個證明他有罪的淨資產文件之外，這台電腦裡還有卡茲各種錢包的密鑰，不只是比特幣，還包括其他較新的加密貨幣：以太幣

（Ethereum）、門羅幣（Monero）、大零幣（Zcash）。瑞本記得，在戰情室
看到兩名聯邦調查局分析人員阿莉和艾琳，將這筆錢吸入聯邦調查局控制的
錢包，每次她們轉入了一筆幾百萬美元的資金後就會公告。「我從沒有見過
這麼酷的東西。」瑞本說。

　　卡茲被捕後的那天晚上，瑞本和賀米沙施第一次正式跟他碰面，坐在緝
毒局辦公室的一間會議室裡，當時只有一名泰國監護警察和兩名泰國律師陪
同，卡茲臨時聘請這兩名律師幫他辯護。瑞本這一年來，大部分的時間都在
數位世界裡追捕卡茲，這時與目標對象共處一室，感覺仍不太真實。但是卡
茲完全沒認出這兩位檢察官，就在幾天前的雅典娜酒店，他因為巧合坐在他
們旁邊，絲毫不清楚自己的未來很快就會交到這兩個人手中。

　　瑞本先警告卡茲不要浪費他們的時間或對他們撒謊，這是他對刑事被告
標準的開場白。但是這兩位美國檢察官一致認為，賀米沙施的演說經驗更豐
富，所以由他來主導。賀米沙施以慣常的分析口吻，發表了簡短的演講，敘
述他們知道卡茲犯下的罪行、對他的起訴，以及如果定罪後的潛在後果。賀
米沙施列出了他們擁有的證據，現在不只包括已存檔的社交媒體紀錄和區塊
鏈上的證據，還包括卡茲自己未加密的筆電和手機。他解釋說，如果卡茲不
跟他們合作，很可能會在監獄中度過餘生。

　　然而，如果他做出正確的決定，刑期仍可以縮短。賀米沙施總結，如果
他願意合作，或許有朝一日還是能以自由之身見到孩子。

　　卡茲猶豫了片刻，只以一個問題回答賀米沙施的長篇大論：他們是否將
以首腦特殊法令起訴他？

　　這時他的音調有點上揚，帶著明顯的法國口音，兩位檢察官之前都沒有
聽過他這樣的聲音，但更讓他們大吃一驚的是他的表情：一個淺淺的微笑。

　　兩名檢察官都措手不及，他之所以會問是否將以首腦特殊法令起訴他，
是因為害怕這項法令會讓他被判重刑嗎？事實上，他們並沒有根據這項法令
對他提出告訴，如果他最後願意合作，這種作法其實是讓檢方的談判籌碼變
少。但是卡茲油腔滑調的語氣不禁讓他們停下來思考，想知道他是不是把自

已跟因為同一罪名而被判刑的烏布利希相提並論？他是不是把「首腦」這個標籤視為一種身分象徵，可以鞏固他在暗網神殿中的地位？

瑞本有點不安，他說，卡茲的舉止不只具有某種冷酷的反社會人格，而且似乎根本沒有認真看待這次談話。他記得當時心想，他們的被告如果在泰國受審，可能會面臨終身監禁，甚至是死刑，但卡茲卻將這次事件視為某種遊戲。

他試著充分說明這個情況的嚴重性。瑞本記得告訴卡茲：「這不是在開玩笑，除非你幫我們，否則我們幫不了你。」他重申卡茲的下半輩子會如何，是取決於這個關鍵時刻。卡茲似乎聽懂了這番訓誡，變得稍微憂心忡忡。

兩位檢察官最後請卡茲考慮接受引渡的權利，這樣一來，就可以在美國接受審判（可能在那裡被監禁），而不是泰國。卡茲說會考慮，但他堅持在任何真正的協商開始之前，還是要先跟一位正式接手他案子的律師交談。他們的會面結束了。

＊　　＊　　＊

幾天後，卡茲第一次跟他選的年輕美國辯護律師羅傑・博納卡達（Roger Bonakdar）交談。博納卡達的辦公室和瑞本在佛雷斯諾市中心的辦公室只隔一條街，當時他人在辦公室裡，接到了來自聯邦辯護人辦公室（federal defenders office）關於卡茲的電話。他得知這起案件的重要性之後（這是加州有史以來最大的案件，更不用說佛雷斯諾了），立刻同意與卡茲交談。

博納卡達對電話另一頭年輕人的印象，跟瑞本和賀米沙施的印象形成強烈的對比。他說他發現卡茲「親切友好，善於表達」，但也承受很大的壓力，擔心自身的安全。博納卡達回憶，卡茲特別害怕與檢方的任何協商，都可能危及自己和家人，他可能會被視為線人，之後如果有人被捕，都可能會

找他報復。博納卡達說：「他對於合作這件事所造成的觀感相當敏感，因為他事實上並沒有這樣做。」

他們一致認為，卡茲在泰國拘留期間幾乎沒有什麼真正的法律保護，博納卡達必須盡快讓他離開緝毒局總部，然後進入加拿大的大使館。博納卡達說：「我急於設法保護他。」他告訴卡茲，會盡快飛往曼谷會面。

而到目前為止，卡茲這禮拜大部分的時間都待在緝毒局辦公室八樓。檢察官在鼓勵他合作這方面沒有實質進展，所以同意讓泰國人把他移到這棟大樓一樓的監獄，鎖在一個有鐵欄杆的昏暗白色牢房，裡面有一張薄薄的藍色床墊，還有一個簡陋的廁所，在一道九十公分高的牆後面，牆上有一扇彈簧木門。

卡茲被捕的幾天後，由於關鍵工作已完成，因此瑞本飛回美國，而賀米沙施前往普吉島一趟，查看卡茲在那裡的別墅，泰國政府正打算要扣押。

但桑契絲留在曼谷。卡茲移到緝毒局監獄後，偶爾會被帶出來跟她聊天，戴上手銬，略顯凌亂，臉上有著一個禮拜沒刮的鬍渣。他們一起處理更多的文書工作，或是她會給他電話打給律師或太太，太太每天都會來探訪卡茲，透過牢房的欄杆私下跟他談話。

最後，卡茲簽署了接受引渡的協議，因此不需要在長時間的法律攻防戰下，就可以引渡到美國。被關了兩天後，他跟桑契絲互動時變得更健談，雖然態度偶爾有點挑釁。這位緝毒署探員認為是因為他很無聊、孤單，所以願意跟任何人交談。

桑契絲說，有一次他突如其來跟她提到了AlphaBay的道德問題，桑契絲記得他以假設語氣問，一個賣大麻的網站究竟有什麼錯？桑契絲反問他關於AlphaBay吩坦尼的銷售情況。至少在她重述這個討論內容時，卡茲低下頭，不再辯解。

在另一次深夜探訪中，這次是在7月11日，也就是他被捕的六天後，桑契絲記得卡茲一臉正經的說他打算逃跑，有一架武裝直升飛機要來救他。

「卡茲，別胡說，別跟我玩那些把戲。」桑契絲苦笑著回答。

　　她提醒他，會成為美國政府非常有價值的線人，以她的話來說，是一個「超級明星」。桑契絲說會試著幫他準備一台電腦，一旦他們把他安置到美國，他會做「令人驚奇的事情」。她一再地說會照顧他。

　　凌晨兩點時，她跟他道晚安後就回家了。

＊　＊　＊

　　第二天早上，桑契絲只睡了幾小時就離開公寓，回到緝毒局總部，卡茲於當天早上八點要被帶往曼谷的主要司法中心召開聽證會。她擔心停車可能會浪費時間，於是跳進一輛計程車，但是很快就困在曼谷惡名昭彰的車陣裡，而且司機還轉錯了彎，桑契絲說，讓車程又額外增加令人抓狂的半小時。

　　到了警局時，她遲到幾分鐘，所以直接走進一樓的看守所，才剛進門，就聽到有人一次又一次地用泰語尖叫：「他不說話！卡茲不說話！」

　　她跑進去，腦海中立刻閃過卡茲前一晚提到要逃跑的計畫。「喔！我的老天，這個狗娘……。」桑契絲一邊想，一邊怒氣沖沖地跑進警局。「他真的找了人來接他。」

　　等她到卡茲的牢房時，似乎是空的。然後她看到泰國警察正從牢房內九十公分高的牆向下注視某個東西。她走進去往下看：卡茲的屍體，藏在那道牆後面，手腳攤開，躺在牢房浴室區。

　　她記得，屍體臉朝下，略帶藍色，手臂和腿上的肉看起來很黑，幾乎是瘀傷，一條深藍色的毛巾綁在脖子上，毛巾有一邊現在蓋在肩膀上。

　　她瞬間陷入震驚、悲傷、失望和憤怒，儘管她的憤怒與剛才怕他逃跑時感受到的不同。她發現自己寧可希望他逃跑，覺得那會比眼前看到的場景更好。

　　「你這個狗娘養的，我說過我會照顧你。」她心想。

第36章

驗屍

在卡茲過世的前一天，賀米沙施從普吉島回到曼谷，住在緝毒局總部附近的一間新旅館。第二天早上，他往警局走去，經過泰國皇家警察體育俱樂部（Royal Thai Police Sports Club）花草茂盛的花園，此時的他心情非常好，仍沉浸在職業生涯最大勝利的喜悅中。他記得心想：「我在曼谷，陽光燦爛，事情進展順利，真的是難以置信。」

接著，等賀米沙施快到警局時，一名聯邦調查局探員開車到他旁邊，隔著車窗告訴他，發現卡茲在牢房裡沒有反應。賀米沙施或許是出於否認的心態，告訴自己卡茲一定是在睡覺。但是當他走進牢房時，桑契絲和泰國警察攔住了他，說得更直白：他們的被告死了。

賀米沙施的腦袋一片空白，開始倒帶，回顧為了追查卡茲而花費的九個月時間，然後快轉，瀏覽他為這個案子明年安排的計畫，在無預警的情況下，這個案子就灰飛湮滅了。

就在這時，卡茲的太太和岳父母走進監獄，手上的塑膠袋裡是給卡茲的食物。賀米沙施看著一名泰國警察向他們解釋發生了什麼事，他記得懷孕八個月的塔普蘇旺站在走廊上，面無表情，默默地聽著這個消息，她的母親立即開始傷心地哭泣。

過了一會兒，瑞本在車上接到賀米沙施透過FaceTime打來的視訊電話，他在佛雷斯諾市中心，剛剛去法院對面的托兒所接小孩。他在螢幕上看到賀米沙施的眼裡含著淚水說：「他死了，瑞本，他死了。」

　　　　　　　　　　＊　＊　＊

　　瑞本跟他們相隔十五個時區，坐在車裡，被一股突如其來、壓倒性的失
望浪潮淹沒，他把這種感覺比喻為某種尋寶者，走遍世界尋找珍貴的遺物，
好不容易得到了，正準備帶回家，卻被某人隨手砸在地上，碎成一千片。雖
然這樣的結論有點言之過早，但此刻他覺得：職業生涯最有影響力的案子結
束了。

　　瑞本承認，一開始震驚的情緒過了之後，對卡茲沒什麼同情心。為了
準備可能到來的審判，他和賀米沙施找出一些直接因 AlphaBay 販毒而導致
的死亡。在一起盧森堡案件中，一名警察在網站上購買氰化鉀謀殺妹妹和
妹夫；在美國，一名奧勒岡州（Oregon）波特蘭市（Portland）的十八歲女
性，以及兩個只有十三歲的猶他州男孩，全都死於服用在 AlphaBay 購買的
合成鴉片類藥物。瑞本說：「我一想到他從中賺取了幾百萬美元的網站，卻
是直接導致那些孩子死去的主因，就很難為他自殺而感到難過。」

　　瑞本說，在那以後的幾年裡，為了讓卡茲的死以及自己與 AlphaBay 老
闆的短暫互動合情合理，他對卡茲自殺的原因提出了很多自己的解釋。瑞本
指出，卡茲是個遊戲玩家，他的生活就像一場電玩遊戲：他尋求權力、金錢
和性征服，這些就像是排行榜上的積分一樣。瑞本覺得在第一次見面時，就
可以從卡茲的表情中看出這一點：一種後果彷彿事不關己的感覺，對自己的
未來漠不關心。

　　瑞本說：「就像你是以第一人稱玩遊戲，一出現問題，直接按下重新啟
動的按鈕。」

　　瑞本認為，從卡茲結束自己生命的決定，顯然也可以反映出他青少年時
期的嘻哈理想，以及二十多歲時的「大男人」心態：渴望地位、尊重和一種
甚於一切的特定名聲的這種高風險、高報酬的價值觀，與靜靜地在監獄服刑
幾十年或成為聯邦線人並不相容。

　　瑞本說：「他是渴望呼風喚雨的孩子，他做到了，他摸到了太陽，然後

死去。」

＊　＊　＊

博納卡達有不同的看法。

當卡茲的辯護律師在佛雷斯諾接到瑞本的電話，得知卡茲的死訊，也一樣震驚無比。他已經訂好飛往泰國的航班，目前在檢查疫苗紀錄。「我們正在規劃接下來的行動，然後（博納卡達在回憶那一刻時，彈了一下手指）他就走了。」

但與瑞本、賀米沙施或桑契絲不同的是，博納卡達立刻懷疑委託人自殺的故事，他就是這樣告訴瑞本的。博納卡達從不曾有過客戶自殺的經驗，但是他聽過被告在絕望的時刻考慮過這件事。博納卡達說：「我在與客戶交談時，如果對方極度不安，我會知道。只是我從來沒有從卡茲那裡得到這樣的感覺，他並沒有感到大勢已去，一切都無法挽回，也不認為自己死定了。」

博納卡達說，在接下來的幾個月裡，他請美國檢察官和泰國政府提供卡茲死亡時牢房的監視器畫面，完全沒有得到回應。

幾年後，我向泰國警方提出申請，結果收到了卡茲在牢房內的幾段影片。一段影片顯示，卡茲透過牢房的欄杆，往監獄走廊向上和向下看，然後在螢幕外用毛巾做某件事，接著就消失在牢房的浴室門後面。下一段影片是在半個多小時後開始，警衛衝進來，後面是桑契絲，往浴室牆壁的方向看，顯然是在看卡茲的屍體。

泰國警方向我解釋，他們沒有保存這兩段影片中間的畫面，因為只照到卡茲牢房空蕩蕩的地方，沒有任何動靜，也沒有人進入。但是博納卡達主張，那段空白只會讓卡茲的死因更可疑。

博納卡達認為，光從物理學上解釋卡茲的自殺現象在「生物力學上就很可疑」，他無法想像卡茲怎麼會在一個臨時搭建且與腰齊高的絞刑架上吊。他問：「如果身體沒有懸空，你如何施加足夠的力量來壓迫頸動脈？從離地

九十公分的地方？」

　　桑契絲向我詳細描述她認為卡茲如何窒息：他將毛巾的一頭綁在喉嚨上，另一頭則是固定在九十公分高的浴室牆上鉸鏈處，基本上是做成一個活套，將他的脖子懸吊在半面牆的頂部，接著只要坐下來，用自己的體重將毛巾在脖子上拉緊，就能切斷呼吸和血液流動。「他故意退出。」她說。泰國警方驗屍官的報告只將卡茲的死因寫為「窒息」，沒有任何掙扎的跡象，提到在他的指甲沒有發現其他人的DNA。

　　從上吊死亡的醫學研究中可看出，[1]其實就算一個人沒有全身吊起來，還是很容易窒息。*桑契絲和瑞本都告訴我，根據他的自殺方式，他們相信卡茲早就在網路上找到了自殺的方法。桑契絲還認為，卡茲的太太塔普蘇旺知道他打算自我了結。桑契絲從泰國警方那裡得知，塔普蘇旺曾跟卡茲的普吉島別墅工作人員說，他寧願死也不願被引渡到美國。†

　　但博納卡達不理會這個第二手的說詞，仍然抱持懷疑的態度。他堅持認為，至少他的委託人自殺這件事並未得到證實，儘管他承認自己並不知道是誰殺了卡茲，或是希望他被殺。是不是一個擔心卡茲會告發他的共犯？是不是泰國警察採取行動，以試圖掩蓋他們的貪汙舉動？他不指望自己會知道真相。

　　卡茲的母親丹妮爾・赫魯（Danielle Héroux）仍住在魁北克，也否認兒子自殺的故事。她將他的死歸咎於美國政府，在一則簡訊中以法文寫道：

---

* 　維吉尼亞聯邦大學（Virginia Commonwealth University）耳鼻喉科醫生麥克・阿姆斯壯（Michael Armstrong）在2016年發表了一篇論文，指出有證據表示，只要在頸部施加幾公斤的重量，就可以切斷血液循環，造成幾秒內失去知覺。早在1897年，一位法國的法醫病理學家對屍體的一項研究發現，只需要不到2.3公斤的力道，就能壓迫頸部靜脈。一項對十四段上吊影片的可怕研究顯示，其中大部分是因自慰性窒息（autoerotic asphyxiation）而意外死亡的案例，在至少十起案例中，即使人的腳或膝蓋著地，也會在短短八秒內失去知覺，幾分鐘內死亡。

† 　後來，塔普蘇旺本人因為涉及卡茲的罪行，而被泰國政府判定洗錢，在獄中服刑兩年後，獲得皇室赦免。她拒絕接受採訪。

「卡茲不是自殺的，為什麼聯邦調查局在等待他被引渡到美國時，沒有採取任何行動保護『他們的戰利品』呢？他們當然希望卡茲閉嘴，於是下令暗殺他。」

赫魯拒絕接受採訪，對於她的指控也沒有詳細說明或提供任何證據。但她確實為兒子辯護，她寫道：「卡茲根本不是媒體描繪的那個人，我獨自撫養他長大，他是個與眾不同的人。」

卡茲的母親分享了兩人的合照，這張自拍照是她拍的，他們坐在汽車後座，他臉帶微笑，不太投入，表情跟他在LinkedIn個人資料照片中一樣的天真坦率，檢察官就是從那張個人照開始追蹤他。

她又加上一則訊息：「他是我這輩子最珍愛的寶貝。」

第 37 章

陷阱

　　就在 AlphaBay 被撤除的幾天後，但是在卡茲過世之前，賀米沙施在雅典娜酒店頂樓的游泳池度過了幾小時愉快的時光，在 iPad 上查看全球最大的暗網市場突然無預警消失後，大家會有什麼反應。

　　謠言立即開始流傳，說這是網站管理員的退場騙局，帶走了市場上價值幾百萬美元的加密貨幣，但其他人認為，網站可能只是由於技術原因或日常維護而關閉。[1] 很少有人對真相提出質疑，Reddit 上的一位使用者寫道：「過去人們總是先大聲嚷嚷說是退場騙局，後來發現那都是胡說八道。」另一位補充說：「我真的希望這次的結果也是一樣，在我們得知進一步的情況之前，要繼續保持信心。」

　　AlphaBay 的買家和賣家，不管是不是依舊信心滿滿，幾乎都立刻開始尋找可以繼續照常營業的新市場。他們自然會選擇在市場位居第二、經營完善、已經快速成長的 AlphaBay 競爭對手，那就是：漢薩。一名使用者在推特上寫道：「AlphaBay 退場騙局，真瘋狂！移到漢薩。」

　　而在荷蘭，警方正等著他們過來。過去這兩週，他們一直監督漢薩龐大的市場，監視裡面的使用者，蒐集訊息、送貨地址和密碼。德伯珍會議室由臥底調查員組成的小團隊，繼續全天候輪值工作，感覺就像是大學宿舍，桌上滿滿的洋芋片、餅乾、巧克力和能量飲料，會議室裡感覺悶熱，空氣中瀰漫著一股食物腐壞的惡臭。

　　有一度，荷蘭國家警察的調查部門主管來訪，以了解他們這次具有里程

碑意義的行動。他顯然受不了這種氣味，十分鐘後就離開。有人帶空氣芳香劑來。（「不太有效。」一位團隊成員說。）

此時，漢薩的市場蓬勃發展。在 AlphaBay 被撤除的前幾天，漢薩每天新增將近一千名使用者註冊，全都落入荷蘭人耐心設下的陷阱。等到 AlphaBay 下線時，這個數字飆升到一天四千多名使用者，隔天五千多，兩天後是六千。

市場很快吸收從 AlphaBay 來的使用者，荷蘭團隊每天記錄一千筆交易，不但要追蹤這些訂單紀錄，交給歐洲刑警組織，還要試著攔截訂單，結果導致文書工作量一下子大增，讓警察一度忙不過來，只好心不甘情不願地決定關閉新使用者註冊功能一整週。他們在網站上發表的一則訊息中寫道：「由於從 AlphaBay 湧入大量難民，我們正在處理技術問題。」然而，這些難民依然如此渴望加入，因此一些漢薩使用者開始在網站論壇上出售帳戶，就像是音樂會賣黃牛票一樣。

接著，那個禮拜過了一半左右，也就是 7 月 13 日，刺刀行動突然出現一個插曲，《華爾街日報》報導，由於美國、泰國和加拿大政府聯合採取執法行動，導致 AlphaBay 被撤除，而網站管理員卡茲死於泰國監獄牢房中。[2]

文章中沒有提到漢薩或荷蘭警方，等荷蘭人跟聯邦調查局聯絡時，發現美國人願意保持沉默，聽從荷蘭團隊的指示，延後公開整個刺刀行動，這讓荷蘭人非常驚訝，於是鬆了一口氣。只要荷蘭人選擇繼續乘勝追擊，這個仍在私下運作的連環出擊後半段行動將祕而不宣。

因此，漢薩暫停新使用者註冊功能一週後，德伯珍團隊再度開放新使用者註冊，數量很快就飆升到一天七千多人。

* * *

荷蘭人知道這項行動不可能無限期持續下去，遲早必須摘下面具，公開他們的監視行動，撤除這個精心重建和維護的市場。畢竟，他們也是在幫忙

販售毒品，因為不是所有的毒品都在郵件中被攔截。

　　臥底行動越接近尾聲，此時一旦被識破，損失就越少，因此他們願意承擔的風險就越大。

　　在整個行動過程中，荷蘭團隊會召開所謂的「邪惡計畫」會議，集思廣益，想出更狡猾的計畫，以追蹤和指認他們控制之下的市場內不知情的使用者。他們將這些策略做出一張清單，依序列出最不可能到最有可能揭穿他們臥底身分的監視行動。到了最後階段，他們開始將最大膽的想法付諸實踐。

　　漢薩為了保護賣家，從很久以前就為暗網市場採取一項標準功能：當賣家上傳產品列表圖片，網站會自動去除這些圖片的後設資料，也就是嵌套在文件中的訊息，例如拍照使用的相機類型，以及圖片建立時的全球衛星定位系統位置。荷蘭人很早就悄悄地破壞了這項功能，在圖片後設資料去除之前，就先記錄下來，因此可以統整出上傳者的位置。但他們透過這種方式只能指認出一部分賣家：他們發現，大多數人很少更新產品列表或發表新照片。

　　因此，警方在接管幾週後，清除了網站上所有圖片，聲稱伺服器由於技術問題而故障，公告說，賣家必須重新上傳產品列表的所有圖片。這些新上傳的內容讓荷蘭警察能從大量的新圖片中取得後設資料，很快就找到網站上另外五十個毒販的位置。

　　儘管網站賣家使用的是 Tor 匿名軟體，但是德伯珍團隊在經營的最後幾天裡，想出另一個取得賣家 IP 位址的計畫，有點類似特洛伊木馬。漢薩的管理員宣布，提供一個 Excel 檔案給賣家，裡面包含了程式碼，即使網站遭到撤除，賣家仍然能取回儲存在市場上託管的比特幣。一開始只有少數的漢薩賣家接受這項提議，因此警方試著在其中添加更多有用的訊息以吸引賣家，例如讓賣家能追蹤最佳客戶以及為最佳客戶排名的買家統計數據。即使如此，賣家仍興趣缺缺，於是荷蘭警察使出殺手鐧：警告網站使用者，在伺服器上偵測到可疑活動，所有賣家都應立即下載取回加密貨幣檔案備份，否則可能會失去資金。

　　他們推銷給賣家的檔案，當然具備祕密數位追蹤器的功能。Excel表格的左上方顯示漢薩標誌的圖片：一艘風格獨具的維京（Viking）船。警方的設計是一打開電子表格，Excel檔案會從使用者的伺服器去取得那個維京船圖片。如此一來，就可以看到每台連結過去的電腦IP位址，市場上有六十四個賣家因此上鉤了。

　　在所有的計畫中，複雜度最高的一項是荷蘭團隊將目光轉到這個市場的員工，也就是直接為他們工作的板主。他們發現，有一個板主特別敬業，團隊負責人漢里克曼說，這個板主對網站「投入非常多的感情」。荷蘭團隊全部成員都對這位勤奮的員工相當敬佩和喜愛，但同時也擬定一個試圖逮捕他的計畫。

　　他們為他提供升遷機會，漢薩的兩個老闆會幫他加薪，但前提是他要同意成為網站的第三位管理員，板主喜出望外，立即欣然接受。接著他們解釋，為了要讓他成為管理員，必須面對面開會或是取得他的郵寄地址，才能給他雙重認證：一個可以插入個人電腦的實體隨身碟，以驗證他的身分，確保他的帳戶安全。

　　在下一則訊息中，板主的語氣突然改變。他解釋，他曾向自己承諾過，如果漢薩的老闆要求他提供身分資料或想見到他本人，他會立刻退出，而且撤除他擔任板主工作使用的所有設備，現在他打算遵守這個承諾，於是跟他們道別。

　　由於那位板主突然做了這個決定（非常明智，很可能使他免於入獄），意味著管理員現在面臨一個空缺要補，所以他們開始宣傳要徵選新板主。他們會先提出關於資格和經驗的一系列問題，之後再向「有機會當選」的申請人詢問地址，以便寄出雙重認證。一些渴望得到這份工作的人，交出自己住家的位置。一位可能當選的板主寫道：「請不要把警察送到這個地址來，哈哈哈哈哈哈，我只是開玩笑。」事實上，是他自己把地址給了警察。「我相信你們，因為漢薩的支持系統總是很完善，而且很有幫助。」[3]

　　比較精明的暗網使用者當然從不透露自己的住家地址，如果需要接收包

裏，他們會給寄件人「臨時投遞」地址，一個遠離他們家的地方，如果有必要，可以否認說包裹不是他們的。

為了不讓申請人以這項保護措施來規避風險，荷蘭警方更進一步：對於提供臨時投遞地址的板主申請人，他們在泰迪熊圖案的包裝紙裡，放了一隻可愛的貓熊填充玩偶寄出，將雙重認證藏在裡面，貓熊有著柔軟的粉紅色鼻子，他們想讓目標對象覺得貓熊看起來像是個無傷大雅的偽裝，可用來隱藏雙重認證，象徵著新雇主重視操作安全，或許還帶點幽默感。

至少，幽默感的部分是對的。荷蘭警察希望目標對象能把貓熊填充玩偶當作禮物或紀念品帶回家，收件人不知道的是，每隻貓熊裡都有一個小型全球衛星定位系統追蹤器，藏在填充棉花的最裡面。

第38章

後續發展

7月20日，在經營漢薩二十七天後，荷蘭檢察官決定，放棄這場遊戲的時候到了，儘管幾位控制網站的德伯珍團隊成員反對，因為他們還有更多可派上用場的監視伎倆，但檢察官仍一意孤行。

在海牙的荷蘭警察國家總部舉行的記者會上，單位負責人以戲劇化的方式，按下一顆大型紅色塑膠按鈕，關閉了網站。（其實按鈕只是道具；由坐在附近的探員以筆電對伺服器同步發送指令，最後讓漢薩下線。）同時，美國司法部也在華盛頓特區的記者會宣布這個消息，司法部長傑夫·塞申斯（Jeff Sessions）本人談到，針對AlphaBay和漢薩採取的行動是經過協商後的決定。塞申斯藉機警告暗網使用者：「你不安全，你不能隱藏。」他在擠滿了記者和攝影機的房間裡告訴他們：「我們會找到你，把你的組織解散，撤除你的網路。我們會起訴你。」[1]

AlphaBay網站在莫名其妙消失了將近十六天後，又重新出現，上面都是執法機構的標誌以及絲路使用者熟悉的文字：「這個隱藏的網站已被查封。」

此時，荷蘭人在漢薩上發表的訊息則稍微不同：「這個隱藏的網站已被查封，**而且自6月20日起已受到控制**。」荷蘭人的查封通知，連結到另一個警方自己設立的暗網，依暗網賣家的化名分成三類：調查中、已確認身分和已被逮捕，他們暗示，這張名單上的名字即將顯著增加，網站寫道：「我們追蹤暗網市場裡的活躍分子，以及提供非法商品或服務的人，你是其中之

一嗎？那麼你就引起了我們的注意。」[2]

　　即使德伯珍荷蘭團隊的行動已公開，他們仍然有最後一張牌要打：他們決定試著把從漢薩蒐集到的使用者名稱和密碼，登錄到目前最大的毒品市場，叫做夢想市集（Dream Market）。他們發現至少有十二個賣家，在那個網站上使用跟漢薩一樣的身分資料，於是立刻接管這些帳戶，讓賣家無法登錄，這些賣家馬上在公共論壇上發表令人聞之喪膽的消息，指出夢想市集也受到波及。

　　所有精心策畫的鼓動和分裂，都是為了在暗網社群中散布恐懼和不安，正如荷蘭警察布克洛所說：「要破壞對整個系統的信任。」[3]

　　這些行動馬上產生立竿見影的效果，一位使用者在Reddit上面寫：「看來我得清醒一陣子了，無法信任任何市場。」[4]

　　「不會在任何DNM下新訂單了！」另一個使用者寫道，DNM是「暗網市場」（darknet market）常見的縮寫。[5]

　　「所以暗網就這樣結束了嗎？」一位使用者問。

　　「認為自己已惹上麻煩，想逃離這個國家的人，盡快採取行動吧！」另一位建議說。

＊　＊　＊

　　對許多暗網使用者來說，這種疑神疑鬼的心態在所難免。在荷蘭人經營漢薩的將近四週裡，監控了兩萬七千筆交易，關閉網站後，從漢薩扣押了1,200枚比特幣，截至本書撰寫時，價值幾千萬美元，部分原因是原本網站提供一項多重簽名交易的服務，讓比特幣無法輕易被扣押，但是荷蘭人偷偷破壞了這項功能。他們至少蒐集了高達四十二萬名使用者的資料，數量相當驚人，其中包括一萬多個住家地址。

　　在接管後的幾個月裡，監督這個行動的小組負責人拉斯說，荷蘭警方在荷蘭做了大約五十次的「敲門晤談」，登門拜訪知道名字的買家，警告他們

身分已曝光，應該停止在網路上購買毒品，不過他說只逮捕了一個購買量很大的客戶。

網站的賣家就沒那麼幸運了：一年之內，就有十多名漢薩的重要毒販被捕。最後，荷蘭警方將蒐集到的大量暗網資料，輸入歐洲刑警組織所控制的資料庫裡，再由該組織跟全球的執法機構分享資料庫內容。

大量的犯罪資料送交這麼多的機構留存，後續究竟能直接產生多大的效果，其實不容易追蹤。但在接下來的幾年裡，瑞本擔任司法部從刺刀行動中蒐集的檔案保管人，他說全美各地的機構仍持續追捕涉案人，因此有幾十起案件要求他提供相關訊息，數量多到他都懶得算了。

緊接在後的是一系列備受矚目的大型暗網逮捕行動，全都由一個新設立的組織執行，稱為聯合犯罪鴉片類藥物和暗網執法小組（Joint Criminal Opioid and Darknet Enforcement, JCODE），將來自聯邦調查局、緝毒署、國土安全部、美國郵政調查局（U.S. Postal Inspection Service）和其他六個聯邦機構的探員聚集在一起：2018年的混亂行動（Operation Disarray）；[6] 2019年的破壞行動（Operation SaboTor）；[7] 2020年的顛覆者行動（Operation DisrupTor）。[8] 根據聯邦調查局的說法，這些執法行動加起來最後逮捕了兩百四十多人，跟一百六十人「敲門晤談」，扣押七百七十多公斤的毒品，以及1,350萬美元的現金和加密貨幣。

但是，這次的漢薩行動並非完全不必付出代價，除了刺刀行動所需耗費的大量人力和資源之外，還需要一群荷蘭警察本身也成為暗網首腦，在將近一個月的時間裡，他們幫忙販售數不清的致命毒品給全球不知名的買家，正當他們破壞漢薩的同時，自己也必須找到折衷之道。

荷蘭警方是否會產生這種道德敗壞的感受（可能來自任何臥底工作的道德敗壞感）？至少有些人描述，這樣的角色一點都不會讓他們感到衝突。「老實說，多半是興奮感。」小組負責人漢里克曼說。畢竟，荷蘭檢察官審查過這個案子，評估了道德上的界線，准許他們這麼做。事後，參與的警察自認為可以在行動中全力以赴，絲毫都不會良心不安。

　　荷蘭警方指出，他們確實在控制漢薩時，禁止販售特別致命的類鴉片吩坦尼，以儘量減少可能造成的傷害，漢薩的使用者其實對這個作法表示讚賞。[9]然而事實上，這項禁令是在他們祕密行動結束前幾天才實施。在那之前，也就是三個多禮拜以來，網站上仍持續提供這種高度危險的類鴉片藥物，無法保證所有訂單都會被攔截。

　　對於只監督這些毒品販售，而不是乾脆關閉漢薩完全停止交易的決定，警方有什麼感想？

　　「無論如何，這種事就是會發生，只是在不同的市場上。」荷蘭警方的拉斯毫不猶豫地說。[10]

＊　＊　＊

　　每當暗網毒品交易遭到突襲，總是會有新網站取而代之，因此在刺刀行動過後的幾年裡，暗網觀察家試圖確認這項行動是否真的有效打破市場無止境的循環。這種全球高度整合的逮捕行動，或是類似的掃蕩，能否結束甚至減緩讓執法機構多年來疲於奔命的騙局？因為總是有一個新市場在摩拳擦掌，準備吸收上一個市場的使用者。

　　至少有一項研究顯示，AlphaBay和漢薩的突擊行動帶來長遠的影響。荷蘭應用科學研究院（Netherlands Organisation for Applied Scientific Research，簡稱為TNO）發現，那次接管和逮捕行動結合後產生的結果，與之前的暗網突擊行動不同。像絲路或絲路2等市場被查封時，他們大多數毒品賣家很快就再次出現在其他暗網毒品網站上。但是荷蘭應用科學研究院的研究發現，從漢薩逃離的賣家沒有再出現，或是即使出現，也被迫廢除自己的身分和聲譽，從頭開始打造新身分。荷蘭應用科學研究院的報告中寫道：「與絲路甚至是AlphaBay的逮捕行動相比，關閉漢薩市場的成果令人刮目相看，我們看到警察介入之後，改變了遊戲規則的初步跡象。」[11]

　　卡內基美隆大學的克里斯汀不確定結果是否如此，他是暗網毒品市場的

量化研究員，擁有的追蹤紀錄可能是最久的。根據他和研究人員分析了市場上發表的回饋所蒐集到的資料，保守估計AlphaBay在關閉前每天的銷售額為60萬到80萬美元，遠超過絲路最高收入的兩倍。[12]但他的團隊發現，下一個接收暗網難民的繼承者夢想市集最後幾乎跟AlphaBay一樣大，甚至可能更大，不過後來管理員消失，市場在2019年悄然下線。

相較之下，Chainalysis基於區塊鏈的計算發現，AlphaBay在關閉前一天的平均銷售額高達200萬美元，其他同類暗網市場根本難以望其項背。（根據Chainalysis的數據顯示，2022年4月遭到德國執法部門撤除的俄語暗網九頭蛇，確實超過了這個數字，在2021年吸引了至少17億美元的比特幣。但是因為很難將它的黑市違禁品銷售量與洗錢服務分開，所以流入該網站的加密貨幣數量無法直接拿來跟AlphaBay比較。）聯邦調查局估計，卡茲的網站在巔峰時期擁有超過三十六萬九千項產品和四十萬名使用者，規模是絲路被撤除時的十倍。[13]

無論是誰擁有史上最大的暗網市場頭銜，克里斯汀預測，只要暗網使用者對刺刀行動的記憶消退後，這種匿名的違禁品經濟週期將會持續一段很長的時間，因為總是有買家想購買非法、有利可圖、而且通常讓人高度上癮的產品。

他說：「歷史告訴我們，這個生態系統的復原力非常非常好。2017年發生的事情很獨特，那個連環出擊行動，似乎並沒有大幅削弱這個生態系統。」[14]

即使在2017年宣布漢薩下線的那一天，一些使用者似乎已做好準備，只要混亂平息後立刻回到暗網，他們骨子裡對下一次使用毒品的渴望又開始蠢蠢欲動。在Reddit的暗網市場論壇上發貼文說，將會「清醒一段時間」的那位使用者，在訊息的最後提到他們仍堅持不放棄。

「情況會穩定下來，一向都是如此，偉大的打地鼠遊戲永遠不會結束。」這位匿名使用者寫道。[15]

第39章

蘇凡納布機場

　　甘巴里安幫忙開發Chainalysis的「高階分析」技術，他在AlphaBay調查案中，發揮微小卻關鍵的作用，發現了立陶宛IP位址，成為刺刀行動之所以能成功的關鍵。他和國稅局刑事調查部門同事一路趕到曼谷，以確認這件事是否順利完成，但是逮捕行動發生時，他們基本上是場邊的局外人。

　　國稅局刑事調查部門團隊來到泰國的部分原因，是為了追查卡茲在那裡的一名洗錢聯絡人，甚至可能將這個人逮捕到案，但他們得到的線索不如預期。（他們拒絕透露更多關於那項胎死腹中的調查案件。）此時，由於國稅局刑事調查部門一向不受到各機構的重視，因此基本上，聯邦調查局和緝毒署都將甘巴里安和同事排除在刺刀行動的核心圈子之外。他們沒有受邀到泰國緝毒局總部，觀看卡茲被捕的直播影片，甚至沒有和其他AlphaBay調查人員一起住在雅典娜酒店，而是住在這個城市另一邊沒那麼華麗的曼谷希爾頓（Hilton）飯店和萬豪酒店。泰國的國稅局探員甚至將他們用來協調的WhatsApp群組命名為「兒童桌」。

　　甘巴里安和國稅局刑事調查的新電腦犯罪部門同事每天下班後，在曼谷希爾頓飯店的休息室裡經常無所事事，因此討論他們的下一個案件應該是什麼。有天晚上，甘巴里安一邊透過Reactor軟體瀏覽，一邊腦力激盪，這時他打電話給Chainalysis的萊文。暗網賭博網站？與加密經濟中發生的其他犯罪相比，非法的線上賭場似乎根本不值得關注。逮捕另一個暗網市場？他們當然也想這麼做，但是逮捕AlphaBay和漢薩的行動看起來已經讓這些市場

陷入一片混亂，需要幾個月甚至幾年的時間才能恢復。

　　在從曼谷回家的路上，甘巴里安和另一名國稅局刑事調查探員揚切夫斯基發現，飛往華盛頓特區的航班延誤了，他們被困在蘇凡納布機場（Suvarnabhumi Airport），還有幾小時的時間要打發，於是寫信給主管，能不能讓他們花錢到「膠囊旅館」的睡眠艙睡幾小時，或甚至是購買頭等艙休息室的使用權。但兩項請求都遭到否絕，因此只能坐在候機室裡，半睡半醒，無聊地盯著牆壁。

　　甘巴里安決定嘗試再打電話給Chainalysis的萊文討論下一個案子。萊文接起電話，說有消息要跟甘巴里安分享，他在研究一個網站，雖然這不是國稅局平常的目標，但是他希望他們能調查一下。這是個出售兒童性虐待材料（child sexual abuse materials）的暗網市場，在執法和兒童權利保護圈中的縮寫為CSAM，這類電腦犯罪曾經被稱為「兒童色情物品」，但為了讓人更理解那些圖片和影片中虐待的真實樣貌，因此重新命名。

　　這個網站名為「歡迎看片」，似乎是加密貨幣交易金額最大的兒童性虐待材料市場，萊文追蹤到有一個看起來像是網站管理員的人，將收到的款項在韓國幾家交易所兌現。

　　顯然，這個擁有大量兒童性虐待影片的管理員（這個加密貨幣犯罪經濟的等級，比他們之前調查過的更隱祕、更黑暗），很可能距離他們所在的泰國不遠。

　　「你為什麼不乾脆去韓國逮捕這個人？」萊文半開玩笑地建議。

第四部 | 歡迎看片

第40章

五個字元

　　在那通電話的前幾天，似乎每位專門處理暗網的美國執法探員都在曼谷開會，當時Chainalysis的萊文走進了英國國家刑事局（National Crime Agency）不起眼的總部，這棟磚造建築物位於倫敦泰晤士河（Thames River）南岸。那裡有位親切的探員帶他到二樓，穿過辦公室廚房，給他一杯茶。他一如以往欣然接受，這是他每次訪問國家刑事局的例行公事，把袋子留在裡面。

　　這兩個人拿著茶杯，坐在這位探員的隔間辦公桌前。萊文到那裡做例行性的客戶拜訪，以了解探員和同事在做些什麼，以及Chainalysis如何提供協助。在瀏覽了幾個案件後，探員提到一個最近出現在他雷達上的暗網，叫做歡迎看片。乍看之下，這個網站似乎是利用比特幣販售罕見的兒童性虐待材料影片讓使用者觀看。

　　發現這個網站的是國家刑事局的兒童剝削調查小組，他們是在一個特別可怕的案件中偶然發現的，即使是按照他們一般的工作標準來看，這個案件都十分駭人聽聞。國家刑事局的幾名探員持續追蹤一個罪犯馬修·法爾德（Matthew Falder），他是英國曼徹斯特（Manchester）的研究人員，偽裝成女藝術家，在網路上向陌生人索取裸照，然後利用這些照片勒索他們，威脅要跟受害者的親朋好友分享照片，除非他們自行錄製更羞辱人和墮落的影片給他。接著他會再用這些影片作為進一步的勒索素材，迫使受害者在鏡頭前自我傷害，以及對其他人性虐待。到他被捕時，鎖定的目標對象高達五十

人，其中至少有三人企圖自殺。[1]

　　國家刑事局在法爾德的電腦上發現他是歡迎看片的註冊使用者，這是他們以前從未遇過的暗網角落。剝削兒童小組將這個線索交給電腦犯罪小組，包括坐在萊文身旁這位專門處理加密貨幣案件的探員。但是電腦犯罪小組幾乎沒有時間去調查，由於線上黑市、勒索軟體和其他網路犯罪案件數量持續成長，因此其他不熟悉地下犯罪數位運作的團隊，一直前來尋求協助。

　　探員認出有一個比特幣地址是屬於歡迎看片的金融網路，於是萊文鎖定這個地址，建議他們放到Chainalysis的Reactor軟體中。他放下茶杯，把椅子拉到探員的筆電前面，開始在區塊鏈上繪製兒童性虐待材料網站的地址群集。

　　眼前的景象讓他大吃一驚：這個虐待兒童網站的許多使用者，甚至是管理員，顯然幾乎沒有採取任何措施來掩蓋加密貨幣軌跡。萊文過去所追蹤的暗網居民，經常會透過許多中間的地址或有時候是混合器來處理資金，以擺脫調查人員。而在這個網站上，萊文在幾秒鐘內可以看到，這些使用者的比特幣從眾多加密貨幣交易所直接流入他們的錢包，然後通常再從那裡直接到歡迎看片的地址。

　　這些地址內的資金，在少數幾個交易所清空，兌換回傳統貨幣，例如韓國的Bithumb和Coinone，以及中國的火幣（Huobi）。有個人似乎不斷使用大量的多輸入交易來蒐集網站的資金，然後兌現，因此Reactor就能輕易地立刻自動將幾千個地址歸類為一個群集，確定它們都屬於同一個服務商，多虧了國家刑事局的情報，萊文現在可以在軟體中將這個群集標注為歡迎看片。

　　此外，萊文認為，以那個群集為中心而且與之相連的這些交易所，或許擁有可以指認這個網站大量匿名使用者所需的資料，不但可以知道是誰從網站將比特幣兌現，還可以知道是誰購買比特幣放入其中。

　　AlphaBay非常小心，避免將這些數位資金集中在一起，讓加密追蹤者無法輕易分群，而萊文在花了幾個月的時間分析AlphaBay之後，發現歡迎

看片使用加密貨幣的方式實在是天真的可笑。也許是以往兒童性虐待網站不接受加密貨幣或其他形式的支付方式，因此似乎完全沒有為區塊鏈上金融鑑識的現況做好準備。萊文具有多年貓捉老鼠的經驗，以他此時的標準來看，歡迎看片像是一隻不幸的囓齒動物，從沒被追捕過。從網站對加密貨幣的處理看來，設計的人似乎仍然秉持著比特幣很神祕，無法追蹤的古老信念，而事實卻恰好相反。

萊文坐在國家刑事局探員的筆電前面時，突然意識到一件事，他以前也想過，但這次也許比以往都更清楚，以他的話來說，就是他生活在一個「黃金時代」，像他們這些Chainalysis的區塊鏈分析人員，會比被瞄準的那些目標對象取得顯著的領先優勢。他記得當時心想：「我們創造了某個非常強大的東西，我們比這類的經營者領先一步。有人犯下令人髮指的罪行，世界上發生一件可怕的事情，而我們的技術會在瞬間取得重大突破，以非常清楚的邏輯揭露背後的藏鏡人。」

萊文看到有人透過韓國的兩家交易所兌換歡迎看片的大部分收入，就推測管理員很可能就在那裡。網站的許多使用者似乎直接在美國的比特幣基地和Circle等交易所，購買硬幣後從這些地址付款給網站。若要關閉這個全球虐待兒童網路，可能只需要讓另一個執法機構參與其中，一個可能會開始要求這些交易所提供客戶身分細節的執法機構。

他想到國稅局的甘巴里安和揚切夫斯基，因為他們兩人在AlphaBay任務結束後，一直向他詢問是否有新的線索。

「我認識幾個會有興趣的人。」萊文告訴國家刑事局探員。

他準備離開時，默默地從螢幕上記下探員給他看的歡迎看片地址前五個字元。那時，Chainalysis的Reactor軟體包含一項功能，可以根據比特幣地址的前幾個獨特的數字或字母，自動補齊後面的地址。五個就夠了，他把這些字元記在腦中，要用這個簡短的密碼來為全球犯罪陰謀活生生的地圖解鎖。

＊　＊　＊

　　甘巴里安和揚切夫斯基並沒有聽從萊文的建議到韓國一趟。但是甘巴里安與萊文的電話內容已經讓他們相信歡迎看片值得仔細調查，於是等他們從泰國回到華盛頓特區西北部的辦公室時，很快就向技術公司Excygent的一位技術分析師亞倫・拜斯（Aaron Bice）尋求協助，他曾跟甘巴里安合作調查BTC-e一案。他們一起用Reactor軟體繪製歡迎看片的資金流向，發現這實在是個非常明顯的追查目標，整個財務狀況都擺在他們面前，幾千個已分群的比特幣地址，許多地址幾乎沒有隱瞞交易所的資金進出情況，他們知道可以迫使這些交易所提供身分識別資訊。如萊文所說，這次確實像是「輕鬆灌籃得分」。

　　揚切夫斯基將案件交給檢察官法魯基，兩人之前共同追查一個聲稱是奈及利亞王子的詐騙集團，以國會議員為下手目標。這位檢察官也曾在2015年的虛擬貨幣特種部隊會議上，對甘巴里安的熱情感到印象深刻，於是立刻接下歡迎看片的案子，正式展開調查。

　　甘巴里安、揚切夫斯基、拜斯和法魯基，組成了一個看起來不像是會專門打擊大型兒童剝削網路的團隊。揚切夫斯基是名身材高大的中西部探員，有著方下巴，就像演員山姆・洛克威爾（Sam Rockwell）和克里斯・伊凡（Chris Evans）的混合體，看電腦螢幕時會戴上粗框眼鏡。他在參與了各種反恐、販毒、政府貪汙和逃稅等案件之後，由國稅局印第安納州（Indiana）辦公室招募到華盛頓特區電腦犯罪小組。拜斯是資料分析專家，揚切夫斯基描述拜斯的電腦能力時，說他是「半個機器人」。法魯基是名經驗豐富的美國聯邦助理檢察官，多年來處理國家安全案件和起訴洗錢罪犯，擁有近乎狂躁的專注和認真，說話速度快得可笑，在同事眼中幾乎不睡覺。接著是甘巴里安，2017年時以國稅局加密貨幣揭發者和暗網專家的身分聞名，法魯基稱他為「比特幣耶穌」。

　　然而，這四人當中沒有一個經手過兒童性剝削案件，在處理虐待兒童的

圖片和影片方面沒有受過訓練，對一般美國人來說，光是擁有這些東西就已構成重罪。他們甚至從未**見過**這類高度令人不安的材料，在情感或心理上也尚未對即將接觸的照片內容做任何準備。

　　甘巴里安和同事當然知道，兒童性虐待材料大量潛藏在暗網資料裡。幾年前，一位英國樸茨茅斯大學（University of Portsmouth）的研究人員發現，雖然暗網毒品市場占暗網網站的最大宗，約為24%，但是暗網的流量主要是來自於使用者去造訪少數的虐待兒童商店。這些兒童性虐待材料網站，約占暗網上受Tor保護網站的2%，**2**但光顧這些網站的用戶占暗網總造訪人次的83%。[*]

　　儘管如此，兒童性剝削調查一向是聯邦調查局和國土安全調查處的重點，國稅局當然不必插手。部分原因是兒童性虐待圖片和影片最常拿來交換和分享，沒有涉及到金錢交易，調查人員將這種方式描述為「棒球卡交易」系統，因此不在國稅局的管轄範圍內。

　　歡迎看片則不同，它有一條金錢的軌跡，而且清晰可見。當兩名探員向法魯基展示區塊鏈上看到的內容，此時他並沒有因為他們在剝削兒童領域缺乏經驗而裹足不前，身為一位偵辦洗錢案件的檢察官，他已從揚切夫斯基和甘巴里安那裡拿到犯罪支付的證據，他認為從根本上來說，沒有理由不把歡迎看片視為一項金融調查。

　　他說：「我們會像對待其他案件一樣對待本案件，將透過追蹤資金流向來調查。」

＊　＊　＊

---

[*]　值得注意的是，開發和維護Tor的Tor專案公司（Tor Project）駁斥這項研究，說這些數據沒有參考價值。他們認為這些納入計算的「造訪人次」，至少有一部分可能是來自執法部門的臥底探員，以及「分散式阻斷服務攻擊」（distributed denial of service attacks），指的是駭客發動垃圾流量的洪水攻擊手法，意圖讓網站下線。

　　甘巴里安才剛從曼谷的刺刀行動回來,已經準備投入另一個看似深不可測的暗網案件。但在這個新的調查案即將開始之際(兩個案件只間隔一小段時間),他發現自己仍有其他待辦事項要處理。

　　7月中,他收到了一個等待一年多的情報,維尼克有動靜了。

　　甘巴里安和格羅納格之前就發現維尼克竊取Mt. Gox的比特幣,此時距離維尼克第一次開始兌換偷來的比特幣已經隔了好幾年,[3]在這段時間裡,維尼克似乎也在經營BTC-e,這間加密貨幣交易所非常成功,完全不受監控,到2016年底已發展為全球第三大交易所,是許多人洗錢的管道。

　　過了這麼久,看起來維尼克終於相信自己可以逍遙法外:他踏上了俄羅斯以外的地方,探員確定維尼克和家人要去希臘度假,他在希臘北部的阿索斯半島(Athos peninsula)預訂了豪華度假別墅,裡面有地中海風格的花園,還可以自由選擇是否要搭遊艇出海。[4]

　　因此,撤除AlphaBay大約三週後,有一天晚上甘巴里安算準時間,在國稅局華盛頓特區辦公室桌上小睡片刻,在黎明前醒來,開始跟他的團隊聯絡,包括在希臘的特勤局探員,還有住在馬里蘭州波多馬克(Potomac)對面的檢察官佩爾克,現在人在家中的沙發上,以及Excygent公司的拜斯,人在紐澤西的一個資料中心裡。本來甘巴里安追蹤到BTC-e在維吉尼亞州的伺服器,後來管理員已將伺服器移至往北幾個州的一家託管公司。

　　七個時區之外,幾位臥底探員在面向愛琴海(Aegean Sea)的沙灘上,假扮衝浪者和海灘遊客,慢慢靠近維尼克,他突然發現自己被包圍,接著遭到希臘警方逮捕。[5]幾分鐘後,一張照片出現在甘巴里安的手機上,這個男人長得有點像年輕的巴里什尼科夫,甘巴里安曾看過幾年前由飯店櫃台所掃描的維尼克護照照片,手機照片上的臉就是他本人,此刻坐在希臘別墅的椅子上,戴著手銬。

　　甘巴里安後來打電話給格羅納格,告訴他這個消息:維尼克已被逮捕,最後關進監獄。Chainalysis的創辦人得知這個消息後很高興,看到如傳奇般的Mt. Gox駭客竊盜案終於能圓滿落幕,感到心滿意足,這件事拖了這麼

久，基本上他都已經拋在腦後了。格羅納格談到維尼克落網時說：「事情發生了，超級酷，真的很棒。」Chainalysis甚至從沒有特地在部落格上發文，提到公司在這個案件上的貢獻。

不過，對於甘巴里安來說，被扣押的BTC-e伺服器以及被捕的維尼克，都是重要的寶藏。早在2015年，他的調查團隊就拍攝了伺服器資料的快照，現在，他擁有更完整的最新版本，一個內含BTC-e所有使用者的資料庫。

這個交易所的許多客戶之所以會特別選擇BTC-e，主要是因為交易所採用「不過問」的方式處理髒錢，但是他們沒想過自己的資料最後會落入國稅局刑事調查員的手中。BTC-e曾經一度是比特幣追蹤人員藏寶圖上的一個空白點，現在，對於像甘巴里安這樣的鑑識會計師來說，扣押的資料本身就是無價之寶。

第41章

「餿尋影片」

揚切夫斯基和甘巴里安第一次將冗長而複雜的網址 mt3plrzdiyqf6jim. onion 複製到 Tor 瀏覽器時，映入眼簾的是一個很陽春的網站，只有歡迎看片幾個字和使用者登入的空格，揚切夫斯基說，就像是 Google 首頁一樣，呈現出一種極簡主義風格。他們分別註冊了使用者名稱和密碼後進入網站。[1]

在第一個問候頁面之後，接著網站列出看似無止境的大量影片標題和縮圖，每個影片以四張照片排成正方形，似乎是從影片畫面自動挑選的，那些小圖片像是恐怖片的目錄：一個接一個的兒童被性虐待和強姦的場景。

兩位探員硬著頭皮看這些圖片。然而，他們對暗藏在數位世界裡這個地獄般的現實角落毫無準備。甘巴里安說：「感覺就像走錯了路，然後置身於一個你在線上很不想去的地方，但是你一直都知道它就在那裡。」揚切夫斯基說，他發現自己試著將眼睛與大腦分開，嘗試在看這些圖片時，當作沒有真正看到。

這兩個探員知道在某個時間點，至少必須實際觀看一些宣傳影片。但幸運的是，他們第一次造訪網站時沒辦法看，因為必須先支付比特幣給網站提供每個註冊使用者的地址，才能在那裡購買「點數」，然後用這些點數下載影片。而且由於他們不是臥底探員，所以沒有購買這些點數的權限，不過他們也不太想買。

儘管如此，揚切夫斯基記得自己光是看到數不清的縮圖，大腦幾乎拒絕接受看到的東西。他發現網站有個搜尋頁面的最上方，以錯別字寫著「餿

尋影片」（Serach videos，譯注：原本應該是 Search videos）。在搜尋框下面，列出了使用者輸入的熱門關鍵詞，最受歡迎的是「一歲」，次受歡迎的是「兩歲」。

起初揚切夫斯基還以為一定是自己誤會了，他預期會看到青少年或九到十二歲兒童的性虐待影片。但他在捲動網頁時，越來越感受到一股強烈的反感和悲傷，發現網站確實充斥著大量虐待幼兒甚至嬰兒的影片。

「真的有這種事嗎？不會吧！喔！這裡有這麼多的影片？不，這不可能是真的。」揚切夫斯基說，他因為過於吃驚而面無表情地敘述自己第一次瀏覽網站時的反應。

網站上有幾個頁面下方的版權日期是：2015 年 3 月 13 日，歡迎看片已經上線兩年多了。即使只是隨便瀏覽一下，都很清楚這個網站儲存的兒童性虐待影片數量，已經多到執法部門前所未見的程度。

揚切夫斯基和甘巴里安在分析網站的運作機制時，發現使用者不僅可以透過購買方式取得點數，也可以透過上傳影片來取得點數，如果這些影片後續被其他使用者下載的次數越多，獲得的點數就越多。上傳頁面指示：「不要上傳成人色情片。」為了強調，最後五個字還特別以紅色標示。頁面也特別提醒，會檢查上傳的影片是否獨一無二，只接受新材料；對探員來說，這種作法設計的目的，似乎擺明著鼓勵更多的兒童虐待事件。

不過，甘巴里安發現網站上最令人不安的部分，是一種像即時聊天的頁面，使用者可以在其中發表評論和提供回饋。這個頁面充滿了各種語言的貼文，暗示這個網站的使用者遍及許多國家，大多數都是垃圾訊息，要求取得免費的影片或比特幣，但其中有些訊息是針對網站上的材料閒聊，就像是可能會出現在 YouTube 影片留言區那種沒有營養的評論。

甘巴里安多年來一直在追捕形形色色的罪犯，從小型詐欺犯到貪汙的聯邦執法同事，以及經營 BTC-e 和 AlphaBay 等網站首腦。畢竟那是他的工作，在他看來，法律就是法律，但即使在努力追查和逮捕這些調查對象時，通常也覺得他可以從根本上理解他們，有時候甚至是同情他們，不只是同情

聯邦探員。他若有所思地說：「我認識的一些毒販，可能還比一些白領逃稅者更好，我可以同理其中一些罪犯，他們的出發點只不過是貪婪，我可以合理化，告訴自己這是他們的事業。」

但現在他踏入的這個世界裡，人們以他完全無法理解的動機，犯下他不理解的暴行。他是在飽受戰爭蹂躪的亞美尼亞和蘇聯解體後的俄羅斯度過童年時光，職業生涯是深入犯罪地下社會，本來自認為對那些喪盡天良的壞事已了然於胸，可是現在他覺得自己太天真了：他才第一次造訪歡迎看片，潛藏在他心中對於人性殘存的理想主義就已摧毀殆盡。

「我看過很多事，但是從來沒見過這樣的事情，有一小部分的我被扼殺了。」甘巴里安說。

* * *

等到甘巴里安和揚切夫斯基親眼目睹歡迎看片真正代表的含義後，就明白這個案子的緊迫性遠超出一般的暗網調查案。這個網站在線上的每一天，都會引發更多的虐待兒童行為。

甘巴里安和揚切夫斯基知道，最好的線索仍存在於區塊鏈中。最重要的是，這個網站似乎沒有任何機制可以讓客戶從帳戶中**領出**資金，使用者沒有歡迎看片的錢包，這一點跟絲路或AlphaBay等暗網市場不同，網站上只有一個地址可以發送比特幣以換取點數，甚至似乎也沒有地方可以要求退款。意思是說，他們看到從網站流出的**所有**資金（交易時價值超過30萬美元的比特幣），幾乎肯定全屬於網站的管理員。

甘巴里安開始向比特幣社群的聯絡人求助，看看有沒有哪個交易所員工可能認識這兩家韓國交易所Bithumb和Coinone的主管，因為歡迎看片的錢主要在那兩家交易所兌現，另外還有一家美國交易所收到一小部分的資金。他發現，光是提到兒童剝削，加密貨幣行業平常對政府干預的抵制似乎一掃而空。甘巴里安說：「就算你想成為自由意志主義者，但這是每個人的底

線。」他甚至還沒發出正式的法律請求或傳票，三間交易所的員工都準備要提供協助：他們承諾，會盡快提供他從Reactor中取得的地址相關的帳戶詳細資料。

在此同時，甘巴里安繼續搜尋歡迎看片網站，第一次在網站上註冊帳戶後不久，他想嘗試對網站的安全性做某種基本的檢查，雖然他認為機率不高，但沒有任何損失。他在頁面上按滑鼠右鍵，從出來的選單中挑選「查看頁面原始碼」，讓他可以在Tor瀏覽器轉換成圖形網頁之前，先檢視網站原始的超文本標記語言（HTML）。無論如何，看著一大堆難以辨認的程式碼，肯定也比盯著一個無止境的人類殘忍暴行捲軸要好。

他幾乎立刻就發現了要找的東西：一個IP位址。事實上，令甘巴里安驚訝的是，以網站的超文本標記語言來看，網站上的每張縮圖似乎都顯示出伺服器主機實際所在的IP地址：121.185.153.64。他把這十一個數字複製到電腦的指令行，執行基本的路由跟蹤功能，跟著它穿過網際網路的路徑，回到伺服器的位置，就像他多年前試圖為BTC-e的基礎設施定位時所做的一樣。

結果顯示這台電腦根本不是Tor網路中的節點，實在是不可思議，甘巴里安現在看到的就是歡迎看片伺服器真正未受保護的地址，而且證實了萊文當時根據網站比特幣兌現地點的預感，網站主機是連到韓國首爾以外的一間住宅。

歡迎看片的管理員似乎犯了一個新手錯誤，網站本身的主機是在Tor上面，但是首頁放置的縮圖似乎是從管理員同一台電腦中提取，而不是透過Tor路由瀏覽器連線，或許是誤以為這麼做可以加快頁面傳輸速度。

甘巴里安坐在華盛頓特區的隔間裡，對著電腦螢幕大笑，盯著這個網站管理員的位置，非常期待將他逮捕到案。

＊　　＊　　＊

揚切夫斯基在馬里蘭州的一個射擊場，等會兒輪到他參加槍法訓練，就在此時，其中一間他們之前發傳票的交易所，首次回覆了一封電子郵件給他。這是來自美國的交易所，雖然該交易所只處理歡迎看片群集中的一小筆款項，但是比亞洲的交易所更快回應他們的請求，這個疑似歡迎看片管理員的嫌犯在那裡兌換網站收入，信中提供他的身分識別訊息。

電子郵件的附件顯示一名中年韓國男人，以及一個在首爾以外的地址，與甘巴里安發現的IP位址完全吻合。這些文件甚至還包括一張這個男人拿著身分證的照片，顯然是為了向美國交易所證明他的身分。

有那麼一刻，揚切夫斯基感覺自己好像面對面看著歡迎看片的管理員，但他記得當時總覺得有點不太對勁：照片中那個男人的手顯然很髒，指甲有泥土，看起來比較像是農場工人，而不是揚切夫斯基預期的那種敲鍵盤經營暗網的雙手類型。

在接下來的幾天裡，答案開始逐漸浮出檯面。先是一間韓國交易所，接著是另一間，分別寄送控制歡迎看片提款地址的使用者文件給甘巴里安。他們不只提到那個中年男人的名字，還提供另一個年輕得多的男人名字，二十一歲的孫鍾宇（Son Jong-woo）。這兩個人的地址相同，姓氏也一樣，他們是父子嗎？

探員認為他們正一步一步接近網站的管理員，不過既然他們開始看到歡迎看片的全貌，就明白如果只是關閉網站或逮捕管理員，根本不符合公平正義。歡迎看片在區塊鏈上形成的比特幣地址集合，不僅為兒童性虐待材料的消費者，更重要的是，也為**製作者**提供一個龐大而熱鬧的交會點。

至此，法魯基已請其他檢察官團隊前來協助，包括專門處理兒童剝削的美國聯邦助理檢察官琳賽・薩頓伯格（Lindsay Suttenberg），她指出，即使讓網站下線也不見得是他們的首要之務。法魯基總結她的論點時說：「你不能一邊試圖撤除韓國的伺服器，同時又一邊讓一個孩子被強姦。」

團隊開始意識到，這個「輕鬆灌籃得分」案件一開始看起來很簡單，但在輕輕鬆鬆指認出網站管理員之後，接下來的複雜度其實很高：他們需要追

蹤資金，但不只是一、兩個韓國網站管理員的資金，而且是以此為中心點，追蹤全球幾百個嫌犯的資金，包括主動施虐者，以及縱容這類事情發生的共犯，也就是觀看這些材料的人。

　　甘巴里安點擊右鍵發現IP位址，搭配了加密貨幣交易所快速合作，讓辦案人員有幸取得重大的突破，但真正的工作還在後頭。

第42章

章魚

　　就在萊文提供情報的兩週後，國稅局刑事調查探員和檢察官團隊幾乎已確切得知歡迎看片的主機位置。但他們很快意識到，需要其他人的協助才能再往下一步：他們既沒有管道跟一向以形式和官僚作風聞名的韓國警察廳（Korean National Police Agency）聯絡，也沒有可逮捕幾百名網站使用者的資源，因為這項行動需要召集的人員遠超出國稅局的能力範圍。

　　法魯基建議他們請國土安全調查處一起加入此案，而且是跟位於科羅拉多州中部的城市科羅拉多泉（Colorado Springs）這個外地辦事處合作。他之所以挑選這個機構，以及地處偏遠的前哨基地，是因為之前曾與該機構一個專門處理國家安全的探員湯瑪斯・譚姆希（Thomas Tamsi）合作過。一年前，法魯基和譚姆希一起破獲了一項北韓的武器交易行動，有人意圖透過南韓和中國走私武器零件。在那次調查過程中，他們搭機飛往首爾與韓國警察廳會面，經由一位國土安全調查處聯絡人幫忙牽線，結果有天晚上跟韓國警察廳官員一起喝酒、唱卡拉OK。

　　當晚有個特別令人難忘的時刻，韓國警察廳的探員在比較韓國和美國食物時，嘲笑美國所謂的熱狗和漢堡飲食文化。此時有位探員提到韓式活章魚（san-nakji），這是一種小章魚，有些韓國人不僅生吃，而且吃的時候章魚還會活生生地扭動。譚姆希大膽回應說要試一試。

　　幾分鐘後，幾名韓國探員將一隻拳頭大的活章魚插在筷子端上桌，譚姆希將整隻扭動的頭足類動物放入口中咀嚼、吞嚥，觸鬚在他的嘴唇間蠕動，

黑色的墨水從臉上滴到桌上。法魯基回憶：「真的很噁心。」

韓國人覺得很有趣，譚姆希在某些韓國警察廳的圈子裡成了傳奇人物，從此之後，他們稱他為章魚哥（Octopus Guy）。

譚姆希像團隊裡的大多數人一樣，在兒童剝削案件方面沒有經驗，甚至從未投入加密貨幣調查，但是法魯基堅持認為，若想在韓國有所斬獲，需要章魚哥加入。

*　*　*

不久之後，譚姆希和一名得到臥底行動授權的國土安全調查處同事，一同搭機飛抵華盛頓特區。他們在飯店租了一間會議室，在揚切夫斯基的監督下，這名臥底探員登錄歡迎看片，支付一筆比特幣，開始下載幾十億位元組的影片。

之所以會挑選飯店這個奇怪的地點，而不是政府辦公室，主要是為了更能掩護探員的身分，以防歡迎看片在 Tor 的保護下，仍能以某種方式追蹤使用者，而且等到需要起訴時，華盛頓特區檢察官辦公室可以獲得管轄權。（至少國土安全調查處探員是使用 Wi-Fi 熱點下載，以避免透過飯店網路取得網站上最嚇人的內容。）

臥底探員的工作完成後，將檔案交給揚切夫斯基，在接下來的幾週，揚切夫斯基和薩頓伯格觀看影片，盡量記下涉案人員身分的線索，在此同時，塞進他們腦袋的虐待兒童畫面，多到足以讓任何人的餘生都噩夢連連。

薩頓伯格擔任剝削兒童檢察官多年，對這些東西早已有點麻木，但她發現團隊中的其他檢察官光是聽她描述影片的內容，就無法忍受，更別說是觀看了。她回憶：「他們會要求我別再說了，改用寫的，然後跟我說，結果更糟。」

揚切夫斯基是這個案件的首席探員，任務是整理一份宣誓書，可以放在他們最後可能提交給法院的任何起訴文件裡。意思是說，他得觀看幾十個影

意思是如果有人一段時間沒出現在電腦上，就會發出警報。儘管如此，歡迎看片調查小組認為別無選擇，只能迅速採取行動，冒險一試。

大約在同一時間，另一名嫌犯因為不同的原因引起他們的注意：他住在華盛頓特區。事實上，這個人的家就在美國聯邦檢察官辦公室同一條街上，靠近首都的畫廊站（Gallery Place）一帶，有一位檢察官本來也正好住在同一棟公寓，最近才剛搬走。

他們意識到，那個位置可能有幫助。揚切夫斯基和甘巴里安可以輕輕鬆鬆搜查這個人的家和他的電腦，作為試驗案件（test case），如果能證明這個人是歡迎看片的客戶，他們就可以在華盛頓特區的管轄區起訴整起案件，克服一個關鍵的法律障礙。

然而，隨著他們深入挖掘，發現這個人以前是國會工作人員，在一間極具盛名的環境組織擔任高階職位。他們擔心，如果目標對象有這種背景，去逮捕或搜查他的住所可能會導致他公開大聲疾呼，反而讓這個案件泡湯。

就在他們將目光鎖定在這名嫌犯身上時，發現他在社交媒體上變得異常安靜，團隊中有人想到，可以去調閱一下他的旅遊紀錄，結果他已飛往菲律賓，正準備經過底特律返回華盛頓特區。

這項發現讓探員和檢察官產生兩個想法：首先，菲律賓一向惡名昭彰，是觀光客買春旅遊的聖地，而且通常以兒童為目標，馬尼拉（Manila）的國土安全調查處辦公室經常處理兒童剝削案件。其次，這個人飛回美國時，海關暨邊境保護局（Customs and Border Protection）可以合法拘留他，要求取得他的設備來尋找證據，這是美國憲法保護中一項有爭議的奇怪規定，但在這種情況下，可以派上用場。

這個華盛頓特區的嫌犯，會不會在整起調查案件才剛開始就發出警報，然後讓他們的調查案曝光？

「是的，這一切都有可能會毀掉我們的案子，但我們必須採取行動。」揚切夫斯基說。

第43章

試驗案件

　　10月下旬，有一名男士準備從菲律賓搭機回到華盛頓特區，途中在底特律都會機場（Detroit Metropolitan Airport）轉機，此時海關暨邊境保護局阻止了他，把他帶到旁邊的二次安檢室。儘管他提出強烈抗議，邊境探員仍堅持要拿走他的電腦和手機後，才允許他離開。

　　幾天後，也就是10月25日，華盛頓特區歡迎看片調查小組的一名檢察官，看到之前的大樓管理委員會寄來了一封電子郵件，儘管她最近剛搬出，但仍在寄送名單上。這封電子郵件指出，大樓後面一條小巷子的停車場坡道將於當天早上關閉，信中解釋，因為有個未具名的居民從公寓陽台跳樓身亡後墜落在那裡。

　　檢察官綜合判斷，認為跳樓者就是他們歡迎看片的「試驗案件」。揚切夫斯基和甘巴里安立即開車前往公寓大樓，跟管理員確認：他們調查的第一個目標對象剛才自殺了。

　　當天稍晚，兩名國稅局刑事調查探員帶著搜索令，回到那個男人的死亡現場。他們和大樓管理員一起搭電梯到十一樓，管理員對於國稅局為什麼會涉入其中深感不解，但還是為他們開了門，什麼話都沒說。他們發現屋裡的裝潢看起來很高級，有點亂，天花板很高，旅行回來後有些行李仍未打開。那個男人前晚點了一份披薩，桌上還剩下一些沒吃。

　　揚切夫斯基記得，彷彿感受到空蕩蕩的家裡陰沉沉的孤寂，想像那個男人前晚因陷入絕境而必須選擇結束生命。探員從十一樓的陽台往下看，可以

發現小巷的人行道上有一塊被水沖濕的痕跡。

　　華盛頓特區裡的大都會警察主動提供探員這個男人跳樓身亡的影片，剛好由一台監視器拍到，但他們婉拒了。在此同時，底特律的海關暨邊境保護局辦公室證實，他們搜查過這個男人的電腦，其中有些儲存空間經過加密，但其他部分沒有，在裡面發現了剝削兒童的影片，以及祕密錄製的成人性愛影片。他們當時以這個男人為目標對象的決定已達到目的：他們的試驗案件結果確實不出所料。

　　華盛頓特區的檢察官稍微暫緩工作，這個男人的死讓他們很震驚：由於他們針對位在地球另一端的網站展開調查，卻導致有人自殺，而且地點就在幾條街之外。法魯基說：「這只是提醒我們正在調查的事情有多麼嚴重。」

　　儘管如此，小組一致同意：不能讓這起自殺案件分散他們工作上的注意力。法魯基記得大家彼此打氣說：「我們必須把重點放在這裡的受害者身上，這會讓我們看得更清楚。」

　　對團隊中的國稅局探員來說，並沒有因自殺案件停下腳步太久，尤其是揚切夫斯基表示，不太滿意這樣的結果，他比較希望這個男人被逮捕和起訴。但是此時，他被迫觀看一小時接著一小時的兒童性虐待影片。他在這個案子的早期階段就將自己的情緒擱置一旁，幾乎沒有多餘的心思放在這個顯然已購買這些材料的客戶上。

　　他承認，其實如果說他真的有什麼感覺，那就是如釋重負，因為這起自殺案件讓他省下不少時間：畢竟他們還要去追捕幾百個歡迎看片的客戶。

＊　＊　＊

　　他們名單上的下一個目標是高中副校長。幾天後，揚切夫斯基飛到喬治亞州，加入了一支由國土安全調查處探員組成的戰術小隊，跟著他們一起搜查。這是他第一次跟被指控的歡迎看片客戶面對面接觸，而且地點是在客戶自己家中。

　　儘管揚切夫斯基的自制力很強，但是第二個試驗案件對他帶來的影響遠超過華盛頓特區那個目標對象。在這棟乾淨舒適的兩層樓磚房裡，父母在不同的房間接受審問，屋主的孩子跟揚切夫斯基的孩子同齡，正在看《米奇妙妙屋》。他站在亞特蘭大郊外那間房子的玄關，此時突然想起這個調查案件裡的完整名單，事實上，名單上的每個名字都代表著一個有人際關係的人，而且在許多情況下，都有家人。光是指控這些嫌疑人犯下如此不可饒恕的罪行，也會對他們的生活產生不可逆轉的影響，以他的話來說：「這對一個人而言，有如無法消除的烙印。」

　　揚切夫斯基和國土安全調查處探員，在屋子裡待了很長的時間，搜查房屋、審問這個男人，以及為了分析而扣押他的設備。他們的目標對象同意在當地警察局接受測謊，揚切夫斯基和法魯基拒絕分享那次測謊結果，但是法魯基說，這個男人承認在學校「以不恰當的方式觸摸」學生，也承認動手虐待，還有他支付給歡迎看片購買材料的證據無誤。他之後將被指控多項針對未成年人的性侵犯罪，但會以無罪答辯。

　　至少對揚切夫斯基而言，這是他第一次光靠追蹤加密貨幣就來跟嫌犯對質，他心中僅存的任何疑慮都在幾小時內消除。他說：「我只想說，後來我感到更有自信了，我們是對的。」區塊鏈並沒有說謊。

* * *

　　團隊將歡迎看片的目標對象和試驗案件排出優先順序，他們正一步一步努力針對名單上排在前幾名的對象下手。但在2017年12月，他們發現另一種不同的線索，而這個線索打亂了他們原本的優先順序。

　　調查人員追查歡迎看片的財務軌跡時非常謹慎，記錄了網站聊天頁面的全部內容，而使用者仍持續在頁面上發表評論。其中大部分都是垃圾郵件和煽動性的言論，任何未過濾的匿名網路論壇通常會塞滿這類垃圾訊息。事實上，這個網站似乎完全沒有板主管理：任何地方都看不見管理員的電子郵件

或服務支援聯絡資訊。但揚切夫斯基偶爾會瀏覽聊天紀錄,使用Google翻譯查看其他語言的訊息,搜尋可能提供的任何線索。他開始注意到重複的訊息,看起來非常類似這個網站缺少的服務台聯絡人,訊息寫著:「如果您需要修復錯誤,請跟管理員聯絡。」附上一個TorBox地址,這是專門提供隱私保護而設計的Tor電子郵件服務。

這是網站真正的板主嗎?甚至是管理員本人嗎?他們現在認定孫鍾宇是網站的擁有者。

揚切夫斯基試圖辨認這些訊息究竟是誰發的,但是卻沒有區塊鏈線索可以利用。他檢查TorBox地址中在「@」前面的使用者名稱,因為這六個字元串看起來很獨特,看看歡迎看片的使用者是不是有這個名稱,果然發現有一個同名的人上傳了一百多個影片。

Excygent的拜斯想到一個點子,將這個TorBox電子郵件地址放進國稅局刑事調查部門扣押的BTC-e資料庫裡,查看是否能從地下犯罪使用者資料的寶庫中找到線索。結果他找到一個可以對應的帳戶:BTC-e上有一個帳戶註冊的電子郵件地址中,就包含這六個一樣獨特的字元串。這不是TorBox電子郵件地址,而是來自另一個專門提供隱私保護而設計的電子郵件服務Sigaint。

揚切夫斯基知道TorBox和Sigaint本身都是暗網服務,不會回應對其使用者資訊的法律要求。但是從BTC-e的資料可以看到,擁有這個Sigaint IP位址的使用者,過去曾在交易所登錄十次,其中九次的IP位址都由VPN或Tor所掩蓋,而有一次造訪BTC-e時,使用者不小心犯錯:暴露了家中真實的IP位址。

「這讓大門整個敞開。」揚切夫斯基說。他們在幾個月前扣押的BTC-e伺服器立刻派上用場,讓他們能在歡迎看片案件中取得另一個線索。

路由跟蹤顯示,這個IP位址連到一個住家的網路,但這次不在韓國,而是德州,是不是有第二個歡迎看片的管理員住在美國?揚切夫斯基和拜斯以刻不容緩的速度持續調查,發傳票給網路服務提供商,請對方提供使用者

的帳戶資訊。

那是12月初的一個星期五早上，揚切夫斯基正在國稅局刑事調查部門辦公室喝咖啡，這時得知傳票的結果：他打開電子郵件，看到一個姓名和住家地址。這是個三十多歲的美國男人，住在德州中南部聖安東尼奧（San Antonio）郊外的小鎮，不太可能是在十五個時區之外，幫忙那名二十一歲韓國人管理兒童剝削網站的同夥。但是揚切夫斯基查到這個人的工作時感到更加震驚：他是**另一名**國土安全部員工，這次是邊境巡邏隊（Border Patrol）的探員。

揚切夫斯基很快就開始從這名探員的社交媒體帳號中，蒐集相關的公開資訊，先找到這個人太太的臉書頁面，後來又找到他本人的帳號，他的名字是倒著寫，以免被人發現。拜斯也找出他的亞馬遜（Amazon）頁面，他似乎在上面對幾百種產品發表過評論，還將一些產品放在「願望清單」上，包括可以存放兆位元組影片的外接儲存設備、隱藏式攝影機，以及其他可放在小空間使用的攝影機，像是牆上鑽的洞。

最後，揚切夫斯基懷著忐忑不安的心情，看到邊境巡邏隊探員的太太有個年幼的女兒，這個探員之前在GoFundMe上設立一個群眾募資頁面來籌措資金，以合法收養這個女孩作為他的繼女。

揚切夫斯基心想：「**媽的**，他上傳了女兒的影片嗎？」

揚切夫斯基回頭來看歡迎看片，發現以這個使用者名稱上傳的影片，顯示出一些跟女兒年紀相仿的小女孩被性侵的縮圖。他意識到自己那個週末不會在家裡度過，他現在有責任盡快將這名邊境巡邏隊探員與受害者分開。

在接下來的十天裡，揚切夫斯基很少離開辦公桌。他會開車回家，跟家人在位於維吉尼亞州阿靈頓（Arlington）的小透天厝快速吃完晚飯，然後再開車回到辦公室熬夜加班，經常打電話給拜斯和法魯基討論到深夜。

法魯基觀察：「你很少碰到時間是零和的情況，我們不處理那個案子的每一刻，一個小女孩可能被強姦。」

揚切夫斯基請國土安全調查處臥底探員下載德州探員上傳的影片，開始

了逐一觀看的痛苦過程。看了幾段影片後，發現一個啟動他大腦模式比對的東西：在影片裡的某個時間點，他看到那個女孩腰間綁著一件紅色法蘭絨襯衫。他回頭檢視 GoFundMe 頁面上所發表的女孩照片，看到：她穿著同樣的紅色法蘭絨上衣。

這位邊境巡邏隊探員是歡迎看片的管理員嗎？是板主嗎？已經無關緊要。揚切夫斯基相信，自己現在指認出一個仍持續犯案的兒童強姦犯身分，而且這個人跟受害者住在一起，記錄下罪行後跟幾千名使用者分享。這個德州男人排在他們的目標名單上第一位。

＊　＊　＊

聖誕節前兩週，也就是揚切夫斯基指認出邊境巡邏隊探員後的第十天，他跟國土安全調查處的譚姆希，以及小組內專門處理兒童剝削案件的檢察官薩頓伯格，一起飛往德州南部。在一個乾燥涼爽的夜晚，距離墨西哥邊境大約一百英里處，譚姆希和一群德州警察在目標對象下班開車回家時，尾隨在後並且將他攔下。他們跟一組聯邦調查局探員一同將這個人帶到附近的旅館審訊。

在此同時，揚切夫斯基和一組當地國土安全部調查人員進入這個人的房子，開始搜尋證據。揚切夫斯基回憶，這棟兩層樓的房子破舊而凌亂，唯一的例外是這個人在二樓的家庭辦公室井然有序，他們在那裡找到了這個人的電腦。揚切夫斯基走出那間辦公室沿著走廊來到女孩的臥室，立刻認出那是這個人上傳的影片中拍攝的場景。牆上有一張他在影片中看到的海報，瞬間感覺彷彿從自己的電腦螢幕掉進恐怖片現場。

國稅局探員和檢察官帶了一位受過兒童剝削培訓的聯邦調查局訪問員，來跟女兒交談，訪問員將女孩與搜查她家的探員分開，把她帶到一個更安全的地方，檢察官說女孩最後詳細說明自己遭受到的虐待。

揚切夫斯基在搜查邊境巡邏隊探員的住家後不久，來到飯店房間，其他

探員正在那裡審問嫌犯。他第一次見到自己過去一週半以來全神貫注的目標對象，這個人身材高大魁梧，仍身穿制服，頭髮稀疏。揚切夫斯基說，這個人一開始拒絕談論自己可能犯下的任何虐待行為，但是後來承認擁有和分享兒童性虐待影片，最後也承認影片是他製作的。

事實上，這個人在描述自己的行為時，那種幾乎無動於衷的冷靜態度，讓揚切夫斯基震驚不已。他給了審訊人員家用電腦的密碼，一名仍在屋裡的探員開始從機器中找出證據，寄給揚切夫斯基，包括一張電子表格，詳細列出這個人在硬碟中存放的每段兒童性剝削影片，顯然都是在他自己家中拍攝的。

這個人電腦中有另一張電子表格，裡面是一長串歡迎看片其他使用者的登錄資料。他在接受審問時，解釋了自己的詭計：他會在網站聊天頁面中，假冒管理員發表訊息，要求上鉤的人將使用者名稱和密碼寄給他，再以此登錄他們的帳號，取得他們影片的權限。

邊境巡邏隊探員根本就不是歡迎看片的管理員或板主，只是一個特別狡猾的網站使用者，故意欺騙其他使用者以滿足自己的胃口。

過了緊張的十天之後，他們指認出這名涉嫌虐待兒童的人，將他逮捕到案，甚至搭救了受害者。但是即使如此，揚切夫斯基知道，他飛回華盛頓特區時，歡迎看片龐大的虐待網路仍然完好無缺。在他們關閉網站之前，這個網站還是會繼續為一群像這個邊境巡邏隊探員一樣的匿名消費者提供影片，包括探員從德州家庭辦公室上傳的影片。

第44章

首爾

　　2018年1月初，譚姆希告知華盛頓特區調查人員，他和團隊逮捕了另一個歡迎看片的客戶，也是一名聯邦執法人員，這個人是譚姆希的國土安全調查處同事，很早就出現在區塊鏈追蹤軌跡，他們發了傳票。儘管這個案件似乎與邊境巡邏隊探員無關，但是這第二名探員也住在德州，距離他們最近突襲的邊境巡邏隊探員住家不到一小時的路程。

　　除了這個可怕的巧合之外，國土安全調查處探員被捕的消息，也代表著華盛頓特區小組一開始的優先等級名單上的嫌犯全數落網，他們現在可以轉移焦點，開始將重心放在主要的目標對象：孫鍾宇以及他控制的歡迎看片伺服器。

　　到了2月，聚焦於韓國的行動開始就定位。在發動德州逮捕行動之前，揚切夫斯基、甘巴里安、法魯基和譚姆希，曾飛往首爾跟韓國警察廳會面。在當地的國土安全調查處專員安排的晚宴上，韓國警察廳的主管親自告訴以吃章魚而聲名大噪的譚姆希說，會提供「最佳團隊」給他們。因此，孫鍾宇進出家中的行蹤很快就持續受到監控，他住的公寓大樓位於首爾以南的忠清南道（South Chungcheong），距離首爾約兩個半小時的路程。

　　現在是朝鮮半島的嚴冬，韓國上個禮拜剛在平昌郡（Pyeongchang）舉辦奧運會，美國團隊再次抵達首爾。可是甘巴里安的主管請他在一場會議上演講，不巧的是，這場會議正好就在這時間舉行，因此他無法一同前往。不過揚切夫斯基和法魯基帶了拜斯和李宥利（Youli Lee）隨行，李宥利是團隊

中的韓裔美籍電腦犯罪檢察官。到了此時，參與本案的國際成員陣容也越來越堅強。萊文訪問倫敦後不久，英國國家刑事局就自行展開對歡迎看片的調查，派出兩名探員到首爾，德國聯邦警察也加入陣營。後來發現，德國人甚至在尚未得知美國國稅局投入調查之前，就已開始獨立作業，追捕網站的管理員，但始終無法讓韓國警察廳跟他們合作。

法魯基記得有一次，他們站在下塌的首爾飯店外吹著冷風時，一位德國官員問他，為什麼美國人能在這麼短的時間內讓韓國警察願意加入。法魯基解釋：「喔！章魚哥，你們沒有章魚哥，我們有。」

* * *

逮捕行動小組剛到首爾的那幾天，在韓國警察廳的辦公室裡，多次開會討論各項計畫。甘巴里安因為按滑鼠右鍵而意外得知一個IP位址，他們追蹤這個位址後發現一件奇怪的事，網站的伺服器似乎不在任何網路託管公司的資料中心，而是在孫鍾宇自己的公寓。如果他們扣押那台伺服器，裡面的內容會不會都經過加密而無法取得呢？不管孫鍾宇用來管理網站的是哪一種電腦，裡面的硬碟會不會也像烏布利希和卡茲的筆電一樣自動加密呢？卡茲在羅許V的貼文中，公開自己關於電腦組態的所有資訊，但是孫鍾宇不同，完全沒有在任何地方透露這些訊息。

因此，團隊決定這次不要像逮捕烏布利希那樣，苦等一個千載難逢的機會，在孫鍾宇公開登錄網站時拿到他的電腦，也不要像逮捕卡茲那樣，在機器未上鎖的情況下騙他離開家門。或許這些作法根本都沒有必要，他們有明確的區塊鏈證據，證明他收到歡迎看片的付款，以及**他家裡**那個大型兒童性虐待影片網路中心的伺服器。

他們要做的事很簡單：逮捕他，讓他的網站下線，然後拿這些證據來定他的罪。團隊打算在一個星期一早晨到公寓抓他。

接著，就在預定逮捕日期的前一個星期五，揚切夫斯基感冒了，腦袋昏

昏沉沉，整個週末幾乎都跟檢察官李宥利一起穿梭在首爾的市場和商店之間，試著念出gaseubgi一詞，這是韓文加濕器的意思。星期天晚上，他服用了一劑藥物，可是看不懂標籤上的說明，只希望能達到他在美國喝的奈奎爾（NyQuil）感冒糖漿的功效，想要好好睡一覺，才能及時恢復體力，為逮捕做好萬全的準備。

就在那時，韓國警察廳提醒團隊，計畫改變了：孫鍾宇週末突然開車到首爾，出乎他們意料之外。現在，掌握他行蹤的團隊認為他已經上路，要在深夜開車返回首爾南部的家中。

如果那天晚上警察可以開車到孫鍾宇的家，在那裡監視，也許他回來時，他們就可以準備在家門口逮捕他。如此一來，他就無法銷毀證據或是自殺，在華盛頓特區的目標對象和卡茲死後，這是他們的另一個隱憂。「我們必須先發制人。」揚切夫斯基說。

那天晚上，法魯基堅持要小組成員在旅館大廳伸出手來，大家高呼「加油、加油」，然後他和李宥利就回房間睡覺。生病的揚切夫斯基吃了感冒藥，半睡半醒，從房間拿了一個枕頭走出來，此時下著傾盆大雨，他和國土安全調查處聯絡人一起上車，準備往南邊去，開始這段漫長的夜間路程。國土安全調查處探員拜託揚切夫斯基去開車隊裡的另一輛車，而不要讓他團隊中的一位韓國老人開，因為他說這個老人是出了名的糟糕司機。但是揚切夫斯基堅持，因為他服用的藥效太強，沒辦法在離家七千英里的國家裡又黑又濕的高速公路上開車找路。

幾小時後，團隊抵達孫鍾宇公寓的停車場，這是一棟十層的高樓，一邊是幾棟小型建築物，另一邊則是一大片廣闊空曠的鄉村景觀，接著他們開始在雨中的漫長監視。

午夜過後，他們終於看到孫鍾宇的車停進大樓停車場。

有一群韓國警察廳探員在那裡等著他，一名特別威風凜凜的韓國警察廳官員帶領一組便衣警察，在孫鍾宇進電梯時也悄悄跟進去，國土安全調查處探員戲稱這名官員為微笑哥，因為他似乎從不微笑。幾名探員默默地跟著孫

鍾宇一起搭電梯到他所住的樓層，然後跟他一起走出電梯，等他到前門時逮捕他，他沒有抵抗。

這次在逮捕孫鍾宇以及接下來長達幾小時的公寓搜查過程中，外面依然下著滂沱大雨，揚切夫斯基和其他外國人都一直被困在戶外停車場的車子裡：只有韓國警察廳有權對孫鍾宇動手，或進入他家。等到韓國警察為歡迎看片的年輕管理員戴上手銬後，問他是否同意讓揚切夫斯基或其他美國人進來，孫鍾宇一口回絕，這種反應一點也不足為奇。因此，在韓國警察廳搜集證據和扣押孫鍾宇的設備時，揚切夫斯基就只能透過視訊通話應用程式FaceTime，看著孫鍾宇與已離婚的父親合住的那間不起眼的小公寓，他父親就是當時他們找到的第一張照片裡雙手沾滿泥土的那個人。

最後，透過視訊帶揚切夫斯基觀看的韓國警察廳探員，終於將手機鏡頭對準孫鍾宇臥室地板上的桌上型電腦，這台直立式個人電腦看起來很廉價，機殼打開放在一旁，裡面顯然是孫鍾宇一個一個裝上去的硬碟，每個硬碟內都裝滿幾兆位元組的兒童剝削影片。

這是歡迎看片的伺服器。

揚切夫斯基回憶：「我原本期待會看到某種與眾不同、極不尋常的東西，沒想到就只是一台小小的電腦。真是太奇怪了，這個孩子地板上這台小小的電腦，竟然在全球造成如此嚴重的破壞。」

＊　＊　＊

在回程途中，揚切夫斯基終於了解，為什麼國土安全調查處聯絡人要他去開另一輛車了，因為車隊裡開著那輛車的國土安全調查處老員工，不知怎的在一夜未眠之後搞不清楚方向，結果在高速公路下交流道時開錯車道，差點以高速跟對向來車相撞，讓車上的乘客拜斯驚慌失色。

好不容易躲過那場災難之後，太陽冉冉上升，雨勢暫歇，小組在高速公路沿線的一個卡車休息站停下來，吃泡麵當作早餐。揚切夫斯基身體依然

微恙，完全虛脫，對於整件事如此快速落幕感到震驚不已。他的團隊全力調
查，終於找到了這個邪惡的全球網路中心管理員和機器所在之地，而且將他
逮捕到案，扣押機器。六個多月來，他一直期盼此刻的到來，但他現在沒有
欣喜若狂的感覺。

　　沒有擊掌，沒有慶祝。這些探員回到車上，繼續踏上返回首爾的長途路
程。

第45章

收網

　　揚切夫斯基終於好好睡了一覺之後，隔天開始回想前一晚的行動雖然沉悶，但他們卻非常幸運。他從檢查孫鍾宇電腦的鑑識分析人員那裡得知，伺服器沒有加密，所有的東西都在裡面：歡迎看片所有的內容、使用者資料庫，以及處理所有比特幣交易的錢包。

　　他們現在可以看到全部收藏的影片，規模相當驚人，伺服器上至少有二十五萬個影片，若以數量計算，在兒童性虐待材料案件中是史上最高。後來，他們與美國國家兒童失蹤與受虐兒童援助中心（National Center for Missing and Exploited Children, NCMEC）分享這些內容，讓這個中心能將網路上的兒童性虐待材料分類、指認和刪除，結果發現有45%的影片是中心不曾見過的：歡迎看片對新鮮內容的獨特性檢查和激勵措施似乎達到了目的，促使更多人錄下無數新的虐待兒童案件。

　　然而，調查人員真正的收穫是網站的使用者資料。韓國警察廳給美國團隊一份歡迎看片的資料庫副本，接著他們就開始在首爾的美國大使館大樓裡工作，在自己的機器上重建這些蒐集到的資料。同時，他們為了不讓網站使用者得知這次逮捕行動的消息，趕快在自己的伺服器上設置一個類似的歡迎看片首頁，利用從真的伺服器中取得的私鑰來接管原本的暗網地址。現在使用者造訪網站時，只會看到一則訊息：網頁建構中，很快就會以「升級」的面貌回歸，還模仿了孫鍾宇用破英文寫的拼字錯誤。

　　拜斯花了兩天的時間，認真重建網站的使用者資料，提供一種可供輕鬆

查詢的形式，揚切夫斯基和法魯基一直站在他後面，追問系統是否已經就緒。等到拜斯完成後，美國團隊擁有了這個網站化名使用者的完整目錄，按照使用者名稱排列。他們現在可以將當初在區塊鏈上標出的每筆比特幣付款，與這些使用者名稱連結起來，確切檢視每個使用者上傳或下載的內容。

到了美國人在2月底準備回家時，已經將這些去匿名化的身分與加密貨幣交換所的傳票整合在一起，變成一個可搜尋的資料庫，詳細列出整個歡迎看片網路的資料，包括姓名、照片、付款給這個網站的人、付款紀錄，以及這些客戶究竟買了哪些虐待兒童影片。揚切夫斯基說：「你可以看到整個畫面，就像是把一本字典、同義詞詞庫和維基百科（Wikipedia）放在一起。」

整個歡迎看片的全球兒童剝削圈結構，完全揭露出來，擺在他們面前，這組完善詳盡的個人資料，包括了幾百個消費者、收藏者、分享者、製作者和動手施虐者。現在，本案件的最後階段可以開始了。

* * *

在接下來的幾週，譚姆希在科羅拉多州的團隊，開始向全球的國土安全調查處探員、各地警察和外國執法機構發送歡迎看片的個人檔案。這些「目標對象包裹」內，包括對嫌犯的描述、他們的交易紀錄、蒐集到的任何相關證據，此外，由於擔心有些收到資料的探員，也許從未參與過加密貨幣調查，因此還附上一份比特幣及區塊鏈如何運作的簡介。

不會有經過協商的全球逮捕行動，也不會試圖透過大規模同時逮捕來製造震驚和引發恐懼。這個案件的被告過於分散，位居世界各地，因此無法採取這種同步行動，而是只能開始在全球搜查、逮捕和約談涉案人士。他們排出的優先順序是活躍的施虐者，然後是上傳者，最後是下載者。歡迎看片的使用者慢慢地一一被捕到案後，華盛頓特區團隊開始陸續聽到這次工作成果的回饋，但多半是令人痛心的悲慘結果，而有時令人欣慰。

他們發現有一名堪薩斯州（Kansas）資訊人員的太太，在家為嬰幼兒提

供托育服務，因此優先逮捕他，據說在探員到達之前，他已從電腦中刪除所有虐待兒童的影片；檢察官說，他後來認罪了，因為電腦中儲存的其餘檔案，跟歡迎看片的伺服器紀錄相符。

有個案子是探員在紐約上門找一個二十多歲的男人，這時他的父親堵住公寓大門，一開始以為他們要強行闖入。但是等到探員解釋逮捕令的目的後，父親破口大罵兒子，讓他們進去。檢察官說，結果發現兒子性侵了父親朋友的女兒，還透過她的網路攝影機，偷偷錄下另一名年輕女孩的影片。

另一個案子是國土安全調查處小組進入一名華盛頓特區慣犯的家中時，發現他試圖要自殺，躲進浴室，割斷自己的喉嚨。現場一名準備逮捕他的探員恰巧接受過軍醫培訓，設法減緩了血流的速度，挽回那個人的生命。他們後來在他的電腦上，發現了四十五萬個小時的虐待兒童影片，其中還包括邊境巡邏隊探員上傳的德州女孩影片。

幾個月過去了，持續傳回許多故事，夾雜著齷齪、悲傷和駭人聽聞的情節：一個七十多歲的老人，上傳了八十多個虐待兒童影片；一個二十出頭的男人，患有創傷性腦損傷，他的認知發展大約是九到十二歲的程度，跟他在影片裡看到的被虐兒童相同，藥物讓他提高性欲，降低了控制衝動的能力；透過搜索令查看一個紐澤西男人的通訊內容，顯示出他似乎在跟人協商，打算為了自己的性剝削而購買一個小孩。

譚姆希是本案的國土安全調查處首席探員，參與了最多的歡迎看片逮捕行動，據他統計，至少有五十起，到現場的次數多到讓他的記憶變得模糊，腦中只留下幾個最不愉快的片段，例如他在地下室找到一個幾乎一絲不掛的被告；或是有個嫌犯說參加童子軍活動時，「孩子總是深受他所吸引」；另外則是受害者的父母強烈否認，說自己的老朋友怎麼會做出譚姆希描述的事情，等他把編輯過的螢幕截圖印出來，放到他們面前的桌上，他們的臉上立刻毫無血色。

這些案件遍及全球，不單只是在美國，幾十個歡迎看片使用者在捷克共和國、西班牙、巴西、愛爾蘭、法國、加拿大被捕。在英國，國家刑事局逮

捕一名二十六歲的男子，據說虐待了兩個小孩，他們發現其中一個小孩光著身體躺在他家床上，他還在網站上傳了六千多個檔案。另一個國際案件是一名匈牙利駐祕魯大使從歡迎看片下載了內容，在他的電腦上可以找到超過一萬九千張兒童性虐待材料圖片，他悄悄地被撤換，離開南美洲的職位回到匈牙利，被起訴後認罪。

對於華盛頓特區團隊而言，許多國際案件彷彿都陷入一種黑洞：一名沙烏地阿拉伯歡迎看片使用者回到自己的國家後，被當地執法部門逮捕，可是法魯基和揚切夫斯基說，從未聽說這個人後續的狀況，他們把他交給沙國自己的司法系統處理，有些性犯罪者會依照伊斯蘭教教法處以鞭刑，甚至是斬首。有一個任職於亞馬遜的中國人住在西雅圖（Seattle）附近，探員在搜查他的汽車時，發現他自己沒有小孩，但車上卻有一隻泰迪熊和一張當地的遊樂場地圖。這個男人隨後逃回中國，據檢察官所知，再也找不到他了。

在團隊發出的幾百個情報資料包裹中，都將揚切夫斯基的聯絡方式，列為有問題時可提供諮詢的電話號碼。揚切夫斯基發現，自己得一次又一次向美國和全球各地的國土安全調查處探員和當地警察，解釋區塊鏈的概念以及區塊鏈在案件中扮演的核心作用，其中有許多人甚至從未聽說過比特幣或暗網。揚切夫斯基說：「你收到了這條線索，上面寫著，『就是這個網站，還有這個有趣的網路貨幣。』」他想像那些收到情報資料包裹的人一定會想：「現在你必須去逮捕這個傢伙，因為有一個怪咖會計師說要這樣做。」

揚切夫斯基總共去了六個國家，至少跟五十個人談話，清楚解釋這個案件，通常要跟同一個人講很多次，其中有個美國檢察官和探員團隊跟他的對話高達二十多次。（他說：「有些人比其他人更需要花時間客氣地解說。」）拜斯負責監管重建的伺服器資料，他說自己跟更多的探員和官員交談過，據他統計，超過一百人。

最後，從案件一開始到伺服器被扣押後的一年半，全球執法部門至少逮

捕三百三十七個歡迎看片涉案人員，也讓二十三名兒童免於遭受性剝削。[*]

　　被捕的三百三十七人仍然只占歡迎看片總註冊使用者的一小部分。美國團隊檢查韓國伺服器資料的副本時，在網站上發現幾千個帳戶，但是其中大多數從未支付任何比特幣到網站的錢包，由於沒有資金流向可以追蹤，調查人員通常就找不到任何蛛絲馬跡。

　　換句話說，如果不是因為加密貨幣，以及加密貨幣多年來聲稱不可追蹤所設下的陷阱，在歡迎看片案件中被捕的這三百三十七名戀童癖者，以及獲救的受害人，大多數可能永遠都不會被發現。

------

[*]　除了被德州邊境巡邏隊探員虐待的女孩外，華盛頓特區團隊拒絕告訴我任何關於這些受害者的故事，怕受害者被指認出來而遭到二度傷害。

第46章

漣漪

　　國稅局和華盛頓特區美國聯邦檢察官辦公室採取了前所未見的作法，以財務調查的角度切入，來處理一宗大規模的兒童性虐待材料案件，結果成效卓越。正如法魯基所預期，而且甘巴里安也早在前幾年的絲路時代就想到，比特幣的區塊鏈成為指引方向的北極星，讓他們順利完成具有里程碑意義的逮捕行動。

　　是的，孫鍾宇粗劣的作業安全和甘巴里安發現的IP位址，確實是案件的突破點。但是法魯基認為，無論如何他們都會透過區塊鏈的線索找到伺服器，而如果沒有這些加密貨幣線索，就永遠無法標示並指認出這麼多網站使用者。

　　法魯基說：「這是穿越黑暗的唯一途徑，暗網越黑，你照亮的方式就是追蹤資金的流向。」

　　然而，讓辦理洗錢的調查人員投入網路兒童性虐待材料的汙水池深處，卻也必須付出代價。團隊中的每個成員幾乎都有小孩，而且幾乎所有人都表示，由於這次的工作，他們比以往更加保護孩子，甚至對家人周遭的人信任度大減。

　　揚切夫斯基在這個案件結束之後，從華盛頓特區搬到密西根州（Michigan）的大急流城（Grand Rapids），他在孩提時期自行騎腳踏車上學，但現在卻不讓他的孩子這麼做。即使是看似單純的互動，例如一個友善的家長主動提出，要在游泳池的另一側幫忙看著孩子，現在也會在他的腦

海中觸發紅色警報。李宥利說，她不允許九歲和十二歲的小孩自己去公共
廁所，也不准他們到朋友家玩，除非朋友的父母具有絕密等級的安全許可
（top secret security clearance）資格，這個公認的規則雖然有點武斷，但她說
能確保這些家長至少都做過背景調查。

　　法魯基說為了調查，他觀看大約十五個影片，至今仍烙印在他的大腦
中，「無法磨滅」，會永遠讓他提高警覺，意識到這個世界帶給孩子的危
險。他說，自己曾因過度保護的態度而和太太爭論，他引用太太說的話：
「你總是看到人性最壞的一面，所以你已經失去了看事情的客觀角度。然後
我會說『是**妳**欠缺看事情的角度，因為妳不知道外面發生了什麼事。』」

　　甘巴里安的妻子由紀說，出生於蘇聯的丈夫個性強硬，歡迎看片是他唯
一會跟她討論的案子，而且承認這個案子讓他不舒服，因此他在情感上跟
它拚命掙扎。甘巴里安說，尤其是看到社會那麼多階層都參與網站的虐待行
為，在他心中仍留下揮之不去的陰影。

　　他說：「我看到每個人都可以去做這件事：醫生、校長、執法人員。不
管你要把它說成是邪惡，還是用其他詞來形容，總之，每個人身上都有這一
面，或者說，任何人身上可能都有。」

　　　　　　　　　　　　　＊　　＊　　＊

　　2020年7月初，孫鍾宇身穿黑色長袖T恤走出首爾監獄，提著一個綠色
塑膠袋，裝著隨身物品。[1]由於韓國對兒童性虐待的法律很寬鬆，他只在監
獄待了十八個月。

　　包括法魯基在內的美國檢察官曾表明，應該將他引渡到美國，在美國司
法系統起訴他，但是韓國拒絕這項請求。這個歡迎看片被定罪的創辦人兼管
理員已重獲自由。

　　處理歡迎看片案件的華盛頓特區團隊仍然深感不滿，孫鍾宇經營史上最
大的兒童性虐待材料網站，卻莫名其妙得到輕判。但揚切夫斯基表示，韓國

社會對此案的強烈抗議讓他十分欣慰，韓國的社交媒體對於孫鍾宇在短時間內獲釋感到憤怒。超過四十萬人簽署了一份請願書，以阻止本案法官到最高法院任職。一位韓國立法委員提出一項法案，允許對引渡判決提出上訴，韓國國會制訂新法律，以加重對線上性虐待和下載兒童性虐待材料的刑罰。

在此同時，本案在美國引起的連漪效應持續了許多年。揚切夫斯基、拜斯和薩頓伯格，仍然會接到執法人員因為去追蹤他們當時蒐集到的線索而打來的詢問電話。在華盛頓特區調查人員第一個試驗案件（那位自殺的前國會工作人員）的電腦上，他們另外還發現其他證據，他透過一個加密貨幣交易所帳戶，支付給另一個**不同的**暗網色情材料來源。他們追蹤這些款項，找到一個叫做「黑暗醜聞」（Dark Scandals）的網站，結果這個網站是一個規模較小但同樣令人憂心的性虐待材料庫。

揚切夫斯基、甘巴里安和同一組檢察官，在歡迎看片一案的調查進入尾聲時，同步追查這個「黑暗醜聞」案件，一樣透過追蹤區塊鏈線索查詢網站的現金兌換。在荷蘭國家警察的協助下，他們在荷蘭逮捕了被指控為網站管理員的麥克・拉希姆・穆罕默德（Michael Rahim Mohammad），這個人的線上使用者名稱為「黑暗先生」，他在美國面臨刑事指控，截至本文撰寫時，這起案件仍在審理中。**2**

歡迎看片一案專門處理洗錢的探員和檢察官認為，在這起案件所有的連漪效應中，最有趣的可能是來自於在德州逮捕的那名國土安全調查處探員的命運，他是在他們前往韓國執行網站撤除行動前落網。這個德州男人在法律辯護上採取了一種罕見的作法：他在擁有兒童性虐待材料這件事情上認罪，但是也對他的罪刑提出上訴。他辯稱自己的案子應該被駁回，因為國稅局探員沒有搜索令，就透過追蹤他的比特幣付款來指認他。他聲稱這違反了美國憲法第四修正案隱私權，代表這次的「搜查」違憲。

上訴法官小組考量了這個論點，但予以駁回。他們在長達九頁的意見中，解釋了這項裁決，在其中開創一個先例，清楚闡明他們如何認定比特幣交易毫無隱私。

　　裁決書上寫：「每個比特幣使用者都可以造訪公開的比特幣區塊鏈，也可以看到每個比特幣地址及每筆轉帳。由於這種公開性，的確是可能透過分析區塊鏈，來確定比特幣地址所有者的身分，這麼做不會侵犯受憲法保護的區域，因為區塊鏈上的資訊沒有憲法隱私利益可言。」

　　美國司法系統長期以來一直認為，需要搜索令才能搜查，但前提是這樣的搜查涉及被告「對隱私有合理期待」的領域。法官的裁決認為，這樣的期待在這裡應該不存在：國土安全調查處探員不是因為國稅局探員侵犯他的隱私，才在歡迎看片的逮捕行動中被捕，法官總結說，他之所以被捕，是因為他打從一開始就誤以為自己的比特幣交易是私密的。

＊　　＊　　＊

　　1931 年，國稅局的刑事調查部門對傳奇的黑幫老大艾爾・卡彭（Al Capone）提起訴訟，這起案件在該機構內仍具有神話般的地位。國稅局刑事調查探員追蹤資金流向，證明卡彭逃稅，以這一點擊垮那個時代最惡名昭彰、神出鬼沒的犯罪老大。

　　國稅局刑事調查探員開玩笑說，機構主管每次演講都會提到卡彭案件。卡彭的照片出現在機構總部的大廳裡，此案雖然是在國稅局刑事調查部門成立十多年後發生的，但幾乎仍然可以視為這個機構的起源故事，證明可以透過乏味的財務會計工作，來擊敗世界上最危險的罪犯。

　　揚切夫斯基說，到了 2019 年 10 月的某一天，歡迎看片的調查才突然對他產生全面性的影響，這時歡迎看片的幾百名罪犯逮捕行動多數已告一段落，由於查封通知發表在網站的首頁上，這起案件的結果終於公開宣布，因此那天早上，揚切夫斯基意外接到國稅局局長查爾斯・雷提格（Charles Rettig）本人的電話。

　　雷提格稱讚揚切夫斯基團隊出色的表現，他跟揚切夫斯基說，已經看過歡迎看片案件，收到幾位前任長官的訊息，其中一位寫本案是「現代版的卡

彭」，雷提格也認同這個說法，因為在國稅局刑事調查內部，這可能是最高的評價了。

同一天，司法部在美國聯邦檢察官辦公室召開新聞記者會，宣布調查結果。美國聯邦檢察官劉潔西（Jessie Liu）向一群記者發表了一場演講，說明此案所代表的意義：如何透過追蹤資金流向，讓探員戰勝了「一種讓人無法想像的最邪惡犯罪型態」。[3]

Chainalysis 的萊文坐在觀眾席上。隨後，負責督導甘巴里安和揚切夫斯基的國稅局官員格雷格・莫納漢（Greg Monahan），過來感謝萊文對此案的貢獻，畢竟，這一切之所以會開始，都是因為萊文提供情報給曼谷機場兩個無聊的國稅局探員。莫納漢告訴萊文，這是他職業生涯中最重要的一次調查，他現在可以退休了，因為他知道自己做了一件真正有價值的事情。

萊文跟國稅局刑事調查部門主管握手，就在此時，他再次想到區塊鏈上大量的證據：無數的案件仍待追查，幾百萬筆加密貨幣交易永遠保存在琥珀中，為任何準備挖掘的調查人員提供了一個刑事鑑識的黃金時代。

萊文告訴莫納漢說：「還有很多事情要做，我們只是剛開始。」

第五部 │ 下一回合

第47章

豐收的追捕時期

　　對於國稅局刑事調查電腦犯罪部門來說，在AlphaBay和歡迎看片案件之後的幾年，正如萊文所推測，是數位追蹤資金流向偵探工作的黃金時代。追蹤加密貨幣軌跡所發現的線索，將他們如旋風似地從一個主要行動帶到下一個行動，通常速度快到讓兩個行動重疊，必須儘量加快腳步展開新的調查，以追蹤髒錢的來源，瓦解背後的犯罪活動。

　　探員麥特・普萊斯（Matt Price）在中情局工作一段時間後，加入華盛頓特區小組，他說：「就是一個大案子接著一個大案子，原本我以為我們處理的案件規模已達極致，沒想到之後的案件更甚於以往。歡迎看片只是個起點。」

　　從2017年開始，就連甘巴里安在追查歡迎看片的同時，也與AlphaBay調查案的老搭檔瑞本、佩爾克、聯邦調查局洛杉磯外地辦事處合作，共同撤除一個販賣毒品的暗網網站「華爾街市場」（Wall Street Market）。小組成員跟之前查緝AlphaBay一樣，在區塊鏈上追蹤管理員的資金，使用當時Chainalysis為了追查AlphaBay而開發的那個最高機密「高階分析」技巧，來找出市場的IP位址。[1]最後，他們在德國一座冷戰時期用來防禦核爆的地下五層軍事設施中，找到了網站的伺服器，由一家自稱數位地堡（CyberBunker）的託管公司所持有。德國警方於2019年春天逮捕市場的三名德國管理員。

　　在同一次逮捕行動中，巴西警方也捉到另一個暗網市場員工：這個層級

相當高的板主曾在荷蘭警方祕密控制的漢薩申請高階職位，就是他寫下：「請不要把警察送到這個地址來，哈哈哈哈哈哈，我只是開玩笑。」警察進入板主家時，他用刀割自己的喉嚨，但後來送醫獲救。

揚切夫斯基和法魯基持續追蹤歡迎看片和黑暗醜聞案件，從比特幣交易所蒐集到兩起大規模搶劫案的資金線索。到了2020年初，他們從這兩起交易所盜竊事件，追查到一種數量越來越多的比特幣竊賊：由北韓資助的國家級駭客。

北韓因侵犯人權和軍事威脅而遭到國際制裁，導致這個獨裁政權無法加入全球銀行系統，因此金正恩的極權主義政權日益仰賴被偷的加密貨幣作為資金來源。2020年8月，揚切夫斯基和法魯基與聯邦調查局和美國網路司令部（U.S. Cyber Command，隸屬於國防部的組織，專門處理具有攻擊性的網路行動）的團隊合作，追蹤到價值3億美元的比特幣，由北韓駭客拉撒路集團（Lazarus Group）從兩個交易所竊取。他們最後指認出兩個中國經紀商，幫忙將1億美元的贓款兌現，雖然以缺席判決（in absentia）起訴他們，但這兩人以及那些拉撒路駭客仍超出美國執法部門的管轄範圍，失竊的總贓款只追回了幾百萬美元。[2]

2020年夏天的一個下午，也就是新冠肺炎（COVID-19）剛開始流行的那幾個月，在調查北韓駭客期間，推特突然爆出大量奇怪的訊息，似乎是由裡面許多高知名度的使用者所發表，結果發現是駭客同時接管比爾·蓋茲（Bill Gates）、伊隆·馬斯克（Elon Musk）、傑夫·貝佐斯（Jeff Bezos）、巴拉克·歐巴馬（Barack Obama）、蘋果（Apple）和當時的總統候選人喬·拜登（Joe Biden）的推特帳戶，全都傳達同樣的訊息：「因為新冠疫情，讓我想慷慨解囊，在接下來的一小時內，任何發送到我BTC地址的BTC付款，金額都會加倍。祝你好運，在外一切平安！」[3]在訊息被刪除前的那幾分鐘內，這個詐騙手法就已賺進大約12萬美元，推特的員工甚至暫停所有經過驗證的帳戶張貼訊息，這項嚴厲的措施是為了控制公司有史以來最嚴重的安全漏洞所造成的損害。

　　甘巴里安和一組聯邦調查局探員加入這個案件，跟他在舊金山的老搭檔檢察官弗倫岑合作，經過每天二十小時瘋狂的調查，幾天後追蹤到詐騙推文中的比特幣地址，以及其他區塊鏈線索和IP位址，其中許多線索是在OGUsers的使用者資料和訊息裡發現，OGUsers是年輕的網路犯罪分子經常造訪的駭客論壇。[4]他們指認出這次詐騙背後的三名駭客，兩名在佛羅里達州（Florida），一名在英國，利用取得推特內部管理工具的權限犯案，三人立即遭到逮捕。*整起調查只花了兩個多星期就結案。[5]

＊　＊　＊

　　那些年，國稅局刑事調查部門瘋狂處理接二連三的重磅級案件，其中有兩個讓人特別感到諷刺。他們將調查目標對準用來幫客戶避開這類金融調查傷害的「混合器」服務商，像是Helix和Bitcoin Fog都承諾，只要使用者支付一些手續費，可以將不同使用者的比特幣混在一起，然後還給使用者，如此一來，區塊鏈上就追蹤不到任何鑑識軌跡。最後，國稅局刑事調查部門破獲了這兩家公司，使用的正是兩家公司原本意圖擊敗的區塊鏈分析技術。

　　Chainalysis長期以來一直追蹤Helix的比特幣地址群集，仔細研究該公司為了讓調查人員摸不著頭緒的大量交易，其中許多交易從AlphaBay進去後再出來，卡茲在市場的最後幾個月，甚至跟Helix合作，還在網站上刊登這項服務的廣告幫忙宣傳。

　　2017年的年中，Chainalysis向國稅局刑事調查部門通風報信，提及似乎有一種幾百筆的小額比特幣模式，全都是來自這個群集。從時間上來看，這些付款並非人為，很可能是自動化程式的成果，這些是Helix的手續費嗎？

　　AlphaBay才剛剛遭到撤除，國稅局刑事調查電腦犯罪小組的新探員普

---

*　三名駭客當中，只有十七歲的格雷厄姆・伊萬・克拉克（Graham Ivan Clark）認罪，另外兩人的案件仍在審理中。

萊斯就接獲這條線索。BitPay是一家支付服務提供商，讓使用者能用加密貨幣購買任何商品或服務，普萊斯最後追查到幾百筆付款給BitPay的其中一個資金流向，發現那些手續費顯然是由某個人所收取，而那個人拿其中一部分買了一家五金店的禮券。

發傳票給BitPay之後，這個消費者的身分就真相大白：住在俄亥俄州（Ohio）阿克倫市（Akron）的賴瑞·哈蒙（Larry Harmon）。[6]搜尋哈蒙的Google帳戶，會發現一個令人難以置信的失誤，2014年，Helix成立後不久，哈蒙可能不小心用自己的Google眼鏡（Google Glass）擴增實境頭戴裝置，拍了一張工作環境的照片，然後上傳到他的Google相簿帳戶。照片顯示他的電腦螢幕，他登錄了Helix的管理員控制面板。

2020年2月，國稅局刑事調查部門搜查哈蒙的財產，扣押4,400枚比特幣（按今天的匯率計算，價值超過1.3億美元），還有他在阿克倫市的豪宅、貝里斯（Belize）的第二個家，以及一輛特斯拉（Tesla）汽車。普萊斯說，哈蒙在俄亥俄州的家中被捕時，起初矢口否認，說自己對於Helix的事情一概不知情。後來普萊斯讓哈蒙看自己Google眼鏡照片上Helix的管理員頁面，「從他臉上，我看到的可能是一個人最『懊惱』的表情。」普萊斯說。

在那次調查的同時，甘巴里安和普萊斯也一併追蹤Bitcoin Fog的區塊鏈軌跡，這個比特幣混幣服務商成立的時間更早，是在2011年。當時Bitcoin Fog已經為價值幾億美元的加密貨幣洗錢，其中多半來自暗網市場。[7]國稅局刑事調查部門探員指認一名俄羅斯暨瑞典公民羅曼·斯特林戈夫（Roman Sterlingov），相信他就是網站管理員，由於美國與瑞典的引渡協議不適用於洗錢，因此他們耐心等待能在他身上採取行動的機會。[8]（在長達數年的等待期間，他們還在這個網站執行臥底交易，明確告訴Bitcoin Fog的員工他們在洗錢，據普萊斯所說，這件事證明了服務商知道客戶的犯罪行為。）

最後，在2021年4月，國稅局刑事調查部門獲知斯特林戈夫將前往洛杉磯。這時甘巴里安剛結束在海牙歐洲刑警組織的工作，帶著太太和小孩搬

回家鄉佛雷斯諾，就近照顧年邁的雙親。他和普萊斯要求海關暨邊境保護局在洛杉磯國際機場（LAX Airport）拘留斯特林戈夫，然後趕往洛杉磯逮捕他。普萊斯在海關暨邊境保護局的二次安檢室裡，替這個被指控為Bitcoin Fog的管理員戴上手銬，同時由甘巴里安以俄語跟他解釋，他被國稅局逮捕。斯特林戈夫用不客氣的語氣回應，自己會說流利的英文。

　　雖然Helix的創辦人哈蒙已於2021年8月認罪，但是斯特林戈夫仍持續堅稱自己無罪，他聘請經驗豐富的駭客辯護律師托爾·艾克蘭德（Tor Ekeland）出馬，律師誓言抗爭到底：「我們區塊鏈分析的審查結果，呈現出另一個不同的故事，我確信斯特林戈夫先生受到不公平的指控，我們期待這件事能盡快上法庭。」

　　指向斯特林戈夫犯案最清楚的財務線索，並不是來自於他被指控創立Bitcoin Fog之後的那幾年，這一點跟哈蒙的案子不同。反之，檢察官認為，他致命的錯誤甚至是早在創立Bitcoin Fog之前就已犯下：他在Mt. Gox購買比特幣，然後換成另一種早期、很快就失效的虛擬貨幣，叫做自由儲備（Liberty Reserve），再用這個貨幣租用Bitcoin Fog在託管公司裡的伺服器。斯特林戈夫最初用來涉嫌創辦企業的比特幣交易，加上BTC-e和Mt. Gox的使用者資料庫，就足以讓國稅局刑事調查部門指認出他來。[9]

　　換句話說，指向斯特林戈夫的財務線索，是來自於十年前就已經創造出來的財務紀錄和區塊鏈證據，在讓人進監獄的比特幣交易紀錄中，這可能是年代最久遠的資料。正如柏克萊的研究員韋弗曾提出的警告：「區塊鏈永恆不滅。」現在全球各地的加密貨幣使用者也終於知道這一點。

＊　＊　＊

　　普萊斯說，在那段期間，甘巴里安似乎始終位居國稅局刑事調查部門最具影響力的調查中心點，不知怎的，他總會得知關於每個IP位址或區塊鏈的情報，以此展開下一個重大案件的調查，他在加密貨幣產業裡擁有最佳的

消息來源。他是那個從佛雷斯諾徹夜開車趕到洛杉磯國際機場的人,幫忙普萊斯逮捕斯特林戈夫。普萊斯回憶:「他就是會吸引這些鳥事,他總是以某種方式跟這些事情扯上關係。」

在這幾年瘋狂的歲月裡,案件如雪片般飛來,甘巴里安發現,在其中BTC-e調查案件帶來的迴響所持續的時間可能最久。維尼克被捕後,這個俄羅斯人仍然關在一所希臘監獄中,多年來在法律上陷入膠著,因為美國、俄羅斯為了他的引渡而爭論不休,怪的是連法國也來攪局。同時,越來越明顯的是,以BTC-e為中心向外延伸出去的犯罪計畫多如牛毛,因此其他探員和檢察官開始紛紛提出申請,想取得交易所被扣押的資料庫權限,光是這類請求數量就高達幾百個。

結果發現,BTC-e是許多人用來獲取比特幣和兌現的管道,包括2016年駭入民主黨全國委員會(Democratic National Committee)和希拉蕊·克林頓(Hillary Clinton)競選活動的俄羅斯軍事情報間諜,以及網路上日益猖獗的大量勒索軟體駭客。[10]一項由Chainalysis與Google安全研究人員、加州大學聖地牙哥分校和紐約大學(New York University, NYU)所做的研究發現,BTC-e下線前,勒索軟體犯罪集團收取的勒索款項中,有95%的目的地就是BTC-e,這種越來越嚴重的線上禍害,不但危及大公司,連政府機構也深受其害。[11]

BTC-e的資料還為甘巴里安自己提供了調查的關鍵線索,就某程度而言,讓他取得職業生涯中最大的勝利。這個案子就像他針對福斯和布里奇斯的第一個加密追蹤案一樣,剛開始只是一個來自絲路但不太確定的線索。

2017年夏天,BTC-e的伺服器遭到扣押之後,此時歡迎看片案件的調查尚未開始升溫,在這中間的空檔,甘巴里安再度跟Chainalysis的萊文通電話,他一如往常,不停追問Chainalysis的共同創辦人有沒有可以追查的新線索,萊文說,甘巴里安的習慣就是:「搖一搖樹,看看會掉下什麼果實。」

萊文告訴他一個一直以來縈繞在腦中的比特幣地址:裡面有69,370枚比特幣,以當時的匯率計算價值將近2億美元,這些硬幣似乎跟絲路有關,但

三年來幾乎完全沒有動過。從Chainalysis對硬幣的追蹤顯示，在2012年和2013年期間，它們透過五十四筆交易從絲路群集中流出，而這些付款並未包含在絲路的內部會計中。這會不會像Mt. Gox一樣，是駭客小偷的精心傑作呢？這堆硬幣真的有可能是從烏布利希那裡偷走的絲路大筆利潤嗎？

甘巴里安和一位國稅局刑事調查部門同事傑瑞米‧海尼（Jeremy Haynie），開始檢查那個神祕的寶庫。他們發現，在烏布利希被捕入獄的幾週後，其中101枚硬幣轉到了BTC-e帳戶中，這給了他們兩條線索：首先，證實這筆錢幾乎可以肯定不是由烏布利希所控制，因為他無法在牢房中轉移101枚硬幣。其次，他們可以挖掘BTC-e被扣押的資料庫，尋找真正擁有者的線索。

在BTC-e所有的資料中，都找不到從絲路轉到這間俄羅斯交易所101枚硬幣的相關身分識別資訊。但是，甘巴里安和海尼檢視同一使用者的BTC-e帳戶所做的其他交易時，發現一筆從BTC-e出去的付款，中間經過區塊鏈上的幾個地址，最後存入了另一個交易所，於是他們發傳票給這個交易所，以取得帳戶資訊，對方已回應。

幾天之內，根據手中的傳票結果，甘巴里安和海尼指認出這位將近7萬枚比特幣的神祕擁有者，或者他們認為，至少這個人一定是從神祕擁有者那裡收到了錢。國稅局和司法部都沒有公開那個人的名字，即使是在法庭文件中，也只用一個化名Individual X。[12]

接下來幾年裡，甘巴里安和海尼耐心等待敲開Individual X大門的機會，向對方施壓，要求解釋為什麼會與如此大筆的絲路販毒資金有關。甘巴里安含糊地解釋：「你不能總是強迫人家說話，有時候需要讓人心悅誠服。」

到了2020年秋天，隨著比特幣的價值穩步上升，萊文最初向甘巴里安提到的這些硬幣，已飆升至10億美元以上的天價。[13]在比特幣使用者中，成為大家都很好奇的話題：這是區塊鏈上有史以來最大的一筆神祕資金。

接著在2020年11月初，有一天區塊鏈觀察家注意到這筆鉅款突然移動

了，有人猜測是屬於一位早期投資者，最後被駭客破解，也有人將這筆錢與絲路聯想在一起，推測可能屬於某個絲路賣家，或甚至是恐怖海盜羅伯茲本人。

事實上，11月的同一天下午，萊文收到了甘巴里安傳來的一張照片，上面是這位國稅局刑事調查部門探員，身穿西裝，臉上帶著微笑，坐在顯示區塊鏈紀錄的筆電後面，在螢幕兩側各豎起一隻大拇指。

「我剛剛轉了10意美元。」甘巴里安寫道，連錯字也沒有改掉。

不知道什麼緣故，甘巴里安拒絕分享任何可能有助於指認Individual X的細節，但他和海尼終於跟那個化名的比特幣大亨取得聯繫，證實對方的確駭入絲路，從網站竊取了69,370枚比特幣。他們在一份宣誓書中寫道，烏布利希甚至在2013年威脅駭客，試圖強迫對方歸還這筆錢，不過Individual X沒有照辦，而是持有這筆錢超過七年不動（在這段時間這筆錢的價值逐漸緩慢增加），也許是擔心將錢轉移或在交易所兌現，會引來執法部門的注意。

然而，甘巴里安和海尼終於找上門了。2020年11月，在舊金山美國聯邦檢察官辦公室舉行的一次會議上，Individual X在甘巴里安的筆電上逐字輸入能控制鉅額財富的私鑰，駭客同意交出這筆錢，幾乎可以肯定的是，想以此抵免牢獄之災。

通常在刑事調查案件中，扣押的財產會充公，這次也不例外，因此在接下來的一年裡，聯邦政府完成沒收程序，拍賣這69,370枚比特幣，然後將收益放入美國財政部，在這過程中比特幣的價值又再度飆升。由於加密貨幣變幻莫測的升值趨勢，再加上一位至今仍匿名的駭客長期持有，在本書撰寫時，根據比特幣波動劇烈的匯率，被偷的絲路硬幣總和快速升值，價值超過20億美元。

甘巴里安和國稅局刑事調查同事，完成美國執法部門有史以來規模最大的加密貨幣扣押行動，而且這次犯罪案件所扣押的貨幣總數，也遠高於美國史上**任何**貨幣。

第48章

限制

　　殖民管道（Colonial Pipeline）是一家汽油和航空燃油配銷公司，位於喬治亞州阿爾法利塔（Alpharetta）的亞特蘭大郊區，就在2021年5月7日凌晨五點前，控制室裡的一名員工率先發現，公司一台電腦螢幕上發表了令人深感不安的訊息。上面解釋殖民管道遭到了毀滅性的駭客攻擊，資訊網路被要脅，只有支付幾百萬美元的加密貨幣作為贖金，才願意歸還資訊網路控制權。[1]

　　殖民管道擁有和管理一條長達五千五百英里的管道，從休士頓（Houston）到紐澤西，這條巨大的輸油管提供美國整個東岸將近一半的汽油供應。[2]這個大規模作業系統遭受一個網路犯罪集團DarkSide所摧毀，一般認為DarkSide總部設在俄羅斯。[3]

　　雖然殖民管道從未公開發表來自駭客集團的繳交贖金通知文件，但是到了那年5月，網路安全產業變得已經非常熟悉DarkSide的勒索訊息，因為他們追蹤了六個月，發現幾十個組織因為這種可惡的行徑受害，遍布在金融、醫療保健、建築和能源產業。[4]駭客集團發出的典型訊息如下：「歡迎進入黑暗。發生了什麼事？您的電腦和伺服器已加密，備份已刪除，我們使用強大的加密演算法，因此您無法自行恢復資料，但是可以購買我們的特殊程式來讓一切恢復原狀。」

　　在5月的那個早晨，殖民管道的員工不到一小時，就發現數位作業系統完全癱瘓，無法恢復。駭客在為整個網路關鍵系統的硬碟加密之前，早在前

一天也偷偷竊取了公司將近一千億位元組的資料，現在他們警告殖民管道，如果不付贖金，會把這些資料全部放在自己的暗網上。[5]殖民管道每天在全國提供大約二百五十萬加侖的石油產品，工程師擔心，駭客取得的權限可能會繼續延伸到這些石油產品的監控和安全保護系統，如此一來，可能會導致管道壓力發生變化，甚至造成漏油，後果實在不堪設想。

就在早上六點之前，公司的主管做了一項決定：殖民管道經營了將近六十年，這是公司第一次完全關閉管道。

殖民管道很快就聘請三家不同的安全公司仔細搜查自己的網路，評估損失，以尋找和剷除駭客的據點，努力重建公司的資訊系統。光是其中一家麥迪安（Mandiant）網路安全公司，就派了幾十位員工輪值處理此案。麥迪安團隊的主管查爾斯·卡瑪卡（Charles Carmakal）說：「我們在跟時間賽跑，我們知道必須盡快讓管道作業系統恢復原狀，我們都體認到這將對經濟和社會產生多大的影響。」

在五天內，亞特蘭大30%的加油站和羅里（Raleigh）31%的加油站燃料耗盡，美國東南部的油價飆升到七年來的最高點。[6]能源部長珍妮佛·格蘭霍姆（Jennifer Granholm）報告，這個地區有幾個州的汽油供應吃緊，提醒當地的消費者不要恐慌購買或囤積汽油。[7]就某種程度而言，殖民管道遭遇的勒索軟體災難，已成為有史以來對美國關鍵基礎設施最引人注目的網路攻擊。

然而，直到殖民管道關閉後的第六天，彭博新聞（Bloomberg News）的記者才揭露完整的故事：這場大規模的混亂，並不是來自公司秉持著不支付贖金原則的結果。事實上，殖民管道幾乎是在得知駭客的要求後，立刻私下給對方440萬美元的比特幣。[8]後續所有的混亂都是由於殖民管道資料恢復的過程太緩慢，因為他們使用的是以贖金換來的DarkSide解密工具。[9]

公司執行長約瑟夫·布勞特（Joseph Blount）後來在國會聽證會上，帶著痛苦的表情說：「這次攻擊迫使我們必須即時做出任何公司都不願面對的艱難決定，這是我在能源產業三十九年來最棘手的決定。」[10]

　　DarkSide就像許多其他在網路上猖獗的勒索軟體犯罪集團一樣，必然選擇以比特幣取得贖金，因為比特幣具有類似現金的屬性。加密貨幣仍是數位世界中，最接近裝在公事包裡的一箱鈔票，可以在交易所的小巷子內，隨時拿出來換取肉票的自由。但是由於這種貨幣不太可能作為勒索的交易媒介，因此追蹤殖民管道支付的75枚比特幣，就可以直接進入犯罪分子的金庫。Chainalysis的競爭對手區塊鏈分析公司Elliptic，很快在部落格上發表一篇文章，顯示殖民管道支付的贖金如何進入一個錢包，而這個錢包在過去兩個月內，已經收到其他五十七筆付款，可能全都是DarkSide勒索軟體的成果。[11]

　　事實上，在殖民管道付款後的幾天，另一個DarkSide勒索軟體受害者德國化學公司步朗德（Brenntag），也支付一筆440萬美元到同一個錢包。這個錢包總共累積1,750萬美元，這只是一個犯罪集團存放眾多贓款的其中一個地方，而這類的勒索軟體集團至少有幾十個。在殖民管道和步朗德案件發生的幾天後，有人透露，一家保險公司CNA金融（CNA Financial）的資訊系統受到要脅，已向另一個網路犯罪集團Phoenix CryptoLocker支付4,000萬美元驚人的贖金。[12]

　　由於勒索軟體不再只是悄然無聲的數位流行病，現在完全爆發，成為一種（零星且分布不均的）社會危機，因此Chainalysis也開始追蹤勒索軟體經濟。2020年，Chainalysis的員工至少追蹤到3.5億美元的勒索軟體贖金付款，[13] 2021年支付的金額似乎會打破這個紀錄。[14]即使有Chainalysis和Elliptic這類的公司追蹤這些贖金的軌跡，而且通常能掌握確切的細節，但這些災難還是有增無減。

　　不論如何，所有這一切依然發生在萊文所謂的數位追蹤資金流向調查的「黃金時代」內。執法部門多年來持續利用區塊鏈分析，認真打擊暗網市場、數位竊賊、洗錢者和兒童剝削網路，這種打擊力道絲毫沒有減弱的跡象。然而，數字會說話：勒索軟體似乎在某種程度上不受影響。

　　縱使追蹤比特幣的調查能力達到巔峰，但追蹤人員發現了一種無法控制的犯罪型態。

＊　＊　＊

勒索軟體集團如何能對執法部門追蹤加密貨幣交易的努力視而不見？最聰明的網路勒索罪犯是否最後想出如何繞過區塊鏈分析，沿著另外的路徑到達他們的銀行帳戶？或者Chainalysis和這些聯邦探員都還來不及追蹤，也許罪犯就以迅雷不及掩耳的速度將利潤兌現？

上述問題的部分答案，看起來可能是一種新的加密貨幣興起，有時候稱為「隱私幣」（privacy coins），專門用於阻斷區塊鏈分析。由於比特幣追蹤已成為執法機構的標準工具，到了2021年，勒索軟體營運商開始越來越常要求受害者，不再是支付這種具有十年歷史的加密貨幣，而是另一種叫做門羅幣的數位貨幣。門羅幣於2013年由一位匿名密碼學家設計，2014年推出，承諾要整合比特幣欠缺的現代隱私和匿名功能。[15]門羅幣使用一系列的密碼學技術，將每筆付款跟一組預設的交易混在一起，而且也會隱藏每筆交易的金額，讓意圖窺探區塊鏈的人徒勞無功，並且幫每個接收人創立一個獨一無二的「隱匿地址」（stealth address），這些作法全都使得將地址分群或指認出錢包持有人變得更困難。

另一種名為大零幣的新型加密貨幣，則更進一步改善這些隱私。[16]大零幣不像門羅幣那樣只是以區塊鏈技術為基礎，而是讓區塊鏈變得完全不透明。大零幣由一群密碼學家於2016年推出，提供一種稱為「隱私保護交易」（shielded transaction）的功能，以確保真正的匿名，運用的是梅克雷約翰多年前研究的eCash系統中使用的零知識證明進階版。

零知識證明是一種有如魔術般的數學手法，意思是大零幣硬幣像比特幣一樣，理論上不能偽造或消費兩次。但是大零幣提供的這些保證，是建立在區塊鏈上完全加密的「隱私保護交易」，因此關於誰擁有特定金額、任何錢包中的金額多寡，或是錢包裡的資金流向等訊息都會保密。這些資料不僅隱藏了起來，而且**已證實**無法存取。大零幣的隱私保護交易就像一個真正的黑盒子，保證不會提供資訊給任何意圖窺探的人。

對於想分析區塊鏈的人來說，這些隱私幣象徵著一種新挑戰，這個挑戰遠超出勒索軟體造成的問題。即使在危機爆發之前的幾年裡，線上犯罪地下世界已經慢慢從比特幣轉移到門羅幣和大零幣。洗錢者開始使用「跳鏈」（chain-hopping）技術，將比特幣換成其他貨幣，然後再換回來，以切斷鑑識軌跡。（AlphaBay早在2016年，就開始接受門羅幣支付作為另一種選擇，就在網站撤除前幾天，也宣布可以使用大零幣。）到了2019年，一些暗網市場開始允許賣家接受大零幣，有兩個市場改成只能用門羅幣，禁止所有比特幣支付。

對Chainalysis和執法部門而言，在面對令人難以置信的區塊鏈調查狂潮中，這一切加起來似乎構成了一道近在眼前的大磚牆。

一向樂觀的格羅納格說，自己一點都不擔心。

他指出，即使大零幣和門羅幣幾年前就問世，但使用率仍不如比特幣那樣普遍，而且也只具有很少的價值。在大零幣交易中，啟用「隱私保護交易」功能的甚至不到10%，大多數持有者似乎是基於投機的心態買來投資，而不是一種真正保密的資金轉移方式。格羅納格認為，如果門羅幣和大零幣確實開始在犯罪分子中廣為流行，而且對執法部門構成真正的威脅，那麼少數幾家允許人們買賣這些貨幣的交易所，可能會面臨巨大的監管壓力，必須與它們切割。

如格羅納格所說，門羅幣和大零幣目前的處境，就像是2014年Chainalysis創立前的那個階段，當時銀行對比特幣的潛在犯罪用途非常警覺，因此無法跟他的交易所Kraken合作。「這兩種貨幣困在那個時期。」他說。

格羅納格甚至對於大零幣和門羅幣的隱私保證，是否能在未來幾年禁得起檢視也表示懷疑，儘管他只是有些許疑慮。格羅納格說：「這些系統當中的任何一個，只要是任何一個開發出來的產品，你總是會在幾年後看到，有某人發現了某個東西。」事實上，由一群卡內基美隆大學、普林斯頓大學和其他大學研究人員在2017年做的研究發現，在多達80%的情況下，他們

可以使用門羅幣交易中像是硬幣年齡等線索，以執行一種消除過程，然後推論出是誰移動了哪些硬幣。[17]（門羅幣隨後將隱私功能升級，以阻止這些技術，Chainalysis後來雇用了這篇論文的其中一位作者。）

　　包括梅克雷約翰在內的另一組研究人員，在2018年發現大零幣的匿名性也不像表面看起來的那樣，主要只是因為啟用「隱私保護交易」功能的使用者數量太少。[18]格羅納格說：「而且那只是公告出來的東西，對吧？我只是不相信會有什麼東西絕對安全無虞。」他故作嚴肅，提到畢竟比特幣不也一度被視為匿名嗎？

　　「貓捉老鼠的遊戲總會持續上演。」Chainalysis的執行長總結說。

　　這是否代表Chainalysis其實找到了追蹤門羅幣和大零幣的方法？格羅納格拒絕回答，這一點也不足為奇。他語帶神祕說：「我們對展示自己的能力實在不感興趣，就算我們真的說了什麼，大家可能也不會相信。」

　　然而在此同時，Chainalysis和其他任何區塊鏈分析公司，似乎都無法解決日益嚴重的勒索軟體大流行問題。公司偶爾會傳出捷報：在勒索軟體集團NetWalker案件中，Chainalysis幫聯邦調查局追蹤和扣押了50萬美元的贖金，[19]聯邦調查局逮捕一名加拿大男子，他是NetWalker「分支機構」的員工（是指租用和部署勒索軟體，以換取利潤的合作夥伴）。[20]但是對於每年高達九位數的勒索軟體經濟來說，光扣押50萬美元和逮捕一個人，實在算不上什麼破壞。

　　格羅納格本人承認，其實Chainalysis沒有用於調查勒索軟體的妙方。事實是，這些勒索案件大多數的能見度都不夠，許多涉案的網路犯罪分子，以及他們用來讓利潤兌現的洗錢服務商和交易所，都正好位於西方執法部門無法控制的國家，特別是俄羅斯。

　　格羅納格提到，2018年十二名俄羅斯軍事情報人員，被指控駭入民主黨目標對象的資料，企圖干預2016年總統大選。[21]起訴書上詳細說明他們如何支付比特幣租用伺服器，作為釣魚網站以竊取受害者的密碼，而且將他們從受害者那裡竊取密碼後洩露的文件，放在伺服器上託管。但這些俄羅斯

探員就像維尼克一樣，對於美國執法部門來說仍然遙不可及，除非等到有一天他們犯下錯誤，離開了安全的家鄉。

格羅納格問：「你知道那些涉案人員的名字，但是又怎麼樣？這代表他們不會到俄羅斯以外的地方度假。」

談到勒索軟體在全球引發的痛苦時，他明確表示，隱私幣或任何用來挑戰追蹤方法的工具都不是問題，真正的問題仍然就是像俄羅斯和北韓這樣的流氓國家，這些國家的政府允許公民對全球執法行動視而不見，即使他們的活動在區塊鏈上完全清晰可見。

他總結說，如果一筆交易越過這樣的政治障礙，即使是最聰明的加密追蹤也很難幫忙找回來。格羅納格說：「一旦你把比特幣贖金發送到莫斯科，錢就有如石沉大海。」

＊　＊　＊

殖民管道關閉將近一個月後，司法部發表一個令人震驚的消息：殖民管道當初付給DarkSide的75枚比特幣，現在找回了其中的63.7枚。[22]事實上，聯邦調查局追蹤這筆錢，找到DarkSide的錢包，然後從該集團取得的利潤中收回一大部分。

聯邦調查局拒絕透露這項調查的細節。格羅納格和其他Chainalysis員工證實公司參與其中，但拒絕分享如何收回資金的細節。司法部只說，美國執法部門以某種方式獲得了DarkSide勒索贖金的私鑰，使用這些私鑰將資金轉回美國的控制之下。（我問起這次的調查時，格羅納格笑說：「五年後你得再寫一本書。」）

2021年6月，《紐約時報》刊登了一篇文章公開這件事，標題是〈管道公司調查顛覆了比特幣無法追蹤的想法〉，由此可知，究竟花了多少年的時間，才終於完全揭穿比特幣匿名的神話。[23]

然而，我向甘巴里安詢問殖民管道案件的結果時，他說不會妄想勒索軟

體問題已受到控制，或者至少說，追蹤加密貨幣能提供解決方案。對他來說，從流入網路犯罪分子錢包的幾億美元中，扣押了幾百萬美元，只不過是罕見的例外，大多數的勒索軟體營運商依然逍遙法外。

　　事實上，甘巴里安說，這就是他通常儘量不碰勒索軟體案件的原因：他非常清楚，大多數在俄羅斯的重要犯罪分子根本抓不到，而他對於這種被告缺席的無效起訴，或是扣押到的贖金彷彿只有消防水帶滴下來的幾滴水，實在是興趣缺缺。「如果找不到屍體，這個案子就不要辦。」甘巴里安說，這句話他最早是從弗倫岑那裡聽來的，從此奉為圭臬，在區塊鏈上可用的線索中，以此作為過濾器來挑選調查對象。他談到勒索軟體的俄羅斯首腦時說：「那些人不會去讓自己被引渡的地方，他們知道遊戲規則。」

　　甘巴里安不屑地總結說：「你可能會因此被公開指責，你不會得到屍體。」

　　然而，在接下來的幾個月裡，從許多跡象可以開始看出，聯邦政府為了致力剷除勒索軟體而再接再厲，投入新的資源，或者至少如網路安全政策專家所說，讓營運商「墊高成本」，迫使他們採取破壞力較低的犯罪形式。拜登總統本人在 2021 年 7 月的電話中，向俄羅斯總統普丁（Vladimir Putin）提出這個話題，敦促他停止窩藏在全球造成重大破壞的駭客。[24] 美國國務院（U.S. State Department）宣布懸賞 1,000 萬美元，希望獲得讓殖民管道關閉的網路犯罪分子相關資訊。[25] 至於 DarkSide 已發表一份公開說明，解釋無意造成管線中斷，這個組織顯然在事件發生後不久就解散了。[26] Chatex 和 Suex 被認定為是勒索軟體營運商使用的交易所，因此美國財政部對兩家加密貨幣交易所實施新制裁，將它們排除在全球金融系統之外。[27]

　　2021 年 11 月，歐洲刑警組織宣布在南韓、羅馬尼亞、科威特和波蘭，逮捕兩個勒索軟體集團 REvil 和 GandCrab 的七個分支機構。[28] 美國司法部起訴了兩名駭客，因為他們兩人就在當年美國國慶日 7 月 4 日前不久，利用資訊自動化軟體中的漏洞，發動大規模的 REvil 勒索軟體攻擊，總共有一千多家企業受害。聯邦調查局從這些駭客的利潤中追回了 610 萬美元。[29] 司法部

長梅瑞克・賈蘭德（Merrick Garland）在一場演講中宣布這次罕見的勝利：
「今天，也是五個月來的第二次，我們宣布扣押了跨國犯罪集團部署的勒索
軟體得到的數位收益，這將不會是最後一次。」[30]

　　更令人震驚的是，俄羅斯執法機構聯邦安全局（FSB）於 2022 年 1 月宣
布，至少逮捕了十四名 REvil 勒索軟體集團的成員，該國多年來的政策是允
許勒索軟體集團成員逍遙法外，而這次是一大例外。[31] 根據一位美國官員在
《華爾街日報》上的評論，那群人當中包括一名參與殖民管道破壞事件的駭
客，但只有一名。DarkSide 的其他成員顯然似乎都逃到俄羅斯這個庇護所，
普丁總統在 2 月對烏克蘭的全面入侵，加上歐美實施嚴厲的新制裁以作為回
應，都使得這些網路犯罪分子現在面對司法審判的機率較以往還低。

　　期待已久的全球勒索軟體打擊行動可能仍在繼續。但甘巴里安的觀點
是：這場流行病的後續發展，不是取決於哪些硬幣可以追蹤，而是可以找到
哪些屍體，而哪些屍體永遠找不到。

第49章

灰色地帶

　　2021年秋天一個涼爽的早晨，格羅納格走上講台，台下有一小群觀眾，這個講台位於紐約市中心時代廣場（Times Square）附近一棟摩天大樓裡的私人活動空間。Chainalysis的執行長穿著合身的灰色西裝，把白襯衫刻意拉出來，襯衫上有著黑色鈕扣，這身打扮真正唯一跟他的加密特殊專長相關的是鞋子，這雙藍綠色運動鞋上有著Chainalysis的標誌，一組由明亮的橘色字母C串起來的鎖鏈。格羅納格一出場，立即得到觀眾的掌聲，那些觀眾有的穿洋裝，有的穿西裝，包括了聯邦探員穿的那種較為寬鬆、能遮住槍枝的衣服，以及華爾街較時尚的正式服飾。

　　這個場合是Chainalysis的年度客戶大會，又稱為Links，在格羅納格簡短的開場白中，很快就明確表示，這兩類客戶當中的第二類是他當天關注的焦點，這也許是他公司快速發展的真正收入來源。格羅納格對這群人說：「我非常非常榮幸，歡迎許多來自金融業的新客戶。加密貨幣就是關於我們這個行業如何改變金融流程。」

　　他開始細數自2019年以來，加密貨幣行業究竟發生了多少變化，Chainalysis上一次舉行會議的時間是2019年，那是在新冠肺炎大流行之前。兩年前，一枚比特幣的價值大約是8,000美元，而在格羅納格演講的那天，已創下新紀錄，超過66,000美元。所有比特幣的總價值，從幾十億美元飆升到至少3兆美元。他說：「在過去兩年裡，幾乎每個加密貨幣計算指標的數值都提高十倍，實在是令人嘆為觀止的產業。」

在這個蓬勃發展的加密經濟中，Chainalysis追蹤的犯罪交易也在成長，從2020年的總額78億美元，增加到2021年的新紀錄140億美元。但是這些非法交易成長的速度，遠不如合法的加密貨幣世界擴張的速度，根據Chainalysis估計，只占了2021年所有加密交易的0.15%，這可能代表整個產業變得相對成熟。[1]

格羅納格繼續列出Chainalysis公司的成長統計數據，與整個產業令人興奮的數字並駕齊驅：四百多名員工，遍布全球六十個國家；至少擁有六百個客戶組織。他沒有透露Chainalysis估值的成長幅度：幾個月前，公司接受另一輪的投資，結果帳面價值超過42億美元，財富暴增的速度快到不可思議。[2]（就在六個月後，Chainalysis宣布**另一筆**資金挹注，這次使公司的估值達到86億美元，又增加了一倍多。）

格羅納格在另一波的掌聲中總結：「我真的非常感謝各位今天蒞臨現場，謝謝你們因為信任而將資料交給我們處理，而且信任我們能幫你們把加密貨幣變得更安全。」

＊　＊　＊

格羅納格的這番話在那個房間裡受到如此熱烈的歡迎，因此很難想像在比特幣社群中會有人抱持著相反的看法，事實上，是將Chainalysis視為一股高度惡毒的力量。

激進分子亞歷克斯·格拉德斯坦（Alex Gladstein）坦言：「我認為他們是數位傭兵，而且我認為他們助長了一股風氣，那就是不必取得搜索令就能暗中監視美國人和其他人。我認為他們是非常壞的人，他們應該把自己的人生拿來做點別的事。」

過去十五年來，格拉德斯坦一直服務於人權基金會（Human Rights Foundation），這個全球的公民自由非營利組織，主張運用科技維護全球各地的人權。他支持伊朗激進分子開發抗審查（censorship-resistant）的播客

（podcast）應用程式；也支持位於非洲東北部的國家厄利垂亞（Eritrea）流亡異見人士，向東非國家播放廣播節目；還支持脫北者透過隨身碟和平板電腦，將被禁的電影和電視節目走私回北韓。而在過去幾年裡，比特幣的潛力讓格拉德斯坦著迷不已，這種不需許可的數位貨幣，可以為全球各地人民的自由提供資金。

格拉德斯坦說：「由於監視和控制人民的技術能力進步，我已經看到民主受到侵蝕，獨裁統治持續盛行，所以我堅信，我們需要保護的不只是加密通訊和民主，也要保護私人的資金。」

格拉德斯坦談到自己跟一個位於白俄羅斯（Belarus）的白俄羅斯團結基金會（Belarus Solidarity Foundation）合作，這個組織蒐集比特幣捐款，然後發送給白俄羅斯國內反對亞歷山大・盧卡申科（Alexander Lukashenko）總統獨裁政權的罷工工人。俄羅斯於2022年2月開始入侵烏克蘭時，烏克蘭反抗組織和該國政府本身，已從國際間募集了幾千萬美元的加密貨幣捐款，因此縱使他們的帳戶被PayPal和Patreon等支付服務商凍結也不受影響。格拉德斯坦指出加密貨幣在中國新疆的潛力，當地的維吾爾族人被迫住在圓形監獄中，[3]此外，像是香港的抗議人士排隊以現金購買地鐵代幣，也是因為擔心用信用卡或數位支付會受到習近平政府追蹤。[4]他認為，即使金氏政權在北韓使用加密貨幣也會適得其反，因為北韓人民最後終究會發現，加密貨幣不僅是駭客攻擊的目標和逃避制裁的手段，而且也是對抗自己政府經濟控制的一種方式。

格拉德斯坦說：「無論你身在何處，那些菁英，也就是控制社會的人，都會利用他們對金融系統的權力來試圖阻撓反對的聲浪，你正目睹這種情況發生，無論是在香港、奈及利亞、白俄羅斯還是俄羅斯。」

格拉德斯坦表示，在全球努力對抗監控（包括金融監控）的背景下，他將Chainalysis和其他新興的全球區塊鏈分析產業視為一種壓迫工具。他認為，Chainalysis在全球銷售其公司服務的每個地方，這種追蹤資金的方式將會鞏固中心化的權力，讓那些地方維持現狀。

　　格拉德斯坦暗示，其實美國也不例外。他說：「他們試圖聲稱自己高高在上，而且是在幫助人民，不是，你是在保護當權者，你所參與的這種宣傳活動，就是美國政府會用來阻止隱私技術的傳播。如果哪一天Chainalysis幫忙將華爾街銀行家逮捕入獄時，打電話給我。」

　　Chainalysis在追蹤反對派激進分子的資金上，包括美國境內的反對派分子，扮演的角色不只是紙上談兵。2021年1月，Chainalysis在一篇部落格文章中，提到1月6日造成五人死亡的美國國會大廈襲擊事件，描述公司如何從幕後參與或現場參加的右翼抗議者，追蹤到價值超過50萬美元的比特幣。循著資金軌跡找到一個法國電腦程式設計師，在自殺前寫下關於「西方文明」衰落的極右翼言論。「Chainalysis積極尋找任何極端主義者的付款和活動，讓我們的客戶了解最新狀況。」部落格文章寫道。**5**

　　格拉德斯坦將自己描述為改革派人士，但他仍指出，在1月6日之後所做的追蹤，就是Chainalysis有能力監控社會運動的證據。格拉德斯坦說：「如果川普（Trump）連任，那麼黑命貴（Black Lives Matter）抗議人士絕對會使用比特幣募集資金，他們的銀行帳戶將被凍結，這一點我毫不懷疑。」Chainalysis是否會像追蹤1月6日暴徒的錢一樣，去追蹤種族正義抗議者的加密貨幣呢？

　　至於Chainalysis出色的成果，例如破獲兒童性虐待案件，格拉德斯坦的評價又是如何？他不否認追蹤比特幣確實有效用於阻止嚴重的犯罪行為，但他堅持自己的立場，就是政府需要尋找其他方法來應付極端分子的暴力威脅或剝削兒童，而不是雙手一攤，幾十年來放任執法部門以這些危險為藉口，來破壞隱私和匿名性。

　　格拉德斯坦總結：「我認為，無論是以打擊恐怖主義、兒童色情或任何你能想到的可怕事情為名義，而試圖擴大和發展一個會監控人民的國家，最後都會**非常糟糕**。我真的相信我們不應該這樣做，我認為監視人民是暴君的策略，而且我認為民主社會應該找到其他解決犯罪的方法，而不是沒有搜索令就可以隨便監視人民。」

＊　＊　＊

　　即使像格拉德斯坦這樣的激進分子就財務隱私層面提出這樣的論點，美國的司法系統還是朝另一個方向發展。拜登總統於 2021 年 11 月簽署的上兆美元基礎設施融資法案中，包含兩項在加密貨幣世界中不受歡迎的條款，但還是通過了，這兩項條款理論上是為了幫這個法案的支出付款。這些新規定要求，那些在定義上模糊不清的加密貨幣「經紀商」，或是任何從事價值超過 1 萬美元交易的加密貨幣企業，都要向國稅局呈報交易對象的社會安全號碼。[6]專精於加密貨幣的律師和電子前哨基金會（Electronic Frontier Foundation）的特別顧問瑪爾塔・貝爾徹（Marta Belcher）說：「基本上，這種要求使得匿名交易實際上變得不可能了，這對公民自由來說是一場徹底的災難。」[*]

　　接著在 2022 年 3 月，拜登總統簽署一項關於「確保數位資產負責任發展」（Ensuring Responsible Development of Digital Assets）的行政命令，雖然尚未有更具體的說明，但也一樣要求制定新規則，以防止加密貨幣用於非法目的，包括從人口販賣到恐怖主義等。在此同時，美國兩黨的立法人員都公開警告，俄羅斯因入侵烏克蘭而受到西方政府實施的嚴格新制裁，也許會透過加密貨幣來規避。如果政府持續高度關注數位貨幣的監控，那麼對於任何尋求匿名使用加密貨幣的美國人來說，Chainalysis 可能很快就不再是最大的

---

[*]　貝爾徹在歡迎看片調查案件之後還寫了一篇文章，批評國土安全調查處探員因支付兒童性虐待影片費用被捕一案的上訴法院裁決。她支持這個人的辯護理由，也就是國稅局追蹤他的比特幣，代表違反了他的憲法第四修正案權利，不是因為國稅局刑事調查部門搜查比特幣的公共區塊鏈，而是因為他們在沒有使用搜索令的情況下，取得他的交易所紀錄。調查人員竟然只藉由一張傳票就得到這些紀錄，這種法律上的請求根本不需要法官簽字。那張傳票在上訴時之所以能站得住腳，是因為美國法律有個稱為「第三方原則」的判例，意思是如果你與第三方〔無論是 Google、威訊通訊（Verizon）或比特幣基地〕分享資料，那麼你無法再期望這些資料會保持私密。貝爾徹有非常合理的理由認為，這根本是胡扯。

問題。

　　馬修・葛林（Matthew Green）是大零幣的其中一位創辦人，也是約翰霍普金斯大學（Johns Hopkins）電腦科學家和密碼學家，甚至連他都認為其實不能將加密貨幣真正的隱私、監管或其他方面等問題全都歸咎於Chainalysis。葛林二十多歲時曾在美國電報電話公司（AT&T）實驗室工作，閱讀密碼學論文和密碼龐克郵件名單，他和所有的密碼龐克一樣，想像著未來的個人資金真的能有隱私。但是從2011年第一次看到比特幣開始，葛林說他就知道這種匿名的區塊鏈，對於尋求真正匿名的使用者來說，勢必會成為一種陷阱。

　　他說：「隱私不存在，你知道，就像你買了一個冰淇淋甜筒，結果發現那根本不是冰淇淋甜筒，而是跟冰淇淋甜筒完全**相反**的東西，這就是我對比特幣的看法。」

　　儘管他多年來的職業生涯都致力於建構可以對抗監視的加密系統，特別是一種可以阻止區塊鏈分析的加密貨幣，但是他並沒有指責任何機構或公司利用比特幣固有的可追溯特性。葛林說：「我不會針對Chainalysis這家企業說什麼壞話，我只是不喜歡他們的技術得以存在的這個事實。」

　　格拉德斯坦就沒那麼輕易放過Chainalysis了，或者說，他拒絕相信為比特幣的隱私而奮戰真的是徒勞無功。他把希望寄託在一項開發人員討論要加到比特幣的功能，稱為交叉輸入簽名聚合（Cross-Input Signature Aggregation），用來讓使用者合併交易，同時又能降低費用。格拉德斯坦認為，特別是交易所會使用這項功能，將使用者的交易捆綁在一起，以作為節省成本的機制。結果將會產生一種副作用，就是這些交易所最後幾乎無法精確地指出某個特定數量的比特幣與某個使用者相關。

　　格拉德斯坦承認，這種升級還需要幾年的時間。但他警告，Chainalysis成功的故事（也就是本書中的故事），代表了「一個時代的墓誌銘」，指的是一間區塊鏈分析公司可以擁有巨大監控權力的時代。他堅持說：「我覺得這種現象不會永久不變，我認為那個時代正準備劃上句點。」

　　大零幣的共同創辦人葛林則不同意。他說先撇開迫在眉睫的監控不談，他之前看過太多人提到，未來比特幣升級或附加功能可以解決匿名性的問題，但是這些說法最終都被另一項區塊鏈分析的創新所擊敗。

　　「隱私是個非常棘手的問題。」葛林總結說。

　　但他仍對自己幫忙從頭開始設計的大零幣抱著希望，相信大零幣可以保持這種匿名性和不可追蹤性。但是比特幣的普及度在各方面都讓大零幣相形見絀，未來似乎依然如此。就比特幣的本質而言，實際上就是主動邀請像Chainalysis這種多年來致力於讓追蹤更臻於完善的公司。

　　葛林總結說：「一旦你設立了讓Chainalysis這類東西變得可行的條件，它就會存在，Chainalysis是免不了的。」

＊　＊　＊

　　在格拉德斯坦對Chainalysis的所有批評當中，他告訴我其中一個是曾多次要求公司列出客戶所在的國家名單，但從未得到直接的答覆。所以我就想親自問一下Chainalysis的執行長：誰是他的客戶？

　　我找了一天下午，和格羅納格相約在紐約曼哈頓西側雀兒喜地區（Chelsea）一家咖啡館包廂見面，那段時間他正準備在紐約的那一區為公司尋找新的總部地點。當天在場的還有Chainalysis的公關主管瑪迪·甘迺迪（Maddie Kennedy），我向格羅納格提出這個問題後，他開始將公司起源的故事細節娓娓道來，從他跟莫勒在丹麥海邊散步，一直到他第一次登門拜訪推銷，最後向我描述公司客戶為什麼多半都是執法機構，至少在公司成立初期是如此。

　　那麼，是哪些國家的執法機構呢？只要是能付錢的國家就可以嗎？

　　格羅納格說：「不行，不行，我們不能這樣做。我們是一家美國公司，意思是有某些國家我們不能合作，而且也不想合作。」他舉出中國、北韓和俄羅斯。

　　但是中東呢？格羅納格回答說：「中東地區很複雜，對吧？像是以色列，就沒問題，阿布達比（Abu Dhabi）是另一個例子。」

　　格羅納格提到以色列時，我本來可以問，這個國家是否用區塊鏈分析，來監視約旦河西岸（West Bank）和加薩（Gaza）被占領的地區裡人民的財務狀況，不過，他一提到阿拉伯聯合大公國（United Arab Emirates）的首都阿布達比，我立刻就想到該國人權運動家艾哈邁德·曼蘇爾（Ahmed Mansoor）的案子，他是四個孩子的父親，手機被阿拉伯聯合大公國政府盯上，用的是來自以色列間諜軟體開發商NSO設計的工具。曼蘇爾受到監控後被捕入獄，判處十年徒刑，從此之後一直遭到隔離關押迫害。[7]儘管阿拉伯聯合大公國跟美國以及全球經濟有著密切的關係，但是該國的人權紀錄不良，而曼蘇爾只是其中一個悲慘的例子。

　　所以我問，阿拉伯聯合大公國是其中一個客戶嗎？「我們不能這樣說。」甘迺迪插嘴說，從語氣中可以感覺出公關人員已經發現了一個警訊。

　　「不，我們不能這樣說。」格羅納格表示同意，聽起來好像很失望，彷彿希望自己能再多分享一點。「中東那裡有很多重要的事情和很好的活動，其中有些是灰色地帶，就是如此。」

　　格羅納格試圖解釋，這些灰色地帶不僅跨越國界，而且還涵蓋單一政府內部不同的用途。他說：「我們想了解我們的產品是如何使用的，對嗎？產品在這裡的使用狀況是什麼？我們有相當高的標準，從來沒有出現過問題。」

　　我指出Chainalysis追蹤了1月6日抗議人士的資金，然後問到如果阿拉伯聯合大公國使用公司的工具追蹤該國反對派運動人士的資金來源，Chainalysis會如何處理這種情況？格羅納格似乎能完全看穿我的心思，發現我想到了曼蘇爾，格羅納格說：「有些公司向政府出售解決方案以駭入人民的電腦，而我們不會這樣做，對吧？絕對不會。」

　　我指出，Chainalysis不是駭入電腦的工具，而是一種追蹤工具，而且功能十分強大。「的確如此。」格羅納格同意。

這裡甘迺迪再次插嘴，冷靜地說：「我們有一個內部架構和內部董事會，可以討論和分析不同的機會。我們會將各種因素納入考量，例如人權紀錄，來決定是否願意跟某人合作，也了解他將如何使用我們的工具，以確定對方是否為合適的客戶。我們經常會重新評估，如果我們覺得使用方式不負責任，就會把客戶解雇，我們做過這樣的事。」

「是的，我們不只一次這樣做。」格羅納格插嘴說。

甘迺迪繼續說：「我們不會對外提供一張國家名單，或公開我們所有的標準，因為人們只會把它批評得體無完膚。」

格羅納格同意，但聽起來有點痛苦：「這不是我們能公諸於世的政策，這樣行不通，事情不是這樣非黑即白。」

我跟格羅納格和甘迺迪說，我曾和格拉德斯坦談過，他把Chainalysis說成是「傭兵」和「非常壞的人」。我解釋格拉德斯坦的觀點是Chainalysis在未取得搜索令的前提下，就把人民去匿名化。

格羅納格臉帶微笑，泰然自若，似乎完全不生氣，他說：「加密是有史以來最透明的價值轉移系統，因此，如果有人說『去匿名化』這個詞，就錯失了重點。我不會去匿名化，因為它從來就不是匿名的。」

然後他提到一個更黑暗的觀點：「也可以有另外一家公司製造出一種產品，做一些我們現在能做的事情，這家公司可以是在中國成立，可以是在俄羅斯成立，其他地方都可以，反正就是會發生，**當然**會發生。」

格羅納格補充，他不反對格拉德斯坦或任何不認同區塊鏈分析的人，他只是把他們視為唐吉訶德（Don Quixote）般的人物，活在一個不同的、想像的宇宙中，跟他們自己假想的戰爭對抗。「如果你想要另一個世界，就去打造一支革命軍隊，然後付諸實行啊！」格羅納格滿臉笑容，俏皮地說，讓我想起多年前Chainalysis第一次因觸犯隱私造成使用者勃然大怒時，他在Bitcointalk上面回應的評論：「我是丹麥人，我不相信革命。」

格羅納格說：「我們今天所處的世界，是以某種方式組合在一起，你可以同意，也可以不同意，但這就是現實，這就是世界的本質。」

第50章

朗姆克

　　2021年8月初，就在我為本書記述AlphaBay垮台最後的細節時，發生了一件意想不到的事：它死而復生。

　　「AlphaBay回來了。你沒看錯，AlphaBay回來了。」這是一則發表在「Ghostbin」的訊息，該網站可供用戶張貼匿名的簡訊。[1]

　　這則訊息似乎是由AlphaBay之前的第二號管理員和安全專家DeSnake所寫，為了證明自己的身分，他還用自己的PGP私鑰為訊息簽名與加密，這種方法可以表示訊息的作者擁有DeSnake專屬的一長串祕密字元，就像國王在一封信上面蓋著個人的璽戒。許多安全研究人員私下證實，這個簽名與幾年前AlphaBay的管理員DeSnake訊息中的簽名相符。作者似乎是AlphaBay真正失散已久的第二把交椅，或者說，至少是一個拿到DeSnake私鑰的人。

　　「我們專業經營、匿名、安全的市場AlphaBay重新開幕，誠摯歡迎您加入買賣產品和服務。」DeSnake的訊息開頭寫道，這個新AlphaBay的員工「光是在電腦安全、地下業務、暗網市場管理、客戶服務，以及最重要的規避執法方面，就有二十年的經驗。」

　　果然，我在Tor瀏覽器輸入網站地址時，出現一個投胎轉世的AlphaBay，儘管這是一個新推出的網站，但跟2017年最後看到的市場相同，只是一切從頭開始，原本AlphaBay上面幾千個賣家都不在了。

　　既然DeSnake是Alpha02的接班人，他做出一些改變：首先，新市場只

允許用門羅幣交易，而不是比特幣，以防止區塊鏈分析，因為比特幣這個工具就是導致AlphaBay被撤除的主要原因。除了Tor以外，還提供另一種選項稱為I2P，讓使用者可以連上暗網匿名系統；DeSnake解釋，自己不信任Tor的安全性。他還對市場銷售實施新的限制，除了原本禁止的兒童色情、雇用殺手謀殺或是從任何前蘇聯國家公民竊取資料外，還禁止銷售吩坦尼，以及與勒索軟體相關的任何資料或服務，但是他沒有解釋理由。

我八年前跟恐怖海盜羅伯茲聯絡，這次也打算如法炮製，跟DeSnake聯絡商討採訪事宜，我寫訊息到他的帳戶，那是在受到Tor保護的網路論壇Dread上面。[2]不到二十四小時，我發現自己正在跟這個最近重新出現的暗網未來新首腦交換加密即時訊息。

DeSnake很快就解釋為什麼自己現在才重出江湖，距離最初AlphaBay被撤除下線、卡茲在獄中死亡、AlphaBay的其他員工紛紛出走，至今相隔已整整四年。他寫道，原本打算在AlphaBay被查封後退休，但是後來改變了計畫，原因是他看到新聞說，一位參與AlphaBay逮捕行動的聯邦調查局探員，於2018年福坦莫大學（Fordham University）的國際網路安全會議（International Conference on Cyber Security）上，展示卡茲被捕的影片，而且是以一種DeSnake認為不尊重的方式提到卡茲。[3]

DeSnake以略帶外國腔的英文寫：「我回來的最大原因，是要改變AlphaBay在人們心中的記憶，我不要他們只記得這是個被逮捕和創辦人自殺的市場。在那次突襲之後，AlphaBay的名聲被醜化，我來這裡就是為了導正這件事。」

DeSnake重申我之前聽到的說法：卡茲是被謀殺的。他沒有提供任何真實的證據，但是說到他和Alpha02曾制定一個應變計畫，萬一被捕時可以派上用場：一種自動機制，如果Alpha02消失了一段特定的時間，就會向DeSnake揭露他的身分，如此一來，他入獄時AlphaBay的第二把交椅可以提供協助。（DeSnake拒絕透露這種協助究竟是以法律辯護基金的形式，還是卡茲向桑契絲提到的「武裝直升機」。）

DeSnake認為，在他們的計畫生效之前，卡茲永遠不會自殺。DeSnake寫道：「他是一名鬥士，我和他有備案，我可以跟你保證，這個計畫完善可行，有充足的資金支持。但是他被殺了。」

DeSnake還描述了許多完美的對策，幾乎可以破解用來逮捕卡茲和撤除原本AlphaBay的每個招式。他寫說，電腦解鎖時，從不離開電腦，甚至不會去上廁所。他聲稱使用一種「健忘症」作業系統，以避免儲存犯罪資料，而且如果機器離開他的控制，會使用「緊急停止開關」（kill switches）來銷毀執法部門可能在機器上找到的任何剩餘訊息。他甚至寫說，自己設計了一個AlphaGuard系統，如果檢測到執行網站的伺服器被扣押，就會自動設置新的伺服器。

但是能保護DeSnake的最大因素，幾乎可以確定是地理位置：他寫說，自己是在一個前蘇聯國家，不在西方政府的控制範圍內。雖然他承認卡茲是使用俄羅斯國籍的假線索來躲避調查人員，但他聲稱AlphaBay禁止傷害來自該地區人民的禁令確實是真的，目的是為了保護他以及其他真正的後蘇聯國家AlphaBay員工，免受當地執法機關刁難。

「你不會在你睡覺的地方上大號，我們這樣做是為了保護其他員工的安全。」DeSnake寫著，卡茲後來「決定接納這個建議，以作為保護自己的一種方式。」

即使如此，DeSnake聲稱他曾多次到與美國簽訂引渡條約的國家旅遊，從未被捕，他把這個成果部分歸功於自己謹慎的洗錢活動，不過他只願意透露自己偏愛門羅幣，除此之外，拒絕詳細說明其他方法。

他寫道：「那些相信任何一種貨幣或加密貨幣很安全的人都是傻瓜，或至少是非常無知，一切都可以追蹤。你必須運用某些方法才能享受工作成果……你做的事要付出成本，如果你是合法企業，就要納稅，如果你這麼做，就是以讓人對你的錢摸不著頭緒的形式納稅。」

DeSnake說，在得知Alpha02因早期失誤而將電子郵件地址透露給緝毒署時，感到震驚無比。DeSnake寫道：「一直到今天，我還是不相信他竟然

把自己個人的電子郵件地址放在那裡。他是卡片高手，而且他非常了解作業安全。」

但是他補充，卡茲未能聽從 DeSnake 的建議，謹慎隱藏資金軌跡，這是過於任性導致的錯誤。DeSnake 曾警告 AlphaBay 的前任老闆，需要採取更多措施以防止金融監管，但是 Alpha02 聽不進去。

「他接受了一些建議，但認為其他建議是『多此一舉』，在這場比賽中，沒有多此一舉這種事。」DeSnake 寫道。

* * *

幾個禮拜以來，DeSnake 斷斷續續閒聊自己打算如何贏得下一回合暗網的貓捉老鼠遊戲，最後有一天下午他分享了一個消息：老鼠又取得一次小小的勝利。

DeSnake 寄給我一系列受到 Tor 保護的網站連結，他說這是「暗黑洩密」（DarkLeaks）。似乎有個人駭入義大利的警察機構，這個機構負責調查兩個暗網毒品網站深海（Deep Sea）和貝盧斯科尼市場（Berlusconi Market）。駭客發表大量被盜的文件，裡面提供了一種內部觀點，說明執法部門為了撤除這些網站所做的祕密工作。

在暗黑洩密的收藏中，一張投影片立即引起了我的注意，這是由 Chainalysis 做的簡報，以義大利文描述 Chainalysis 提供給執法部門一套卓越的監控能力和技巧，但是之前從未公開揭露。

例如，Chainalysis 在簡報中的一張投影片聲稱可以追蹤門羅幣，儘管這種「隱私幣」具有匿名屬性，但是他們在非常多的情況下都辦得到。「在許多案子中，可以證明結果遠遠超出合理的懷疑。」簡報內容是用義大利文書寫，不過結論是「這個分析是基於統計數據，因此任何結果都會與採用的信心水準（confidence level）相關。」

公司宣稱在涉及門羅幣的案件中，至少有 65% 能提供「可用的線索」，

有20%的情況可以確定交易的發送人，但是不能確定接收人，只有15%的情況無法產生任何線索。有另一個工具叫做Wasabi，這個錢包承諾能將使用者的比特幣交易混合在一起，以防止追蹤，Chainalysis表示，即使如此，仍然可以在60%的情況下追蹤資金。

另一張投影片則帶來不同的驚喜：由於Chainalysis收購了WalletExplorer，這個免費的基本區塊鏈分析工具比Reactor還早推出，甘巴里安在2014年就曾用它來追蹤布里奇斯的比特幣，目前Chainalysis已將這項服務變成一種陷阱，[4]如果有人對某個比特幣地址感興趣，到WalletExplorer輸入檢視時，這個人的IP位址會被記錄下來。投影片上寫道：「我們蒐集這些資料，使用這個資料庫，就能為執法部門提供與某個加密貨幣地址相關的IP資料有意義的線索。」

換句話說，那些緊張的嫌犯使用WalletExplorer來檢查自己的交易在區塊鏈上是否會被追蹤。而這段時間以來，WalletExplorer持續將這些使用者輸入的檢查資料交給追捕他們的機構。

有件事我一直百思不得其解，但在所有這些揭露的資訊中，有另一張投影片最後提供了這個答案：那就是Chainalysis在為AlphaBay的立陶宛伺服器定位時，用的究竟是哪種可能的解決方案，這個「高階分析」的謎團終於在此解開。

義大利的簡報中證實，Chainalysis其實可以指認區塊鏈上一些錢包的IP位址，這是透過執行他們自己的比特幣節點，悄悄地監控交易訊息，就是這種作法導致公司早期在Bitcointalk上引發使用者極度不滿。

投影片首先解釋，有些錢包會使用可以避免儲存整個區塊鏈的工具，像是簡易支付驗證證明（Simple Payment Verification）或Electrum，結果這些工具在每筆交易中洩露了特定的資訊。從這些錢包接收交易訊息的節點，不僅可以看到使用者的IP位址，還可以看到所有的區塊鏈地址，甚至是錢包的軟體版本，完整的個人身分識別資訊幾乎一覽無遺。Chainalysis將他們用來蒐集錢包資料的工具取名為奧蘭多（Orlando）。

　　下一張投影片更具啟發性，描述一個工具朗姆克（Rumker），解釋Chainalysis祕密的比特幣節點，不只可用來指認個人使用者錢包的IP位址，還可以指認不明服務商的IP位址，包括暗網市場。「儘管有許多非法服務商是透過Tor網路運作，但是嫌犯經常會疏忽，而在明網（clearnet）上執行他們的比特幣節點。」投影片上寫道，使用了明網這個術語，指的是不受Tor保護的一般傳統網路。

　　AlphaBay犯了這個錯誤嗎？朗姆克聽起來很像是那個祕密武器，不僅確定了暗網龍頭的IP位址，還有另一個「華爾街市場」的IP位址，可能還有其他網站。

　　我寫信給格羅納格詢問投影片的事情，特別提到朗姆克，他沒有否認這些資料的合法性，而是寄給我一份聲明，讀起來像是總結出Chainalysis對隱私問題抱持的理念：「開放協議受到公開監控，以確保空間安全，而且讓無需得到許可的價值轉移網路能蓬勃發展。」

　　格羅納格重申多年來提出的論點：Chainalysis不侵犯隱私，只分析公開資訊。但是暗黑洩密的投影片顯示出這種分析的範圍有多廣：如果一種加密貨幣、它的工具或使用者曾經不小心洩露少許敏感資訊，Chainalysis就會找得到。

　　如果朗姆克確實是為AlphaBay定位的工具，那麼正如甘巴里安所擔心的那樣，很可能已經「見光死」了，無論洩露的人是誰，這件事都暴露出比特幣協議的漏洞。像DeSnake這樣的暗網管理員將來絕對會更加小心防範，以免加密貨幣錢包將IP位址透露給意圖窺探的比特幣節點。

　　不過未來還是會有其他漏洞，也會有其他祕密武器來對付它們。貓捉老鼠的遊戲持續上演。

後記

2016年初，在Chainalysis尚未發展成幾十億美元新創企業的前幾年，格羅納格在調查Mt. Gox和BTC-e的期間拜訪了梅克雷約翰，想為她提供一份工作。

那時，梅克雷約翰已成為倫敦大學學院（University College London）的資訊科學教授，兩人見面的地點是在校園內她跟人共享的小辦公室。根據梅克雷約翰自己的描述，這所大學的資訊科學大樓是校內最不吸引人的建築物，有如一大塊現代石頭，靠近她辦公室那邊的建築物內部幾乎沒有光照。她在2013年曾經為了測試，用比特幣隨機購買許多物品堆放在加州大學聖地牙哥分校的儲藏室，此刻她在倫敦大學學院的辦公室就像那間儲藏室一樣，實在是不適合居住。

一向和藹可親的格羅納格告訴梅克雷約翰說，他的小公司Chainalysis正在尋找人才，問她是否有興趣成為「某部門的主管或是其他頭銜」，她記得他當時是這樣說的，而且展示了Reactor，讓她印象十分深刻，因為格羅納格不但設法改良和提升她的分群技術，將大量已知的比特幣群集組合在一起，還將她最初提出來的幾個想法，整合到一個既強大又能快速回應的工具中。

格羅納格向梅克雷約翰提供的職位，將使她成為Chainalysis公司前十位開國元老之一，而且能持有公司的股份。當時他們兩人都不知道，由於這家新創公司在接下來幾年呈指數型成長，格羅納格向她提供的股份價值很快就會變成一筆足以改變人生的財富。

梅克雷約翰覺得格羅納格很迷人，對他創造的東西十分感興趣，但她婉

拒了這份工作，委婉地跟格羅納格解釋，她才剛開始投入這份終身職的大學工作，還沒有準備好要離開學術界，她向格羅納格提議，自己頂多只能從旁為Chainalysis提供諮詢服務。但是格羅納格對顧問不感興趣，他要找的是一個可以百分之百參與的「工作夥伴」，就像他和他的共同創辦人一樣全心投入在這份工作中。接著兩人就心平氣和地分道揚鑣了。

事實上，梅克雷約翰多年後說，自己拒絕格羅納格的原因比表面上說出來的要複雜得多，她並不後悔寫了〈無名客〉論文，她認為對於任何相信可以匿名使用比特幣的人，那篇論文是一種「公開的服務公告」，可以提醒他們這種想像中的隱私有其客觀上的限制。

其實她也不覺得Chainalysis的作法不道德，她就跟大零幣的葛林一樣，開始相信像Chainalysis這樣的公司，甚至是整個行業裡以這種形象出現的公司，全都在所難免，主要是因為區塊鏈資料本身就具有公開性質。

但是梅克雷約翰不想加入區塊鏈分析的貓捉老鼠遊戲扮演獵捕者，她只想在這場遊戲中間的某個地方，或者更確切地說，是在遊戲外面找到一個位置，既能繼續研究區塊鏈，又能自由自在地發展隱私技術，或者如果發現加密貨幣中的隱私漏洞時，可以公開指出，而不是私底下幫忙利用這些漏洞。

在她與格羅納格見面期間，腦海中再度浮現出之前的指導教授說她是「網路緝毒刑警」的笑話，她不打算將自己的職業生涯投入這樣的工作型態。

梅克雷約翰多年後解釋：「我認為Chainalysis做的事在道德上沒有錯，但那不是我想要的謀生方式，我不想成為任何一種型態的網路緝毒刑警。」

* * *

梅克雷約翰和格羅納格的那次會面過了將近五年後，有一個冬日我和她坐在中央公園（Central Park）的長椅上，離她童年時住的上西區公寓不遠，喝著咖啡，看著人們繞著公園騎自行車和跑步，還有一群喧鬧的女學生在我們前面的草坪上舉行生日派對。

　　我正好在梅克雷約翰這次回家鄉時找到她，想嘗試一種奇怪的作法：這一年來，我做的事是請別人告訴我更多關於生活和工作的故事，但這次我決定不開口訪問她，而是把我在報導追蹤加密貨幣世界的過程中得知的故事告訴她，因為她是第一個提出區塊鏈分析技術的人，這種技術開啟了透過追蹤資金流向來調查網路犯罪的黃金時代，對於過去幾年來的大規模執法成果，我想看看她有什麼感想。

　　按照時間順序，我跟梅克雷約翰敘述本書的內容，從追蹤福斯和布里奇斯在絲路的資金，到 Mt. Gox 和 BTC-e 調查案件，再講到 AlphaBay。她大部分時間都靜靜地聽故事，我告訴她聯邦調查局分析人員阿莉和艾琳如何追蹤卡茲的資金，以確認他的身分（她的回應是：「好酷！」），也跟她說在歡迎看片案件中，區塊鏈不但讓幾百人被捕，還搭救了二十三個孩子（梅克雷約翰小聲地說：「太好了。」），至少導致一個人自殺（她輕聲說：「天啊！」）。然後我給了她一份去年比特幣逮捕案件扣押金額的簡要清單，從逮捕推特駭客、北韓交易所盜竊案、撤除比特幣混幣商，一直到幾十億美元的絲路扣押案。

　　「差不多就是這樣。」我總結說。

　　「很多耶！」她說。

　　梅克雷約翰思考了一會兒，看著孩子的生日派對，望向遠方的奧納西斯水庫（Jackie Onassis Reservoir）。她解釋，這一切並非完全出乎她意料之外，她看過一些案件的司法部新聞稿，發現裡面提到對 Chainalysis 的感謝。

　　她談到國稅局刑事調查部門辦理的犯罪案件時說：「我認為客觀上來說，這些都是壞事，所以很高興能看到這個工具用來協助調查這些案件，我覺得很好。」

　　接著她開始解釋為什麼事情似乎沒那麼簡單。她推測，在新興的區塊鏈分析行業中，像 Chainalysis 這樣的公司**真的**會賺錢，但不是來自於跟國稅局或司法部的合約，而是來自於那些使用該公司服務來為交易「降低風險」的銀行和交易所，因為他們可以根據大眾永遠看不到的演算法，作為特定資金

來源是否單純以及是否需要監管的排名基準。她說：「然後就變得越來越不安全了，對嗎？這看起來更像是監控。你的銀行基本上是在監視你，根據你的資金來源評估你這個人。那種事情不太好，也不會成為頭條新聞。」

她說，區塊鏈分析有助於追蹤暗網市場交易、勒索軟體收入和加密貨幣搶劫案，但沒有理由就此止步。她跟格拉德斯坦一樣，指出某些獨裁者也可能會濫用類似Chainalysis的服務，例如追蹤抗議人士的財務狀況。

她認為這條不歸路可能會以比較不著痕跡的方式開始：她猜想同樣這些西方的銀行和交易所，會使用具有Chainalysis風格的工具，以指認出接受加密貨幣付款的性工作者，例如自動切斷他們的帳戶，甚至將他們呈報給執法部門，就像是處理黑市資金這類顯而易見的案件一樣。梅克雷約翰提到：「很容易就會偏離原本的出發點，結果變本加厲。」

自從梅克雷約翰首次對大規模監控問題產生興趣，再隨著2013年史諾登的揭露，這麼多年下來她對隱私的興趣有增無減。她採取了其他人可能會認為偏執的措施：她為自己的通訊內容加密，遠離社交媒體，儘量避免使用Google，而是選擇更隱密的搜尋引擎DuckDuckGo代替。她不使用共乘服務或外送餐點應用程式，會關掉手機的全球衛星定位系統，或是盡可能不帶出門。

然而，在談到加密貨幣時，梅克雷約翰明確表示，她的立場比較複雜，不是單純在道德上反對區塊鏈的「監控」，而是關注整個更為全面、細微的財務追蹤世界，在其中政府和企業可以看到每個人每次的購物和付款明細。但她同時也會擔心，像大零幣這樣的技術確實會後來居上，導致資金不但真的無法追蹤，而且還能匿名，如此一來，那些加密無政府主義者一度以為可以用比特幣來完美洗錢和無法可管的黑市就會成真。

她說：「我們還沒有看到那種極端。是的，我確實很擔心會發生這樣的事。」

因此，她沒有選邊站，而是站在兩者中間，試圖維持一個中立的研究人員立場。她仍持續投入區塊鏈分析：例如她和倫敦大學學院的同事，也在2018年發表了關於大零幣隱私漏洞的調查結果。她告訴我，她甚至希望在

2022年發表一篇論文，內容是關於追蹤比特幣剝離鏈的新方法，使用不同錢包創造出來的找零地址所提供的線索，以更有效追蹤區塊鏈上那些分叉路徑。

　　但是她認為，這些工作成果就像是當時那篇開啟了這一切的〈無名客〉論文一樣，是一項公開的服務公告，而不是當作一種工具，賦予對立的雙方其中任何一方權力。

　　我問說，她對那個公開的服務公告會下什麼結論？

　　「如果你真的在乎隱私，就不要使用比特幣。」梅克雷約翰說。

＊　　＊　　＊

　　我第一次見到甘巴里安是在2021年一個陽光燦爛的夏日，他已結束公職生涯，我們約在一家購物中心裡專門賣沙拉和薄餅的小餐廳，離他佛雷斯諾的家不遠。他在奧克蘭、華盛頓特區和海牙工作一段時間後，終於回到加州。他同意開車帶我四處繞一繞，參觀他家鄉的一些景點。

　　甘巴里安現在的打扮，跟他當年辦理福斯和布里奇斯案件時新進調查員的樣子不同，他穿著踢拳道（kickboxing）館的灰色T恤，不再是小平頭，而是讓頭髮和鬍子留長，原本乾淨的下巴和嘴唇上方有一些幾天沒刮的鬍渣，也沒有一付聯邦探員板著臉的表情，看起來輕鬆許多。

　　其實甘巴里安正在休假，他剛離開待了十年的國稅局，短暫休息後，打算到中國成立的全球最大加密貨幣交易所幣安（Binance）擔任調查部門主管。

　　甘巴里安告訴我，幣安處理的加密貨幣交易數量多到「荒謬」，有時候一天價值高達1,000億美元。（值得注意的是，這家超大型的交易所因涉嫌幫犯罪資金洗錢，而越來越常受到歐洲監管機構的審查。他的幾位同事告訴我，聘請甘巴里安經手的清理工作是交易所早該做的事。）[1]甘巴里安談到自己在那裡的新工作時說：「這是個發揮重大影響力的機會。」

　　雖然甘巴里安在國稅局服務了十年，但是他另謀高就這件事一點也不足為奇：蓬勃發展的加密貨幣行業魅力十足，因此本書中大多數的聯邦探員和

檢察官相繼投入。瑞本在比特幣基地擔任公司內部法律顧問，甘巴里安之前的主管豪恩，則是安德里森‧霍羅維茲（Andreessen Horowitz）創投公司裡很成功的加密新創公司投資人，隨後開始創辦自己的基金。**2**國稅局的普萊斯和荷蘭警察安德森羅德，即將加入甘巴里安在幣安的團隊。揚切夫斯基後來離開國稅局，帶領Chainalysis競爭對手TRM Labs區塊鏈分析公司的調查團隊。就連在查緝AlphaBay之前從未接觸過加密貨幣案件的緝毒署桑契絲，現在也在加密貨幣交易所Luno工作。

我問甘巴里安，這種人員外流的現象，是不是因為像他這樣精明的探員已經意識到追蹤加密貨幣的黃金時代即將結束：門羅幣、大零幣或其他隱私工具等技術日新月異，最後是否會讓他多年來全心投入的一連串網路犯罪逮捕行動走入歷史？

他承認：「門羅幣確實是一大問題，許多人議論紛紛，研究如何追蹤門羅幣，但他們辦不到。目前的階段是如果沒有其他證據，就無法在刑事法庭上真的將某個人定罪。」

但他仍然不相信加密追蹤的黃金時代已經結束，甘巴里安說，時候未到。他認為，即使後續的加密貨幣市場在某種程度上由大零幣和門羅幣接手（監管機構可能會盡最大努力以防止這種情況發生），比特幣追蹤案件的限制因素，從來都不是來自於可以追蹤的線索數量，而是在於聯邦機構可以處理這些線索的時間和資源。

意思是說，即使國稅局過去幾年來大規模的偵察辦案，區塊鏈上的檔案中仍有無數的線索可供挖掘，而大量未開發的犯罪線索，依然保存在琥珀中完好無缺，未來幾年探員還是可以大豐收。

他說：「也許這個時代即將結束，但我們至少還有兩年的時間，還有大量尚未解決的案件。」他提醒我，近期內將會再有一、兩個重大起訴案。（事實上，就在六個月後，甘巴里安的老搭檔揚切夫斯基在紐約逮捕兩個涉嫌洗錢的人，他們在2016年從加密貨幣交易所Bitfinex竊取將近12萬枚比特幣。在那個案子裡，司法部扣押36億美元加密貨幣，打破了甘巴里安創下

的美國史上金額最高的扣押紀錄。）

　　回顧甘巴里安在國稅局刑事調查部門的歲月，我提到了維尼克，這是他職業生涯裡其中一個最大的起訴案件。甘巴里安告訴我，聽說維尼克關在希臘監獄時，有兩度差點被獄友謀殺，而太太在他監禁期間過世。「癌症。」甘巴里安嚴肅地說。到那個夏天時，維尼克在法國被判洗錢罪，但仍向法國最高法院提起上訴。

　　後來我跟維尼克的法國律師弗雷德里克・貝洛特（Frédéric Bélot）聯絡，他說他的客戶完全是無辜的，並沒有犯下甘巴里安和美國司法部指控的犯罪行為。根據貝洛特的說法，維尼克與 Mt. Gox 盜竊案無關，甚至也不是 BTC-e 的創辦人或管理員，只是一個低階員工，從來都不知道管理員的真實身分。貝洛特告訴我：「他純粹是個可憐的俄羅斯公民，替他不認識的人工作，他們以為釣到了他這條大魚，其實他根本就不是。」

　　貝洛特隨後將我寫的問題轉告在法國監獄的維尼克，然後跟我分享這個俄羅斯人的回覆：維尼克寫說，他對於髒錢流入 BTC-e 毫不知情（從很多公開的報告都可以看到 BTC-e 使用者的犯罪行為，這個說詞實在是難以接受），還聲稱他甚至沒有用過 WME 這個名字。事實上，他說在 Bitcointalk 上面那則將他跟 WME 連起來的貼文，一定是由 BTC-e 真正的管理員為了要陷害他而發表的。維尼克寫道：「我被利用了，我對這一點深信不疑，他們利用我的姓名和個人資料，我也是他們的受害者！」

　　後來我跟甘巴里安分享這一切時，他沉默許久，很多話忍住不說，只回答維尼克可以「在美國法庭上為自己辯護」。

　　不過我們在佛雷斯諾見面的那一天，我聚焦在甘巴里安兩個結果比較明確的案件。我向甘巴里安指出，他最早開始投入的那兩個加密追蹤案件，到達一個有意思的里程碑：我們在佛雷斯諾會面時，福斯和布里奇斯都出獄了，我透過律師跟兩人聯絡，但他們都沒有回應。過了不久，我收到一封奇怪的電子郵件，我很想讓甘巴里安看一下。

　　這個訊息來源不具名，由加密電子郵件提供商 ProtonMail 發送，信中寫

著：「布里奇斯先生並未授權給我就他的案子發表意見，因此我跟你交談會違反必須遵守的特定道德義務。不過，我對這個案子有一些個人的想法，在一些事情上，或許可以為你指出正確的方向。」

　　訊息內容接著強調，福斯（和布里奇斯）的案件之所以出現，只是因為布里奇斯跟 Bitstamp 說，要向金融犯罪執法局提出關於福斯的可疑活動報告，這一點與布里奇斯在量刑聽證會上說的話如出一轍。換句話說，這個訊息將布里奇斯塑造成案件中的吹哨者，而非對福斯貪汙這件事一無所知。

　　說明中寫道：「布里奇斯先生絕對有機會隱瞞福斯先生的可疑行為，但他選擇不這樣做，而是藉由指出要對福斯先生提交可疑活動報告，結果讓自己的名字攤在鎂光燈下。」

　　甘巴里安微笑著看我手機上的訊息，毫不猶豫地說，這封電子郵件是布里奇斯自己寫的。「百分之百就是布里奇斯。」他說。

　　不管這封電子郵件是誰寫的，我跟甘巴里安說，我最感興趣的是裡面最後一段，包括一個很引人注目的聲明：「附帶說明，諷刺的是，布里奇斯先生服刑期間，可能意外使他成為相當富有的比特幣投資者。」

　　我告訴甘巴里安，這種大膽的說詞也跟我從福斯的律師那裡聽到的一致。儘管國稅局扣押了所有跟福斯犯罪相關的比特幣，但是他的律師在電話中告訴我，福斯仍然藏匿了其他政府不知道或無法證明為非法所得的硬幣。由於自福斯入獄以來，比特幣升值了將近百倍，福斯的律師表示：「我毫不懷疑他是個百萬富翁。」

　　這封關於布里奇斯（或是由布里奇斯撰寫）的匿名電子郵件，也是以類似的說明結尾，上面寫道：「由於他無法在監獄中交易，他於 2011 年做的合法投資，被迫隨著比特幣價格飆升而水漲船高。因此他獲釋後，我完全不擔心他的未來。」

　　甘巴里安看完那封神祕的電子郵件，把手機還給我。

　　這位前國稅局探員揚起眉毛笑著說：「我只能說，他們最好都要繳稅。」

致謝

這本書跟許多非小說類作品一樣，之所以能順利完成，必須歸功於那些願意提供重要主題和消息來源的人，他們花了無數的時間跟我說他們的故事。在許多情況下，他們這樣做並沒有為自己帶來任何直接的好處，而且也都知道他們的名字不會出現在書中。我仍然很感激這些人願意花時間（在某些情況下，甚至還必須冒險）陳述這些故事，因為有些事件實在是太重要了，所以不能不說，或者是因為他們希望以更精確的方式來述說這些事件。

我非常感謝跟我一起完成本書的兩位譯者和助手維吉特拉・杜安格迪（Vijitra "Aum" Duangdee）和詹姆士・柳（James Yoo）。莫拉・福克斯（Maura Fox）是本書的事實查核員，花了幾個月的時間，認真細心回溯我的每個步驟，再度針對書中的主題做後續的採訪。經過她的仔細核對後，文中若仍出現任何錯誤，一概由我負責。

我的《連線》同事再次展現慷慨的態度，為我調整生活，我才能在一向忙碌的網路安全部門裡，有時間和自由寫這本書。我的《連線》網路編輯布萊恩・巴瑞特（Brian Barrett）和安全報告同事莉莉・海・紐曼（Lily Hay Newman），都提高工作效率來幫我代班，特別是在那個十分悲慘的禮拜，我為了趕在截止日前完成出書提案而休假，卻傳來俄羅斯駭客入侵美國網路監控軟體公司SolarWinds的消息，感謝你們兩位在那一週以及其他時間幫忙完成我的分內工作。還要感謝《連線》雜誌裡每一個在很多方面支持這本書的人，包括麥特・伯吉斯（Matt Burgess）、安德魯・考茲（Andrew Couts）、梅根・格林威爾（Megan Greenwell）、瑪莉亞・史崔辛斯基（Maria Streshinsky）、尼克・湯普森（Nick Thompson）、賀瑪爾・賈維

里（Hemal Jhaveri）、吉迪恩‧利奇菲爾德（Gideon Litchfield）、札克‧傑森（Zak Jason）和蜜雪兒‧雷格羅（Michelle Legro）。我要特別感謝思考縝密的約翰‧格拉瓦（John Gravois），以巧妙的編輯手法將這本書的內容摘錄成兩段，發表在《連線》雜誌上。

在我所有的《連線》同事中，要再次特別感謝紐曼，因為她非常仔細閱讀了本書的草稿，讓我至少在一百個地方做了或大或小的修改。在本書其他早期讀者當中，有許多人提供相當寶貴的更正和建議，包括克里斯汀、科利‧多克托羅（Cory Doctorow）、嘉瑞特‧葛拉夫（Garrett Graff）、丹‧古丁（Dan Goodin）、凱特琳‧凱利（Caitlin Kelly）、羅伯特‧麥克米蘭（Robert McMillan）、妮可‧佩爾羅斯（Nicole Perlroth）和韋弗。

這本書還只是在構想的萌芽階段時，我的經紀人艾瑞克‧魯普佛（Eric Lupfer）再次立刻相信它的潛力，經由他的巧妙安排，才能讓這個點子開花結果，儘管我在幾年前也曾說服他讓出版商對這個主題感興趣，但是當時出版商都興趣缺缺。感謝克里斯蒂娜‧摩爾（Kristina Moore）在早期就探索將本書拍成電影和上電視的可能性，也感謝吉迪恩‧亞戈（Gideon Yago）在一百通Zoom視訊電話中，向我展示如何從書中提煉出最扣人心弦的內容。

雙日出版社（Doubleday）的編輯雅尼夫‧索哈（Yaniv Soha），陪伴著我度過充滿擔憂的寫作過程，再次成為我的最佳指導和合作夥伴，他是我們身為作者的人心中的不二人選，我比以往更欣賞他對這部作品的謹慎和耐心的編輯判斷。再次感謝丹‧諾瓦克（Dan Novack），以最有趣和最鼓舞人心的語氣，向我詳細說明各種可能會對我提起訴訟的人，以及要如何避免這些結果發生。我非常感謝麥克‧溫莎（Michael Windsor）設計出相當引人注目且製作精良的封面。還要感謝雙日出版社裡所有讓本書得以完成的人，包括米萊娜‧布朗（Milena Brown）、翠西亞‧凱佛（Tricia Cave）、邁克爾‧戈德史密斯（Michael Goldsmith）、凱特‧修斯（Kate Hughes）、賽琳娜‧雷曼（Serena Lehman）、貝蒂‧劉（Betty Lew）、瑪麗亞‧麥賽（Maria

Massey）、科拉・雷利（Cara Reilly）、蘇珊・史密斯（Suzanne Smith）、比爾・湯瑪斯（Bill Thomas）和史恩・尤爾（Sean Yule）。

另外要衷心感謝許多人為我提供無數的協助、情報、建議和支持，包括安潔拉・貝爾（Angela Bell）、莎賓娜・貝澤拉（Sabrina Bezerra）、布雷特・卡洛（Brett Callow）、萊恩・卡爾（Ryan Carr）、羅曼・多布羅霍托夫（Roman Dobrokhotov）、伊恩・格雷（Ian Gray）、甘迺迪、薇若妮卡・凱瑞亞基德斯（Veronica Kyriakides）、羅伯・李（Rob Lee）、艾倫・里斯卡（Alan Liska）、莎拉・麥克斯威爾（Sarah Maxwell）、邁可・米勒（Michael Miller）、妮可・納瓦斯（Nicole Navas）、明・阮（Minh Nguyen）、亞皮拉地・加普・普里金（Apiradee "Gop" Pleekam）、亞莉・瑞德伯德（Ari Redbord）、阿蕾希雅・史馬克（Alethea Smock）、里卡多・史帕尼（Riccardo Spagni）、吉娜・史旺基耶（Gina Swankie）、傑森・伍爾（Jason Wool）、史蒂夫・沃拉爾（Steve Worrall）、娜瑪・索哈里（Naima Zouhali）和布蘭登・茲瓦格曼（Brandon Zwagerman）。還要特別感謝貝爾塔・奧庫拉（Bertha Auquilla）、亞當・庫尼茲（Adam Kurnitz）、茱莉・哈贊（Julie Hazan）、吉兒（Jill）和鮑伯・凱爾（Bob Kail）、芭芭拉・凱勒曼（Barbara Kellman）、納澤・諾爾（Nazzie Noel）和潔米拉・維尼奧特（Jamila Wignot）。

最後，感謝比拉・格林伯格（Bilal Greenberg）對於所有問題都堅持要求得到答案，這應該是每位記者夢寐以求的事。最後，我要再度向太太瑪莉卡・佐哈里—沃拉爾（Malika Zouhali-Worrall）致上最深的謝意，在這部作品及每件事情上，她都是我的最佳夥伴。

注釋來源

　　以下的注釋是為了感謝之前的報導內容、提供進一步的參考資料，而且在可能的情況下，為讀者指出可取得的公開文件和紀錄，因為這些資料是本書的基礎。然而，這本書之所以能完成，主要是我花了幾百個小時的時間，親自訪問（再由本書的事實查核員福克斯完成後續採訪）探員、分析師、研究人員、檢察官、調查人員、嫌犯，以及其他的消息人士，這些人的故事已在書中陳述，此外，書中還有這些消息人士跟我分享的許多非公開文件、照片、影片和其他紀錄，但這些資料我在這裡沒有列出來。

　　在許多情況下，消息人士要求我不要透露他們的姓名，或是要在書中刪除其他人的身分，例如某些被告的姓名也可能會導致受害者的身分曝光。在某些情況下，特別是在本書「歡迎看片」那部分，我因此刪去了其他報導的引用來源，以免不小心將這些個人資料涵蓋其中。所以我的作法改為在那部分開頭的文字介紹裡，向那些提供資訊的記者和出版刊物致謝。

　　也許有些零星的事實是來自其他人的報導，但我一時不察而沒有列出引用來源，我先為這類疏失深感抱歉。不過除此之外，以下注釋中未涵蓋的任何內容，都是來自我自己的第一手報導。

注釋

第一部：無名客

　　賽勒斯・法里瓦（Cyrus Farivar）和喬・穆林（Joe Mullin）於2016年為「科技藝術」（Ars Technica）技術新聞資訊網站撰寫了一篇精彩的特別報導，標題為〈戴徽章竊取比特幣：絲路的不肖警察如何落網〉，讓我在深入研究福斯和布里奇斯的刑事案件過程中，獲得相當寶貴的資訊，因為這篇報導率先將這個故事中曲折的兔子洞呈現在世人眼前。

　　若要從整個歷史背景來看這個故事以及本書中的其他故事，則需要稍微重述絲路和烏布利希的故事。關於那個故事的一些細節，我參考了喬舒・比爾曼（Joshuah Bearman）為《連線》雜誌寫的特別報導〈絲路不為人知的故事〉，內容極為出色，分成兩部分，以及尼克・比爾頓（Nick Bilton）關於絲路調查的權威書籍《美國主謀》（*American Kingpin*）。

　　除了我在2013年為《富比士》雜誌採訪恐怖海盜羅伯茲之外，我自己對絲路的報導大部分來自於參加烏布利希的審判，與那次審判相關的故事連結放在Wired.com的頁面上，標題為〈絲路審判：《連線》雜誌的完整報導〉。若想進一步閱讀絲路的歷史、文化和社群，以及概略了解暗網市場，我推薦艾琳・奧姆斯比（Eileen Ormsby）的著作，例如《絲路》（*Silk Road*）和《暗網之最》（*The Darkest Web*）這兩本書。

第1章：艾拉迪奧・古茲曼・富恩特斯

1. 在區塊鏈紀錄中，可以看到這個比特幣地址15T7SagsD2JqWUpBsiifcVuvyrQwX3Lq1e，請參考網站blockchain.com.

2. Criminal Complaint, *United States of America v. Carl Mark Force IV et al.*, Justice Department, filed March 25, 2015, justice.gov.

3. 同上。

4. Joshuah Bearman, "The Untold Story of Silk Road, Part II: The Fall," *Wired*, May 2015, wired.com.

第2章：挪伯

1. Nathaniel Popper, "The Tax Sleuth Who Took Down a Drug Lord," *New York Times*, Dec. 25, 2015, nytimes.com.

2. Indictment, *United States of America v. Ross William Ulbricht*, Justice Department, filed Feb. 4, 2014, justice.gov.

3. Indictment, *United States of America v. Ross William Ulbricht*, U.S. Immigration and Customs Enforcement, filed Oct. 1, 2013, ice.gov.

4. Nick Bilton, *American Kingpin* (New York: Penguin, 2018), 160.

5. Cyrus Farivar and Joe Mullin, "Stealing Bitcoins with Badges: How Silk Road's Dirty Cops Got Caught," *Ars Technica*, Aug. 27, 2016, arstechnica.com.

第3章：查帳員

1. Margaret Shapiro, "Armenia's 'Good Life' Lost to Misery, Darkness, Cold," *Washington Post*, Jan. 30, 1993, washingtonpost.com.

2. Satoshi Nakamoto, email with subject line "Bitcoin P2P e-cash paper," Oct. 31, 2008, archived by Satoshi Nakamoto Institute, nakamotoinstitute.org.

第4章：加密無政府狀態

1. Amherst Media, "Making Money—Gavin Andresen @ Ignite Amherst," Feb. 17, 2011, youtube.com.

2. Andy Greenberg, *This Machine Kills Secrets* (New York: Dutton, 2012).

3. "Cypherpunks Mailing List Archive," mailing-list-archive.cryptoanarchy.wiki/.

4. Timothy May, email with subject line "no subject (file transmission)," Aug. 18, 1993, Cypherpunks Mailing List Archive, venona.org, archived at archive.is/otyLu.

5. Timothy May, "The Crypto Anarchist Manifesto," June 1988, groups.csail.mit.edu, archived at archive.is/ZYpoA.

第5章：絲路

1. Andy Greenberg, "Crypto Currency," Forbes, April 20, 2011, forbes.com.

2. Sergio Demian Lerner, "The Well Deserved Fortune of Satoshi Nakamoto, Bitcoin Creator, Visionary, and Genius," Bitslog, April 17, 2013, bitslog.com.

3. "Tor: Onion Service Protocol," Tor Project, torproject.org.

4. "Schumer Pushes to Shut Down Online Drug Marketplace," Associated Press, June 5, 2011, nbcnewyork.com.

5. Adrian Chen, "The Underground Website Where You Can Buy Any Drug Imaginable," *Gawker*, June 1, 2011, gawker.com, archived at archive.is/dtvE9.

6. 同上。

7. Brett Wolf, "Senators Seek Crackdown on 'Bitcoin' Currency," Reuters, June 8, 2011, reuters.com.

第6章：恐怖海盜

1. Gwern, "Silk Road 1: Theory & Practice," Sept. 29, 2018, gwern.net, archived at archive.is/NPLlZ.

2. Nicolas Christin, "Traveling the Silk Road: A Measurement Analysis of a Large Anonymous Online Marketplace," Carnegie Mellon University Cylab, May 4, 2012, cmu.edu.

3. Andy Greenberg, "Meet the Dread Pirate Roberts, the Man Behind Booming Black Market Drug Website Silk Road," *Forbes*, Aug. 14, 2013, forbes.com.

4. Joshuah Bearman, "The Untold Story of Silk Road, Part I," *Wired*, April 2015, wired.com.

5. Andy Greenberg, "Collected Quotations of the Dread Pirate Roberts, Founder of Underground Drug Site Silk Road and Radical Libertarian," *Forbes*, April 29, 2013, forbes.com.

6. Greenberg, "Meet the Dread Pirate Roberts."

7. Christin, "Traveling the Silk Road."

8. Andy Greenberg, "An Interview with a Digital Drug Lord: The Silk Road's Dread Pirate Roberts (Q&A)," *Forbes*, Aug. 14, 2013, forbes.com.

第7章：謎題

1. Sarah Meiklejohn et al., "A Fistful of Bitcoins: Characterizing Payments Among Men with No Names," University of California, San Diego, Aug. 2013, ucsd.edu.

2. Alex Gallafent, "Alice Kober: Unsung Heroine Who Helped Decode Linear B," *The World*, Public Radio International, June 6, 2013.

3. Sarah Meiklejohn et al., "The Phantom Tollbooth: Privacy-Preserving Electronic Toll Collection in the Presence of Driver Collusion," University of California, San Diego, Aug. 2011, ucsd.edu.

4. Keyton Mowery et al., "Heat of the Moment: Characterizing the Efficacy of Thermal Camera-Based Attacks," University of California, San Diego, Aug. 2011, ucsd.edu.

第8章：無名客

1. Meiklejohn et al., "Fistful of Bitcoins."

2. Andy Greenberg, "Nakamoto's Neighbor: My Hunt for Bitcoin's Creator Led to a Paralyzed Crypto Genius," *Forbes*, March 25, 2014, forbes.com.

3. Galen Moore, "10 Years After Laszlo Hanyecz Bought Pizza with 10K Bitcoin, He Has No Regrets," *CoinDesk*, May 22, 2020, coindesk.com.

4. Satoshi Nakamoto, "Bitcoin: A Peer-to-Peer Electronic Cash System," Oct. 31, 2008, archived by Satoshi Nakamoto Institute, nakamotoinstitute.org.

5. 關於瑞士和德國的研究人員，請參考：Elli Androulaki et al., "Evaluating User Privacy in Bitcoin," in *Financial Cryptography and Data Security*, ed. Ahmad-Reza Sadeghi (Berlin: Springer, 2013), eprint.iacr.org. 關於以色列團隊，請參考：Dorit Ron and Adi Shamir, "Quantitative Analysis of

the Full Bitcoin Transaction Graph," 同上。關於愛爾蘭團隊，請參考：Fergal Reid and Martin Harrigan, "An Analysis of Anonymity in the Bitcoin System," *Security and Privacy in Social Networks*, July 13, 2012, arxiv.org.

6. Andy Greenberg, "GM Took 5 Years to Fix a Full-Takeover Hack in Millions of OnStar Cars," *Wired*, Sept. 10, 2015, wired.com.

7. Kirill Levchenko et al., "Click Trajectories: End-to-End Analysis of the Spam Value Chain," University of California, San Diego, May 2011, ucsd.edu.

8. Meiklejohn et al., "Fistful of Bitcoins."

9. 同上。

10. 同上。

11. 同上。

第9章：網路緝毒刑警

1. Brian Krebs, "Mail from the (Velvet) Cybercrime Underground," Krebs on Security, July 30, 2013, krebsonsecurity.com.

2. Greenberg, "Interview with a Digital Drug Lord."

3. Andy Greenberg, "Here's What It's Like to Buy Drugs on Three Anonymous Online Black Markets," *Forbes*, Aug. 14, 2013, forbes.com.

4. Robert McMillan, "Sure, You Can Steal Bitcoins. But Good Luck Laundering Them," *Wired*, Aug. 27, 2013, wired.com; Meghan Neal, "Bitcoin Isn't the Criminal Safe Haven People Think It Is," *Vice Motherboard*, Aug. 27, 2013, vice.com; G. F., "Following the Bitcoin Trail," *Economist*, Aug. 28, 2013, economist.com; Joshua Brustein, "Bitcoin May Not Be So Anonymous After All," *Bloomberg Businessweek*, Aug. 27, 2013, bloomberg.com.

5. Andy Greenberg, "Follow the Bitcoins: How We Got Busted Buying Drugs on Silk Road's Black Market," *Forbes*, Sept. 5, 2013, forbes.com.

6. "Building Collaborations Between Developers and Researchers," Bitcoin and Cryptocurrency Research Conference, March 27, 2014, video recording downloaded from Princeton website, princeton.edu.

第10章：格倫公園

1. Bilton, *American Kingpin*, 285.

2. 同上，290頁。

3. 同上，291頁。

4. Andy Greenberg, "End of the Silk Road: FBI Says It's Busted the Web's Biggest Anonymous Drug Black Market," *Forbes*, Oct. 2, 2013.

5. Andy Greenberg, "Feds 'Hacked' Silk Road Without a Warrant? Perfectly Legal, Prosecutors Argue," *Wired*, Oct. 7, 2014, wired.com.

第11章：雙重間諜

1. Criminal Complaint, *United States of America v. Carl Mark Force IV et al.*, Justice Department, filed March 25, 2015, justice.gov.
2. Farivar and Mullin, "Stealing Bitcoins with Badges."
3. Bearman, "Untold Story of Silk Road, Part I."
4. Criminal Complaint, *United States of America v. Carl Mark Force IV et al.*, Justice Department, filed March 25, 2015, justice.gov.

第12章：收據

1. FBI, "Bitcoin Virtual Currency: Unique Features Present Distinct Challenges for Deterring Illicit Activity," April 24, 2012, hosted at cryptome.org, archived at archive.is/Vegqf.

第13章：法國女僕、死從天降

1. Criminal Complaint, *United States of America v. Carl Mark Force IV et al.*, Justice Department, filed March 25, 2015, justice.gov.
2. 同上。

第14章：審判

1. Andy Greenberg, "Silk Road Defense Says Ulbricht Was Framed by the 'Real' Dread Pirate Roberts," *Wired*, Jan. 13, 2015, wired.com.
2. Nick Weaver, "How I Traced 20% of Ross Ulbricht's Bitcoin to the Silk Road," *Forbes*, Jan. 20, 2015, forbes.com.
3. Andy Greenberg, "Prosecutors Trace $13.4M in Bitcoins from the Silk Road to Ulbricht's Laptop," *Wired*, Jan. 29, 2015, wired.com.
4. Andy Greenberg, "Read the Transcript of Silk Road's Boss Ordering 5 Assassinations," *Wired*, Feb. 2, 2015, wired.com.
5. 在區塊鏈紀錄中，可以看到這個比特幣交易e7db5246a810cb76e53314fe51d2a60f5609bb51d37a4df105356efc286c6c67，請參考網站blockchain.com.
6. Andy Greenberg, "The Silk Road Trial: WIRED's Gavel-to-Gavel Coverage," *Wired*, Feb. 2, 2015, wired.com.
7. Kari Paul, "Unsealed Transcript Shows How a Judge Justified Ross Ulbricht's Life Sentence," *Vice Motherboard*, Oct. 5, 2015, vice.com.

8. Andy Greenberg, "Silk Road Creator Ross Ulbricht Sentenced to Life in Prison," *Wired*, May 29, 2015, wired.com.

第二部：雇用追蹤專家

為了敘述Chainalysis早期的故事，就必須先提到2014年Mt. Gox倒閉後，Chainalysis接手的這個第一宗調查案。我的《連線》雜誌前同事麥克米蘭和凱德‧梅茲（Cade Metz）在2013年和2014年寫了〈全球最大的比特幣交易所之興衰〉和〈Mt. Gox的內幕故事，比特幣4.6億美元的災難〉，這些內容讓我得知Mt. Gox最近的歷史。至於雜誌上與Mt. Gox和卡佩雷斯的相關故事，我還會推薦珍‧惠格茲訥（Jen Wieczner）在《財星》雜誌的深度報導〈Mt. Gox和比特幣大惡棍的驚人救贖〉。

對於布里奇斯調查案的分析，我要再次感謝「科技藝術」網站上法里瓦和穆林的報導，特別是穆林對布里奇斯案件詳細的新聞報導。

第15章：倒閉

1. Yoshifumi Takemoto and Sophie Knight, "Mt. Gox Files for Bankruptcy, Hit with Lawsuit," Reuters, Feb. 28, 2014, reuters.com.

2. David Gilson, "Mt. Gox Temporarily Suspends USD Withdrawals," *CoinDesk*, June 20, 2013, coindesk.com.

3. Robert McMillan and Cade Metz, "The Rise and Fall of the World's Largest Bitcoin Exchange," *Wired*, Nov. 6, 2013, wired.com.

4. Robert McMillan and Cade Metz, "The Inside Story of Mt. Gox, Bitcoin's $460 Million Disaster," *Wired*, March 3, 2014, wired.com.

5. Kashmir Hill, "Mt. Gox CEO Says All the Bitcoin Is Gone in Bankruptcy Filing," *Forbes*, Feb. 28, 2014, forbes.com.

6. Sam Byford, "'Mt. Gox, Where Is Our Money?,'" *Verge*, Feb. 19, 2014, theverge.com.

7. Patrick Nsabimana, "MtGox CEO Mark Karpales Interrupted by Protester at MtGox Headquarters," YouTube, Feb. 15, 2014, youtube.com.

8. Matthew Kimmell, "Mt. Gox," *CoinDesk*, July 22, 2021, coindesk.com.

9. "Storage," CERN, home.cern.

10. "European Bitcoin Conference 2011, Prague Nov. 25–27," forum thread on Bitcointalk, Aug. 30, 2011, bitcointalk.org.

11. Andy Greenberg, "How an Anarchist Bitcoin Coder Found Himself Fighting ISIS in Syria," *Wired*, March 29, 2017, wired.com.

12. Andy Greenberg, "Waiting for Dark: Inside Two Anarchists' Quest for Untraceable Money," *Wired*, July 11, 2014, wired.com.

第16章：髒錢

1. Alex Hern, "Bitcoin Is the Worst Investment of 2014. But Can It Recover?," *Guardian*, Dec. 17, 2014, theguardian.com.

第17章：噪音

1. Tim Hornyak, "Police Suspect Fraud Took Most of Mt. Gox's Missing Bitcoins," IDG News Service, Dec. 31, 2014, networkworld.com.

2. Jen Wieczner, "Mt. Gox and the Surprising Redemption of Bitcoin's Biggest Villain," *Fortune*, April 19, 2018, fortune.com.

3. "Is Someone Monitoring Large Parts of the Network? (Evidence+Firwall Rules)," Forum thread, Bitcointalk, March 6, 2015, bitcointalk.org.

第18章：第二個探員

1. Farivar and Mullin, "Stealing Bitcoins with Badges."

2. Criminal Complaint, *United States of America v. Carl Mark Force IV et al.*, Justice Department, filed March 25, 2015, justice.gov.

3. 同上。

第19章：金庫裡的小洞

1. Timothy Lee, "Major Bitcoin Exchange Shuts Down, Blaming Regulation and Loss of Funds," *Ars Technica*, Feb. 15, 2012, arstechnica.com.

第20章：BTC-e

1. Criminal Complaint, *United States of America v. Carl Mark Force IV et al.*, Justice Department, filed March 25, 2015, justice.gov.

2. Superseding Indictment, *United States of America v. BTC-E, A/K/A Canton Business Corporation and Alexander Vinnik*, June 17, 2017, justice.gov.

3. Andy Greenberg, " 'Silk Road 2.0' Launches, Promising a Resurrected Black Market for the Dark Web," *Forbes*, Nov. 6, 2013, forbes.com.

4. Greenberg, "Waiting for Dark."

5. Andy Greenberg, "Global Web Crackdown Arrests 17, Seizes Hundreds of Dark Net Domains," *Wired*, Nov. 7, 2014, wired.com.

6. Phobos, "Thoughts and Concerns About Operation Onymous," *Tor Blog*, Nov. 9, 2014, torproject. org.

7. Joseph Cox, "Silk Road 2 Founder Dread Pirate Roberts 2 Caught, Jailed for 5 Years," *Vice*

Motherboard, April 12, 2019, vice.com.

8. Andy Greenberg, "The Dark Web Gets Darker with Rise of the 'Evolution' Drug Market," *Wired*, Sept. 10, 2014, wired.com.

9. Nicky Woolf, "Bitcoin 'Exit Scam': Deep-Web Market Operators Disappear with $12M," *Guardian*, March 18, 2015, theguardian.com.

10. Andy Greenberg, "Agora, the Dark Web's Biggest Drug Market, Is Going Offline," *Wired*, Aug. 26, 2015, wired.com.

11. Andy Greenberg, "Crackdowns Haven't Stopped the Dark Web's $100M Yearly Drug Sales," *Wired*, Aug. 12, 2015, wired.com.

第21章：WME

1. Kim Nilsson, "The Missing MtGox Bitcoins," *WizSec* (blog), April 29, 2015, blog.wizsec.jp, archived at archive.is/oDn3o.

2. Justin Scheck and Bradley Hope, "The Man Who Solved Bitcoin's Most Notorious Heist," *Wall Street Journal*, Aug. 10, 2018, wsj.com.

第22章：維尼克

1. WME, posts on Bitcointalk forum, bitcointalk.org, archived at archive.is/sySzm.

2. WME, "Re: Scam Report Against CryptoXchange $100K USD," post on Bitcointalk, July 18, 2012, bitcointalk.org, archived at bit.ly/33EiufE.

第23章：安慰獎

1. Joe Mullin, "Corrupt Silk Road Agent Carl Force Sentenced to 78 Months," *Ars Technica*, Oct. 19, 2015, arstechnica.com.

2. "Former Secret Service Agent Sentenced to 71 Months in Scheme Related to Silk Road Investigation," Dec. 7, 2015, Justice Department, justice.gov.

3. Andy Greenberg, "Silk Road Creator Ross Ulbricht Loses His Life Sentence Appeal," *Wired*, May 31, 2017, wired.com.

4. Farivar and Mullin, "Stealing Bitcoins with Badges."

5. Joe Mullin, "Corrupt Agent Who Investigated Silk Road Is Suspected of Another $700K Heist," *Ars Technica*, July 3, 2016, arstechnica.com.

6. Justin Fenton, "Silk Road Administrator Sentenced, Corrupt Agent Rearrested," *Baltimore Sun*, Jan. 30, 2016, baltimoresun.com.

7. Application for a Search Warrant, Jan. 27, 2016, hosted at arstechnica.com, archived at bit.ly/3IsQDCq.

8. Motion to Terminate Defendant's Motion for Selfsurrender and Motion to Unseal Arrest Warrant and [Proposed] Order, Jan. 28, 2016, hosted at archive.org, archived at bit.ly/3qOwhOj.

9. Nilsson, "Missing MtGox Bitcoins."

10. Scheck and Hope, "Man Who Solved Bitcoin's Most Notorious Heist."

11. Wieczner, "Mt. Gox and the Surprising Redemption of Bitcoin's Biggest Villain."

12. Daniel Palmer, "Chainalysis Raises $1.6 Million, Signs Cybercrime Deal with Europol," *CoinDesk*, Feb. 19, 2016, coindesk.com.

第三部：AlphaBay

我為了研究佛雷斯諾執法團隊對AlphaBay的調查，必須先從一些早期刑事案件拼湊出全貌，這時法里瓦在「科技藝術」網站中針對這部分的報導，再次成為無價的指南。傑克・萊席德（Jack Rhysider）之前在播客節目「暗網日記」（Darknet Diaries）中，就曾以講故事的方式敘述AlphaBay的逮捕行動，那一集的名稱叫做「刺刀行動」。萊席德的錄音內容，有部分是取材自我在《連線》雜誌寫的特別報導，提到荷蘭警方接管漢薩：〈刺刀行動：劫持整個暗網毒品市場的突擊行動內幕〉，但是我也發現，聽他將漢薩和AlphaBay兩個調查案件串在一起後，對我自己更深入研究這件事的時候有不少幫助。

我之所以能以定量（quantitative）和定性（qualitative）的方式，描述AlphaBay崛起背後的暗網生態，主要得歸功於克里斯汀和他在卡內基美隆大學研究人員的研究和指導。

第24章：Alpha02

1. Alpha02, "Carding Guide, All My Knowledge," May 17, 2014, archived at archive.md/enMww.

2. Patrick Howell O'Neill, "How AlphaBay Has Quietly Become the King of Dark Web Marketplaces," CyberScoop, April 5, 2017, cyberscoop.com.

3. new_dww, "Interview with AlphaBay Market Admin," DeepDotWeb, republished at theonionweb.com, archived at archive.md/Xcsxf.

4. Forfeiture Complaint, *United States of America v. Alexandre Cazes*, Justice Department, July 19, 2017, justice.gov.

5. 同上。

6. Isak Ladegaard, "We Know Where You Are, What You Are Doing, and We Will Catch You: Testing Deterrence Theory in Digital Drug Markets," *British Journal of Criminology* 58, no. 2 (March 2018), oup.com.

7. Andy Greenberg, "The Silk Road Creator's Life Sentence Actually Boosted Dark Web Drug Sales," *Wired*, May 23, 2017, wired.com.

8. Joseph Cox, "Dark Web Market Admins React to Silk Road Life Sentence," *Vice Motherboard*, June 1, 2015, vice.com.

9. Greenberg, "Agora, the Dark Web's Biggest Drug Market, Is Going Offline."

10. Forfeiture Complaint, *United States of America v. Alexandre Cazes*, Justice Department, July 19, 2017, justice.gov.

11. Jack Rhysider, "Ep. 24: Operation Bayonet," *Darknet Diaries* podcast, darknetdiaries.com.

12. "AlphaBay, the Largest Online 'Dark Market,' Shut Down," Justice Department, July 20, 2017, justice.gov.

第26章：卡茲

1. Alex, profile page on Skyrock, June 28, 2008, skyrock.com, archived at bit.ly/3FRDy45.

2. Raptr, blog on Skyrock, June 11, 2008, skyrock.com, archived at archive.md/EUfvn.

3. Forfeiture Complaint, *United States of America v. Alexandre Cazes*, Justice Department, July 19, 2017, justice.gov.

4. "Canadian Found Dead in Thai Cell Wanted for Running 'Dark Web' Market," Agence France-Presse, July 15, 2017, image hosted at gulfnews.com.

5. Forfeiture Complaint, *United States of America v. Alexandre Cazes*, Justice Department, July 19, 2017, justice.gov.

第27章：泰國

1. Department of Justice Office of the Inspector General Audit Division, "The Drug Enforcement Administration's International Operations," Office of the Inspector General, Feb. 2007, justice.gov.

2. Alfred W. McCoy, *The Politics of Heroin in Southeast Asia*, with Cathleen B. Read and Leonard P. Adams II (New York: Harper Colophon, 1972), hosted at renincorp.org.

3. Lauren Aguirre, "Lessons Learned—and Lost—from a Vietnam-Era Study of Addiction," *Stat*, July 19, 2021, statnews.com.

4. Jonathan Head, "Joe Ferrari: The High-Rolling Life of Thailand's Controversial Ex–Police Chief," BBC, Sept. 6, 2021, bbc.com.

5. Sirocco website, lebua.com.

6. Bureau of International Narcotics and Law Enforcement Affairs, "Addressing the Opioid Crisis," U.S. State Department, state.gov.

第28章：鮪魚

1. Forfeiture Complaint, *United States of America v. Alexandre Cazes*, Justice Department, July 19, 2017, justice.gov.

第29章：裸密歐

1. "Daryush 'Roosh' Valizadeh," Southern Poverty Law Center, splcenter.org.

第30章：漢薩

1. Andy Greenberg, "Operation Bayonet: Inside the Sting That Hijacked an Entire Dark Web Drug Market," *Wired*, March 3, 2018, wired.com.
2. 同上。
3. Michael Safi, "The Takeover: How Police Ended Up Running a Paedophile Site," *Guardian*, July 12, 2016, theguardian.com.
4. Håkon F. Høydal, Einar Otto Stangvik, and Natalie Remøe Hansen, "Breaking the Dark Net: Why the Police Share Abuse Pics to Save Children," *Verdens Gang*, Oct. 17, 2017, vg.no.

第31章：接管

1. Greenberg, "Operation Bayonet."

第33章：雅典娜

1. Hotel Athenee Bangkok website, marriott.com.

第35章：囚禁

1. SiamBeast, "Project 'Blue Pearl'—a Computer Using Only the Strongest Hardware," thread on forum Overclock.net, Feb. 25, 2017, overclock.net.

第36章：驗屍

1. Michael Armstrong Jr. and Gael B. Strack, "Recognition and Documentation of Strangulation Crimes," *Journal of the American Medical Association Otolaryngology—Head and Neck Surgery*, Sept. 2016, jamanetwork.com; Anny Sauvageau et al., "Agonal Sequences in 14 Filmed Hangings with Comments on the Role of the Type of Suspension, Ischemic Habituation, and Ethanol Intoxication on the Timing of Agonal Responses," *American Journal of Forensic Medicine and Pathology* 32, no. 2 (2011), nih.gov.

第37章：陷阱

1. Benjamin Vitaris, "AlphaBay Went Down a Week Ago: Customers Looking for Alternatives," *Bitcoin Magazine*, July 11, 2017, bitcoinmagazine.com.
2. Robert McMillan and Aruna Viswanatha, "Illegal-Goods Website AlphaBay Shut Following Law-Enforcement Action," *Wall Street Journal*, July 13, 2017, wsj.com.

3. Criminal Complaint, *United States of America v. Marcos Paulo de Oliveira-Annibale*, U.S. Justice Department, May 2, 2019, justice.gov.

第38章：後續發展

1. Andy Greenberg, "Global Police Spring a Trap on Thousands of Dark Web Users," *Wired*, July 20, 2017, wired.com.
2. 同上。
3. Greenberg, "Operation Bayonet."
4. Greenberg, "Global Police Spring a Trap on Thousands of Dark Web Users."
5. Nathaniel Popper and Rebecca R. Ruiz, "2 Leading Online Black Markets Are Shut Down by Authorities," *New York Times*, July 20, 2017, nytimes.com.
6. "Operation Disarray: Shining a Light on the Dark Web," FBI, April 3, 2018, fbi.gov.
7. "J-CODE Announces 61 Arrests in Its Second Coordinated Law Enforcement Operation Targeting Opioid Trafficking on the Darknet," FBI, March 6, 2019, fbi.gov.
8. "Operation DisrupTor," FBI, Sept. 22, 2020, fbi.gov.
9. Nathaniel Popper, "Hansa Market, a Dark Web Marketplace, Bans the Sale of Fentanyl," *New York Times*, July 18, 2017, nytimes.com.
10. Greenberg, "Operation Bayonet."
11. Rolf van Wegberg et al., "AlphaBay Exit, Hansa-Down: Dream On?," *Dark Web Solutions*, Netherlands Organization for Applied Scientific Research, Aug. 2017, tno.nl.
12. Nicolas Christin and Jeremy Thomas, "Analysis of the Supply of Drugs and New Psychoactive Substances by Europe-Based Vendors via Darknet Markets in 2017–18," European Monitoring Centre for Drugs and Drug Addiction, Nov. 26, 2019, europa.eu.
13. Popper and Ruiz, "2 Leading Online Black Markets Are Shut Down by Authorities."
14. Andy Greenberg, "Feds Dismantled the Dark-Web Drug Trade—but It's Already Rebuilding," *Wired*, May 9, 2019, wired.com.
15. Greenberg, "Operation Bayonet."

第四部：歡迎看片

我是先從《連線》雜誌同事紐曼出色的報導中，得知歡迎看片調查一案，此案於2019年10月公開時，她就針對這則新聞寫了一篇特別報導，標題為〈追蹤比特幣軌跡，如何引發大型暗網兒童色情網站逮捕行動〉。到了下個月，阿魯納・維斯瓦納坦（Aruna Viswanatha）也在《華爾街日報》上，以新聞專題報導的形式述說本案的故事，文章標題為〈調查人員如何破獲一個大型線上兒童色情網站〉。

正當我在思考如何以較長的敘述形式，來處理兒童性虐待材料這個困難而敏感的主題，這時發現了由挪威《世道報》（*VG*）和加拿大廣播電台（CBC）合力完成的調查報導，內容主要是針對一個類似的兒童性虐待暗網「Childs Play」，我從閱讀和聆聽的過程中獲益良多。《世道報》這篇特別報導由三人共同撰寫，分別為哈康・霍以戴（Håkon F. Høydal）、艾納・奧多・史丹格維克（Einar Otto Stangvik）和娜塔莉・雷莫・漢森（Natalie Remøe Hansen），標題為〈打破暗網：為什麼警察分享虐待圖片以拯救兒童〉，而加拿大廣播電台根據這篇報導錄製的播客節目名為「追捕彈頭」（Hunting Warhead）。

我還要感謝以下幾位記者在歡迎看片相關案件中所做的報導，這些都是我仰賴的參考來源：《亞特蘭大憲法報》（*The Atlanta Journal-Constitution*）的萊莎・哈伯沙姆（Raisa Habersham）、《每日鏡報》（*Daily Mirror*）的伯尼・托雷（Berny Torre）和 *Index* 的安德拉斯・德佐（András Dezső）。

第40章：五個字元

1. Josh Halliday, "Cambridge Graduate Admits 137 Online Sexual Abuse Crimes," *Guardian*, Oct. 16, 2017, theguardian.com.
2. Andy Greenberg, "Over 80 Percent of Dark-Web Visits Relate to Pedophilia, Study Finds," *Wired*, Dec. 30, 2014, wired.com.
3. Global Witness, "'Do You Know Alexander Vinnik?,'" Global Witness, Nov. 18, 2019, globalwitness.org.
4. Avaton Luxury Hotel & Villas website, avaton.com.
5. Andrei Zakharov, "Hunting the Missing Millions from Collapsed Cryptocurrency," BBC News, Dec. 30, 2019.

第41章：「餿尋影片」

1. Welcome to Video screenshots, Justice Department, Oct. 16, 2019, justice.gov, archived at archive.is/YK1CW.

第46章：漣漪

1. "U.S. Regrets Korean Child Porn King Walking Free," *Korean JoongAng Daily*, July 8, 2020, joins.com.
2. "Dutch National Charged in Takedown of Obscene Website Selling over 2,000 'Real Rape' and Child Pornography Videos, Funded by Cryptocurrency," U.S. Immigration and Customs Enforcement, March 12, 2020, ice.gov.
3. Lily Hay Newman, "How a Bitcoin Trail Led to a Massive Dark Web Child-Porn Site Takedown," *Wired*, Oct. 16, 2019, wired.com.

第五部：下一回合

我為了重述殖民管道遭駭客入侵的事件，以說明比特幣追蹤在勒索軟體案件中的力量和限制，仰賴的是以下幾位記者詳細的新聞報導，包括彭博社（Bloomberg）的威廉‧特頓（William Turton）和卡地凱‧梅洛特拉（Kartikay Mehrotra），以及《紐約時報》的戴維‧桑格（David Sanger）和佩爾羅斯等人。我的《連線》雜誌同事紐曼對勒索軟體的新聞報導，以及她在談話中跟我分享的見解，也為本章提供了許多訊息。

2021年夏天，我在試圖驗證AlphaBay新任管理員DeSnake的真實性，以及考量他與AlphaBay的歷史淵源時，卡內基美隆大學的克里斯汀和Flashpoint的格雷為我提供了分析和檔案資料的寶貴來源。

第47章：豐收的追捕時期

1. Ed Caesar, "The Cold War Bunker That Became Home to a Dark-Web Empire," *New Yorker*, July 27, 2020, newyorker.com.

2. "Two Chinese Nationals Charged with Laundering over $100 Million in Cryptocurrency from Exchange Hack," Justice Department, March 2, 2020, justice.gov.

3. Nick Statt, "Twitter's Massive Attack: What We Know After Apple, Biden, Obama, Musk, and Others Tweeted a Bitcoin Scam," *Verge*, July 16, 2020, theverge.com.

4. Nicholas Thompson and Brian Barrett, "How Twitter Survived Its Biggest Hack—and Plans to Stop the Next One," *Wired*, Sept. 24, 2020, wired.com.

5. Criminal Complaint, *United States of America v. Nima Fazeli*, July 31, 2020, justice.gov.

6. "Ohio Resident Charged with Operating Darknet-Based Bitcoin 'Mixer,' Which Laundered over $300 Million," Justice Department, Feb. 13, 2020, justice.gov.

7. Andy Greenberg, "Feds Arrest an Alleged $336M Bitcoin-Laundering Kingpin," *Wired*, April 27, 2021, wired.com.

8. "Individual Arrested and Charged with Operating Notorious Darknet Cryptocurrency 'Mixer,'" Justice Department, April 28, 2020, justice.gov.

9. Greenberg, "Feds Arrest an Alleged $336M Bitcoin-Laundering Kingpin."

10. Timothy Lloyd, "US and Russia Spar over Accused Crypto-launderer," Organized Crime and Corruption Reporting Project, Jan. 24, 2019, occrp.org.

11. Catalin Cimpanu, "BTC-e Founder Sentenced to Five Years in Prison for Laundering Ransomware Funds," *ZDNet*, Dec. 7, 2020, zdnet.com.

12. "United States Files a Civil Action to Forfeit Cryptocurrency Valued at over One Billion U.S. Dollars," Justice Department, Nov. 5, 2020, justice.gov.

13. Andy Greenberg, "The Feds Seized $1 Billion in Stolen Silk Road Bitcoins," *Wired*, Nov. 5, 2020, wired.com.

第48章：限制

1. William Turton and Kartikay Mehrotra, "Hackers Breached Colonial Pipeline Using Compromised Password," Bloomberg, June 4, 2021, bloomberg.com.

2. Chris Bing and Stephanie Kelly, "Cyber Attack Shuts Down U.S. Fuel Pipeline 'Jugular,' Biden Briefed," Reuters, May 8, 2021, reuters.com.

3. Turton and Mehrotra, "Hackers Breached Colonial Pipeline Using Compromised Password."

4. Trend Micro Research, "What We Know About the DarkSide Ransomware and the US Pipeline Attack," Trend Micro, May 12, 2021, trendmicro.com.

5. Turton and Mehrotra, "Hackers Breached Colonial Pipeline Using Compromised Password."

6. Devika Krishna Kumar and Laura Sanicola, "Pipeline Outage Causes U.S. Gasoline Supply Crunch, Panic Buying," Reuters, May 11, 2021, reuters.com.

7. Cecelia Smith-Schoenwalder, "Energy Secretary: Don't Hoard Gasoline as Pipeline Shutdown Creates Supply Crunch," *U.S. News & World Report*, May 11, 2021, usnews.com.

8. William Turton, Michael Riley, and Jennifer Jacobs, "Colonial Pipeline Paid Hackers Nearly $5 Million in Ransom," Bloomberg, May 13, 2021, bloomberg.com.

9. David E. Sanger and Nicole Perlroth, "Pipeline Attack Yields Urgent Lessons About U.S. Cybersecurity," *New York Times*, May 14, 2021, nytimes.com.

10. "House Homeland Security Committee Hearing on the Colonial Pipeline Cyber Attack," C-SPAN, June 9, 2021, c-span.org.

11. Tom Robinson, "Elliptic Follows the Bitcoin Ransoms Paid by Colonial Pipeline and Other DarkSide Ransomware Victims," Elliptic, May 14, 2021, elliptic.co.

12. Kartikay Mehrotra and William Turton, "CNA Financial Paid $40 Million in Ransom After March Cyberattack," Bloomberg, May 20, 2021, bloomberg.com.

13. Chainalysis Team, "Ransomware Skyrocketed in 2020, but There May Be Fewer Culprits Than You Think," Chainalysis, Jan. 26, 2021, chainalysis.com.

14. Nathaniel Lee, "As the U.S. Faces a Flurry of Ransomware Attacks, Experts Warn the Peak Is Likely Still to Come," CNBC, June 10, 2021, cnbc.com.

15. Andy Greenberg, "Monero, the Drug Dealer's Cryptocurrency of Choice, Is on Fire," *Wired*, Jan. 27, 2017, wired.com.

16. Andy Greenberg, "Zcash, an Untraceable Bitcoin Alternative, Launches in Alpha," *Wired*, Jan. 20, 2016, wired.com.

17. Malte Möser et al., "An Empirical Analysis of Traceability in the Monero Blockchain," *Proceedings on Privacy Enhancing Technologies*, April 23, 2018, arxiv.org.

18. George Kappos et al., "An Empirical Analysis of Anonymity in Zcash," Usenix Security '18, May 8, 2018, arxiv.org.

19. Chainalysis Team, "Chainalysis in Action: U.S. Authorities Disrupt NetWalker Ransomware," Chainalysis, Jan. 27, 2021, chainalysis.com.

20. "Department of Justice Launches Global Action Against NetWalker Ransomware," Justice Department, Jan. 27, 2021, justice.gov.

21. Indictment, *United States of America v. Viktor Borisovich Netyksho et al.*, Justice Department, July 13, 2018, justice.gov.

22. "Department of Justice Seizes $2.3 Million in Cryptocurrency Paid to the Ransomware Extortionists Darkside," Justice Department, June 7, 2021, justice.gov.

23. Nicole Perlroth, Erin Griffith, and Katie Benner, "Pipeline Investigation Upends Idea That Bitcoin Is Untraceable," *New York Times*, June 9, 2021, nytimes.com.

24. Steve Holland and Andrea Shalal, "Biden Presses Putin to Act on Ransomware Attacks, Hints at Retaliation," Reuters, July 10, 2021, reuters.com.

25. Ned Price, "Reward Offers for Information to Bring DarkSide Ransomware Variant Co-conspirators to Justice," State Department, Nov. 4, 2021, state.gov.

26. Michael Schwirtz and Nicole Perlroth, "DarkSide, Blamed for Gas Pipeline Attack, Says It Is Shutting Down," *New York Times*, May 14, 2021, nytimes.com.

27. "Treasury Continues to Counter Ransomware as Part of Whole-of-Government Effort; Sanctions Ransomware Operators and Virtual Currency Exchange," State Department, Nov. 8, 2021, state. gov.

28. "Five Affiliates to Sodinokibi/REvil Unplugged," Europol, Nov. 18, 2021, europa.eu.

29. "Ukrainian Arrested and Charged with Ransomware Attack on Kaseya," Justice Department, Nov. 8, 2021, justice.gov.

30. "Attorney General Merrick B. Garland, Deputy Attorney General Lisa O. Monaco, and FBI Director Christopher Wray Deliver Remarks on Sodinokibi/REvil Ransomware Arrest," Justice Department, Nov. 8, 2021, justice.gov.

31. Dustin Volz and Robert McMillan, "Russia Arrests Hackers Tied to Major U.S. Ransomware Attacks, Including Colonial Pipeline Disruption," *Wall Street Journal*, Jan. 14, 2022, wsj.com.

第49章：灰色地帶

1. Chainalysis Team, "Crypto Crime Trends for 2022: Illicit Transaction Activity Reaches All-Time High in Value, All-Time Low in Share of All Cryptocurrency Activity," Chainalysis, Jan. 6, 2022, chainalysis.com.

2. Chainalysis, "Chainalysis Raises $100 Million at a $4.2 Billion Valuation to Execute Vision as the Blockchain Data Platform," press release, June 24, 2021, prnewswire.com.

3. Ross Andersen, "The Panopticon Is Already Here," *Atlantic*, Sept. 2020, atlantic.com.

4. Mary Hui, "Why Hong Kong's Protesters Were Afraid to Use Their Metro Cards," *Quartz*, June 17, 2019, quartz.com.

5. Chainalysis Team, "Alt-Right Groups and Personalities Involved in the January 2021 Capitol Riot Received over $500K in Bitcoin from French Donor One Month Prior," Chainalysis, Jan. 14, 2021, chainalysis.com.

6. Scott Ikeda, "Crypto Regulation Tucked into Infrastructure Bill Raises Surveillance Concerns; Receivers Would Have to Collect Tax IDs on Transactions over $10,000," *CPO Magazine*, Nov. 18, 2021, cpomagazine.com.

7. "The Persecution of Ahmed Mansoor," Human Rights Watch, Jan. 27, 2021, hrw.org.

第50章：朗姆克

1. DeSnake, "AlphaBay Is Back," post on Ghostbin, Aug. 2021, ghostbin.com, archived at archive.is/vWT3U.

2. Andy Greenberg, "He Escaped the Dark Web's Biggest Bust. Now He's Back," *Wired*, Sept. 23, 2021.

3. Lorenzo Franceschi-Bicchierai, "FBI Shows Arrest Video of Dark Web Kingpin Who Died by Suicide in Police Custody," *Vice Motherboard*, Jan. 10, 2018, vice.com.

4. Danny Nelson and Marc Hochstein, "Leaked Slides Show How Chainalysis Flags Crypto Suspects for Cops," *CoinDesk*, Sept. 21, 2021, coindesk.com.

後記

1. Angus Berwick and Tom Wilson, "Crypto Giant Binance Kept Weak Money-Laundering Checks Even as It Promised Tougher Compliance, Documents Show," Reuters, Jan. 21, 2022, reuters.com.

2. Kate Rooney, "Crypto Investor Katie Haun Is Leaving Andreessen Horowitz to Launch Her Own Fund," CNBC, Dec. 15, 2021, cnbc.com.

莫若以明書房BA8038

暗網獵人

傳奇特勤幹員vs.地下犯罪集團，匿名世界最驚心動魄的史詩級對決

原 文 書 名／Tracers in the Dark: The Global Hunt for the Crime Lords of Cryptocurrency
作　　　者／安迪‧格林伯格（Andy Greenberg）
譯　　　者／李宜懃
編 輯 協 力／林嘉瑛
責 任 編 輯／鄭凱達
版　　　權／顏慧儀
行 銷 業 務／周佑潔、林秀津、黃崇華、賴正祐、郭盈均

總 編 輯／陳美靜
總 經 理／彭之琬
事業群總經理／黃淑貞
發 行 人／何飛鵬
法 律 顧 問／台英國際商務法律事務所　羅明通律師
出　　版／商周出版
　　　　　臺北市104民生東路二段141號9樓
　　　　　電話：(02) 2500-7008　傳真：(02) 2500-7759
　　　　　E-mail: bwp.service @ cite.com.tw
發　　　行／英屬蓋曼群島商家庭傳媒股份有限公司　城邦分公司
　　　　　臺北市104民生東路二段141號2樓
　　　　　讀者服務專線：0800-020-299　24小時傳真服務：(02) 2517-0999
　　　　　讀者服務信箱E-mail: cs@cite.com.tw
　　　　　劃撥帳號：19833503　戶名：英屬蓋曼群島商家庭傳媒股份有限公司城邦分公司
訂 購 服 務／書虫股份有限公司客服專線：(02) 2500-7718；2500-7719
　　　　　服務時間：週一至週五上午09:30-12:00；下午13:30-17:00
　　　　　24小時傳真專線：(02) 2500-1990；2500-1991
　　　　　劃撥帳號：19863813　戶名：書虫股份有限公司
　　　　　E-mail: service@readingclub.com.tw
香港發行所／城邦（香港）出版集團有限公司
　　　　　香港灣仔駱克道193號東超商業中心1樓
　　　　　電話：(852) 2508-6231　傳真：(852) 2578-9337
馬新發行所／城邦（馬新）出版集團Cite (M) Sdn. Bhd.
　　　　　41, Jalan Radin Anum, Bandar Baru Sri Petaling, 57000 Kuala Lumpur, Malaysia.
　　　　　Tel: (603) 90563833　Fax: (603) 90576622　E-mail: services@cite.my

封 面 設 計／兒日設計
印　　　刷／韋懋實業有限公司
經 銷 商／聯合發行股份有限公司　電話：(02) 2917-8022　傳真：(02) 2911-0053
　　　　　地址：新北市新店區寶橋路235巷6弄6號2樓

■2023年4月6日初版1刷　　　　　　　　　　　　　　　　　Printed in Taiwan

國家圖書館出版品預行編目（CIP）資料

暗網獵人：傳奇特勤幹員vs.地下犯罪集團，匿名世界最驚
心動魄的史詩級對決／安迪‧格林伯格（Andy Greenberg）
著；李宜懃譯. -- 初版. -- 臺北市：商周出版：英屬蓋曼群
島商家庭傳媒股份有限公司城邦分公司發行, 2023.04
　面；　公分. --（莫若以明書房；BA8038）
譯自：Tracers in the dark : the global hunt for the crime lords
　of cryptocurrency
ISBN 978-626-318-599-9（平裝）

1.CST: 電腦犯罪　2.CST: 電子貨幣

548.546　　　　　　　　　　　　　　　　112001821

線上版讀者回函卡

定價：520元（紙本）/ 360元（EPUB）　　　版權所有‧翻印必究
ISBN: 978-626-318-599-9（紙本）/ 978-626-318-603-3（EPUB）

城邦讀書花園
www.cite.com.tw